나이가 든다는
착각

옮긴이 김효정

심리학과 영문학을 전공했다. 글밥 아카데미 수료 후 현재 바른번역 소속 번역가로 활동하고 있다. 옮긴 책으로 《조각상 살인사건》, 《퍼펙트 커플》, 《세이프》, 《더 키퍼》, 《내 이름을 잊어줘》, 《죽음을 보는 재능》, 《옆집의 살인범》, 《스토커》 등이 있다.

나이가 든다는 착각

초판 1쇄 발행 2023년 7월 24일

지은이 베카 레비 / **옮긴이** 김효정

펴낸이 조기흠
책임편집 박소현 / **기획편집** 이수동, 최진, 김혜성
마케팅 정재훈, 박태규, 김선영, 홍태형, 임은희, 김예인 / **제작** 박성우, 김정우
교정교열 신지영 / **디자인** studio forb

펴낸곳 한빛비즈(주) / **주소** 서울시 서대문구 연희로2길 62 4층
전화 02-325-5506 / **팩스** 02-326-1566
등록 2008년 1월 14일 제 25100-2017-000062호

ISBN 979-11-5784-681-8 03180

이 책에 대한 의견이나 오탈자 및 잘못된 내용에 대한 수정 정보는 한빛비즈의 홈페이지나
이메일(hanbitbiz@hanbit.co.kr)로 알려주십시오. 잘못된 책은 구입하신 서점에서 교환해드립니다.
책값은 뒤표지에 표시되어 있습니다.

⌂ hanbitbiz.com **f** facebook.com/hanbitbiz **N** post.naver.com/hanbit_biz
▶ youtube.com/한빛비즈 **◎** instagram.com/hanbitbiz

지금 하지 않으면 할 수 없는 일이 있습니다.
책으로 펴내고 싶은 아이디어나 원고를 메일(hanbitbiz@hanbit.co.kr)로 보내주세요.
한빛비즈는 여러분의 소중한 경험과 지식을 기다리고 있습니다.

나이가 든다는 착각

몸과 마음에 대한 통념을 부수는 에이징 심리학

베카 레비 지음 | 김효정 옮김

한빛비즈
Hanbit Biz, Inc.

이 책은 노화에 대한 근본적인 인식과 우리가 더 오래, 더 건강하게, 더 행복하게 사는 방법의 상식을 뒤엎는다. 노화 심리학 분야의 세계 최고 권위자인 베카 레비는 정신적, 육체적 건강을 유지하는 가장 좋은 방법은 노인이 되는 것의 의미에 대한 고정관념을 바꾸는 것이라는 확실한 증거를 제시한다.

— 애덤 그랜트, 펜실베이니아 와튼스쿨 조직심리학 교수,
《기브앤테이크》《오리지널스》 저자

이 책은 노화에 대한 패러다임을 획기적으로 전환한다. 베카 레비 박사는 우리의 사고방식과 믿음이 우리의 행동, 치유 능력, 수명에 영향을 준다는 새 연구 분야를 개척했다. 최신 연구 결과와 인상적인 사례를 통해, 그녀는 우리가 늙어가는 방식을 바꿀, 노화에 대한 새로운 관점을 제시한다. 흥미, 영감, 감동을 주는 이 책에는 건강한 고령화 사회로 가는 소중한 열쇠가 담겨 있다.

— 엘리사 에펠, 캘리포니아대학교 교수, 《늙지 않는 비밀》 저자

이 책을 읽기 전부터 베카가 예일대학교의 선구적인 과학자라는 사실은 알고 있었다. 이제는 그녀가 세계적인 작가, 스토리텔러, 휴머니스트라는 것도 안다. 흥미와 공감을 주고, 우리가 나이를 먹는 방식에 강력하고 광범위한 영향을 미칠 만한 책이다. 우리는 그 심오하고 시의적절한 메시지에 귀를 기울여야 한다.

— 샤론 이노우에, 하버드의대 교수

베카 레비는 노화와 장수 분야에서 이미 세계 최고의 권위자로 인정받고 있다. 그녀의 전문적인 리더십과 앞서가는 연구는 더 많은 사람들의 마음과 생각을 바꿀 것이다. 레비의 책은 누구나 반드시 읽어야 한다. 이 책은 긴급한 행동을 촉구하는 한편, 길고 건강하고 행복한 미래를 위한 로드맵을 제시한다.

— 폴 어빙, 노화의 미래 센터 이사장

놀라운 과학적 통찰, 흥미진진한 이야기, 편리한 도구가 가득 담긴 이 놀라운 책에서, 레비 박사는 모든 연령대의 독자들에게 도움이 될, 노화와 장수를 바라보는 새로운 방법을 제시한다.

— 제임스 C. 애플비, 미국 노인학회 CEO

레비 박사는 선구적인 심리학자, 노인학자다. 그녀의 멋진 책은 탄탄한 과학 연구 결과와 장수를 위한 쏠쏠한 조언으로 우리에게 깨달음을 준다. 나는 이 책이 대중에게 큰 도움이 되리라 믿는다!

— 장신, 베이징대학교 부교수

베카 레비는 건강과 행복에 미치는 연령 인식의 중요한 영향력을 개인과 사회 차원에서 매끄럽게 설명한다. 무엇보다 이 책은 긍정적인 연령 인식의 힘을 극대화하는 실용적인 방법을 제시한다. 그런 방법을 적용해 우리는 실제로 건강에 도움을 받을 수 있다. 우리가 어떻게 나이를 먹는지, 살아가면서 긍정적인 연령 인식을 받아들이면 어떤 좋은 점이 있는지에 관심이 있다면 꼭 읽어야 할 책이다.

— 캐리 리드, 웨일코넬 의과대학병원, 어빙셔우드라이트 의대 교수

베카 레비 교수는 누구나 우려하는 질문, '나이가 들고 늙어가면서 우리에게는 무슨 일이 생길까?'에 대해 독특한 관점을 제시한다. 그녀는 우리가 잘 늙는 방법을 멋지게 보여준다. 이 책은 훌륭한 통찰이 담긴 필독서다.

— 이티엘 드로어, 유니버시티 칼리지 런던의 신경인지 선임 연구원

연령차별은 우리가 이룩한 장수에 대한 낙관론을 앗아가고, 젊은이와 노인의 미래를 망가뜨린다. 베카 레비는 이런 일이 어떻게 일어나는지, 우리가 어떻게 해결해야 하는지를 보여준다. 다 함께 그녀의 처방을 따르면 청년들이 기대할 수 있고 노인들이 한껏 누릴 수 있는 장수의 가능성을 높일 수 있다.

— 린다 P. 프라이드, 컬럼비아대학교 메일맨 공중보건대학원장

레비는 연령차별이라는 재앙과 그것이 노인들과 우리 사회에 미치는 부정적인 영향에 맞서 싸우라고 독려하는 선언문을 발표했다. 이 책은 행

나이가 든다는 착각

동을 요구하며, 노인들이 각자의 삶에 대해 긍정적인 시각을 갖게 하고, 우리 모두가 개인 생활, 직장, 소셜미디어에서 마주치는 연령차별에 저항할 수 있게 하는 현실적이고 검증된 방법을 제시한다. 이 책은 연령차별과의 전쟁에서 하나의 전환점으로 기억될 것이다.

— 윌리엄 E. 헤일리, 미국 심리학회 노화 위원회 의장

나의 부모님, 나의 영웅

찰스와 엘리너에게

목차

1

우리 머릿속의 노인

매년 가을이면 나는 예일대학교의 '건강과 노화' 수업을 시
작하면서 학생들에게 노인을 생각하면 맨 먼저 떠오르는 단어
나 표현 다섯 가지를 적어보게 한다. 진짜 노인이어도 되고 상
상 속의 노인이어도 된다. "너무 깊이 생각하지 마세요. 정답도,
오답도 없으니까요. 머릿속에 연상되는 단어를 뭐든지 적어보
세요." 나는 모두에게 이렇게 당부한다.

당신도 똑같이 해보자. 노인을 상상할 때 가장 처음으로 떠
오르는 단어나 표현 다섯 개를 나열해보자.

나이가 든다는 착각

다 적었으면, 그 단어들을 살펴보자. 그 가운데 긍정적인 단어는 몇 개인가? 부정적인 단어는 몇 개인가?

사람들은 대부분 부정적인 표현을 몇 개쯤 적었을 것이다. 보스턴 외곽에 사는 79세 바이올린 제작자 론의 목록은 이렇다. "노망, 느리다, 아프다, 괴팍하다, 완고하다." 이제 연금 수표를 수령하러 옛 일터인 연필 공장에 들른 82세 중국인 할머니 비위의 목록을 살펴보자. "현명하다, 경극을 좋아한다, 손자들에게 책을 읽어준다, 많이 걷는다, 너그럽다."

이렇게 상충하는 두 가지 시각은 각 문화를 널리 지배하는 연령 인식을 반영한다. 이런 인식은 우리가 고령의 가족을 어떻게 대할지, 생활공간을 어떻게 구성할지, 의료 서비스를 어떻게 제공할지, 공동체를 어떻게 형성할지를 결정한다. 궁극적으로 이런 인식은 노인들이 자신을 바라보는 태도, 그들의 청력과 기억력, 수명을 결정할 수도 있다.

대개 사람들은 자신이 노화에 대해 선입견을 품고 있다는 사실을 모르지만, 어디 사는 누가 됐든 그런 선입견이 없지 않다. 불행히도 오늘날 전 세계 대부분의 문화 집단은 부정적인 연령 인식의 지배를 받는다.[1] 이런 인식을 조사하여 그 원인과 작용 방식을 밝힌다면, 우리는 노화를 바라보는 시각뿐만 아니라 우리가 늙어가는 방식 자체를 바꿀 근거를 마련할 수 있다.

나이에 맞는 행동

연령 인식이란 우리가 고령자에게 나이에 따라 어떻게 행동하기를 기대하는지를 담은 심적 지도다. 우리 머릿속의 그림을 담은 이 정신 지도는 우리가 집단 속에서 그 지도에 해당하는 구성원을 발견할 때 펼쳐진다.

참고로 '고령자'라고 하면 나는 적어도 50대 이상인 사람을 가리키지만, 사실 정해진 나이 기준은 없다. 실제 나이와 관계없이 우리가 얼마나 '늙었다'고 느끼는지는 대체로 '경로 할인'이나 사회보장 혜택을 받기 시작하는 것, 은퇴로 내몰리는 것 같은 문화적 신호의 영향을 받는다. 특정인이 언제 노령에 이르는지를 판단할 생체 지표가 사실상 하나도 없다는 것은 노령의 기준이 다소 유동적인 사회적 산물이라는 뜻이다. 연령 인식과 연령에 걸맞은 행동에 대한 기대가 그토록 막강한 이유는 우리가 만년을 경험하는 **방식**을 규정하기 때문이다.

기대는 꽤 유용한 경우가 많다. 닫힌 문을 마주하면 우리는 과거의 경험을 바탕으로 그 문이 잠겼거나 잠기지 않았다고 기대한다. 손잡이를 비틀면 문이 납작 쓰러지거나 불길이 치솟지는 않을까 걱정할 필요는 없다. 다행히도 우리의 뇌에는 상황을 시각적, 자동적으로 신속하게 처리하는 능력이 있다. 덕분에 우리는 문이 어떻게 작동하는지 매번 다시 배울 필요가 없다. 대신에 이미 잘 아는 사실에 의지할 수 있다. 우리는 날마다 그런 방식으로 세상을 살아간다. 기대를 품고 그 기대에 의지하는 것이다.

물론 연령 인식은 문이 아닌 사람에게 기대하지만 작동 방식은 비슷하다. 대부분의 고정관념이나 사고의 지름길이 그렇듯 연령 인식은 세상에 존재하는 엄청난 양의 자극을 아기 때부터 분류하고 단순화하면서 시작되는 자연적이고 내면적인 과정의 산물이다. 하지만 그것은 학교 교육, 영화, 소셜미디어 등 외부 사회에 만연한 연령차별의 영향을 받기도 한다.

판단을 흐리는 고정관념

고정관념은 주로 무의식적으로 생긴다. 뇌는 우리가 의식하기 10초 전부터 판단을 내린다.[2] 노벨상을 수상한 신경과학자 에릭 캔델Eric Kandel에 따르면 우리가 하는 생각의 약 80퍼센트는 무의식적으로 진행된다.[3] 문손잡이를 잡으려고 손을 뻗을 때는 유익하지만, 사람들에 대한 인상을 갖거나 판단을 내릴 때는 이런 과정이 문제가 될 수 있다.

고정관념은 우리가 다른 인간들을 신속히 평가하기 위해 무의식적으로 사용하는 장치다. 그러나 대부분의 경우 이런 관념은 관찰이나 경험에 근거를 둔 것이 아니라, 외부 세계에서 무비판적으로 흡수한 것이다.

사람들은 대개 타인을 꽤 정확하게 판단할 수 있다고 자부한다. 하지만 사회적 존재인 우리는 무의식적으로 얻은 사회적 인식을 지니고 있다. 워낙 마음속 깊이 뿌리박혀 있기 때문에 그런 인식이 우리를 속이고 있음을 깨닫지 못할 뿐이다. 이런 인식은 '암묵적 편향implicit bias'이라는 무의식적인 과정을 초래해 우리가 특정 집단에 속한 사람들을 반사적으로 좋아하거나 싫어하게끔 영향을 줄 수 있다. 암묵적 편향은 의식적 믿음과 어긋나는 경우가 많아서 줄이기도, 그냥 받아들이기도 어렵다. 암묵적 편향에는 흔히 구조적 편향이 반영되기 때문에 문제는 더 복잡해진다.

구조적 편향은 근로자를 차별하는 기업이나 환자를 차별하는 병원처럼 사회 기관의 정책이나 관행에 담긴 편향으로, 암묵적 편향과 뒤얽혀 있을 때가 많다. 기관 내에서 차별은 관리자나 의사가 의식하지 못한 상태에서 일어날 수 있으므로 암묵적이라 볼 수도 있다. 하지만 차별은 소외된 구성원들에게 권력을 나눠주지 않고 권력자의 권력만을 강화하므로 구조적이기도 하다.

이 두 가지 유형의 편향을 분석하기 위해 연구자들은 객관적이고 공정한 사람이라 자부하는 동료 과학자들에게 특정 일

나이가 든다는 착각

자리에 지원한 남성과 여성의 이력서를 평가하게 했다. 남자 이름이나 여자 이름이 적혀 있다는 점 외에는 모든 면에서 동일한 이력서를 보고도 과학자들은 대부분의 경우 남성 지원자들에게 여성 지원자들보다 훨씬 높은 급여를 제시하며 채용하겠다고 밝혔다.[4] 역시 문화에 근거한 인종 편견도 존재한다. 연구에 따르면 이력서에 전형적인 '백인' 티를 낸 구직자는 그렇지 않은 구직자보다 면접을 볼 기회를 훨씬 많이 얻었다.[5]

고령의 구직자에 대해서도 구조적, 암묵적 편향, 즉 연령차별이 존재한다. 한 연구에 따르면 이력서의 다른 내용이 동일할 경우 고용주들은 좀 더 젊은 지원자를 고용하는 경향이 있다.[6] 고령의 근로자가 젊은 근로자보다 대체로 견실하고 노련하다는 연구 결과는 차고 넘치는데도 이런 고용 관행은 사라지지 않는다.[7] 마찬가지로 의사에게 증상과 회복 가능성이 동일한 환자들의 사례를 보여주면, 젊은 환자들에 비해 나이 많은 환자들에게 치료를 권할 가능성이 훨씬 낮다.[8]

구조적 편향과 암묵적 편향 사이의 경계는 흐리터분하고 엉성하다. 문화에 기반한 구조적 편견은 우리의 인식에 스며들어 무의식중에 작동할 수 있다. 그 결과, 의식적으로 어떤 인식을 가졌든 간에 우리 모두에게는 무의식적인 편견이 있다는 연구가 적지 않다.

나이 탓은 너무 쉽다

고정관념을 업으로 연구하는 사람으로서, 내가 주위 사람들에게 잘 휘둘리는 타입이라고는 생각지 않았다. 하지만 당연히도 내가 안다고 **생각하는** 것과 **실제로** 아는 것 사이에는 차이가 있게 마련이다. 살다 보면 둘 사이의 불편한 괴리가 불쑥 드러나는 순간이 있다.

작년에 나는 친구가 활동하는 자선단체에 도움을 주기 위해 5킬로미터 달리기 대회에 참가하기로 했다. 하지만 쌀쌀한 가을의 일요일 아침, 침대가 유난히 따뜻하고 포근하게 느껴져 알람 시계의 스누즈 버튼을 자꾸만 눌러대다가 결국 대회에 늦게 도착하고 말았다. 대회 번호판을 달고 운동화 끈을 제대로 묶을 새도 없이 출발 신호탄이 울렸다. 경주를 시작하고 200미터쯤 달려 키 큰 느릅나무 군락을 지나가는 순간 소름 끼치는 '뚝' 소리가 들리더니 무릎 뒤편이 못 견디게 아프기 시작했다. 나는 비틀대며 끙끙거렸다. 그 순간 어떤 이미지가 내 머릿속에 떠올랐다. SF 영화 〈루시〉에서 스칼릿 조핸슨의 배에 마약 운반책들이 위험한 약을 집어넣은 후 그녀의 신체 부위가 순식간에 반짝이는 점들로 분해되는 장면이었다. 한때는 믿고 의지했던 내 몸이 SF 속의 약물이 아니라 오로지 나이 때문에 같은 방식으로 분해되는 것을 상상한 것이다.

나이가 든다는 착각

나는 휘청휘청 결승선을 통과하며 참가를 권유했던 친구에게 침울한 미소를 지어 보였다. 차를 몰고 집으로 돌아가 절뚝절뚝 현관으로 들어서면서, 나는 중년의 몸이 너무 일찍부터 나이에 굴복하고 있다고 투덜거렸다. 나의 달리기 인생은 이대로 슬프고 때 이른 종말을 맞는 건가 싶기도 했다.

의사인 남편이 내 다리를 살펴보더니 근육이 심하게 삐긋했다고 진단했다.

그 순간 10대 딸이 끼어들었다. 그날 아침에 그 아이는 노트북으로 뭔가를 하고 있다가 내가 경주에 참가하려고 허겁지겁 현관문을 나서는 모습을 보았더랬다.

"엄마, 거기 늦게 도착했죠?" 딸이 물었다.

나는 고개를 끄덕였다.

"준비운동은 했어요?"

나는 고개를 저었다. 가뜩이나 늦었는데 준비운동은 무슨.

딸이 슬며시 웃었다. "그래, 그거네요."

우리 가족은 모두 달리기를 좋아한다. 준비운동으로 몸을 서서히 풀면 근육이 너무 당기거나 찢기는 것을 막을 수 있다는 것도 다들 알고 있다. 다른 딸아이도 스트레칭을 안 하고 급히 달리다가 근육이 삐긋한 지 채 한 달도 안 됐을 무렵이었다.

내 몸이 산산조각 난 것이 아니라는데도 안심은커녕 걱정이 찾아왔다. 나는 본능적으로 부상의 원인을 준비운동이 아닌 다

른 데서 찾았다. 나이 탓을 한 것이다. 나이가 들면 몸이 부실해
진다는, 의식적으로는 믿지 않는 상관관계를 떠올렸다. 더구나
나는 대학원부터 쭉 노화를 연구한 사람이었다. 그 생각이 옳지
않다는 것을 누구보다 잘 알아야 했다. 그런데도 이런 일이 생
긴 이유는? 어린 시절부터 주위 환경에서 주입받은 부정적 고정
관념이 나이가 들면 연약해진다는 두려움으로 돌연 구체화되었
고, 그 결과 무릎 통증의 원인을 엉뚱하게 짚은 것이었다.

이것이 바로 부정적인 나이 고정관념의 가장 해로운 점이다.
이런 고정관념은 다른 사람들을 향한 행동과 판단을 왜곡할 뿐
아니라, 우리 자신을 바라보는 태도에도 영향을 미친다. 이런 생
각을 저지하지 않으면 감정과 행동에까지 영향을 줄 수 있다.

내가 사회심리학자로 첫발을 내디딜 무렵, 나이 고정관념에
대한 기존 연구는 고령자를 바라보고 대하는 어린이와 젊은 성
인들의 태도에 연령 인식이 어떤 영향을 미치는지에 머물렀다.
나이 고정관념이 고령자 자신에게 주는 영향은 다루지 않았다.
하지만 내 할머니가 노인을 차별하는 가게 주인의 부정적인 나
이 고정관념에 동화되고 반응하는 모습을 지켜본 후, 나는 이런
사건이 앞으로 또 일어날 가능성을 줄이기 위해, 연령 인식의
힘을 유리하게 이용할 방법을 찾기 위해, 고령자에 대한 우리의
인식이 우리 자신의 노화에 어떤 영향을 주는지를 먼저 이해해
야 했다.

우리의 인식이 되는 문화

문화 집단의 나이 고정관념이 어떻게 우리의 뼛속 깊이 스며 드는지 정확히 이해하기 위해, 나는 고정관념 체화 이론stereotype embodiment theory: SET이라는 틀을 개발했다. 이 이론은 부정적인 연령 인식이 건강에 악영향을 준다고 본다. 나이가 들면 건강이 나빠질 수밖에 없다는 잘못된 인식이 그런 결과를 가져오는 것이다. 반대로 긍정적인 연령 인식은 우리의 건강을 개선하는 효과를 낸다.[9] 이 두 가지 가정을 뒷받침하는 내 연구는 다섯 개 대륙에서 여러 과학자들이 실시한 400건 이상의 연구로 검증되었다.[10]

SET에 따르면, 나이 고정관념은 네 가지 메커니즘에 따라 우리의 건강에 영향을 미친다.

1. 어릴 때부터 평생에 걸쳐 사회에서 흡수되어 내재화된다.
2. 무의식적으로 작용한다.
3. 자기 관련성이 생기면서 영향력이 커진다.
4. 심리, 생체, 행동 경로를 통해 건강에 영향을 미친다.

이제 연령 인식이 이렇게 맞물린 메커니즘을 통해 우리의 뼛속 깊이 스며들고 평생에 걸쳐 연령 암호에 영향을 미치는 과정을 살펴보자.

1: 평생에 걸친 내재화

아이들은 어른들의 부정적인 인식에 오염되지 않았다고 생각하기 쉽지만, 세 살밖에 안 된 아이들도 이미 나이 고정관념을 비롯한 문화적 고정관념을 충분히 표현할 수 있을 만큼 내재화했다.[11] 미국과 캐나다 어린이를 대상으로 한 연구에서는 많은 아이들이 고령자를 이미 동작이 굼뜨고 정신이 어수선한 사람으로 여겼다.[12] 분류하는 경향은 훨씬 일찍 나타난다. 고작 4개월 된 유아도 얼굴을 나이별로 구분할 수 있다.[13]

우리는 각자가 속한 문화와 사회로부터 온갖 부정적인 고정관념을 받아들이지만, 부정적인 연령 인식은 특히 쉽게 흡수한다. 많은 사람들이 물그릇에 담긴 스펀지처럼 이런 관념을 빨아들이는 이유는 네 가지다. 첫째, 너무 흔하기 때문이다. 세계보건기구WHO에 따르면, 연령차별은 오늘날 가장 널리 퍼져 있고 사회적으로 쉽게 용인되는 편견이다.[14] 둘째, 인종이나 성별 고정관념과는 달리, 사람들은 그 대상이 되는 연령대에 이르기 수십 년 전부터 나이 고정관념을 접해왔기 때문에 의문을 제기하거나 반대하려 하지 않는다. 셋째, 고령자들이 거주하고, 일하고, 사교 활동을 하는 장소는 종종 나머지 사회로부터 분리되어 있다. 아이들은 고령자들이 어떻게 분리되는지를 알아차리고,

이런 사회적 분리가 여러 연령대 사이의 본질적이고 의미 있는 차이에서 나온다고 추측한다. 그러나 사실은 권력자들이 고령자들을 소외시키기 때문에 생기는 현상이다.[15] 넷째로, 이런 고정관념은 고령자에 대한 광고나 매체에 담긴 메시지를 대량으로 접하면서 평생 동안 강화된다.

2: 무의식적 작용

정신분석학자 카를 융Carl Jung이 주장했듯, "무의식을 의식으로 만들기 전까지, 무의식은 당신의 인생을 인도할 것이고 당신은 그것을 운명이라 부를 것이다." 나이 고정관념이 우리의 건강에 실제로 영향을 미치는 이유는 우리가 의식하지 못한 상태에서 작용하기 때문이다.

우리 문화에 퍼져 있는 수많은 연령차별적 표현이 우리에게 어떤 영향을 미치는지 살펴보다가, 나는 연령 고정관념을 효과적으로 자극하기 위해서는 상대가 인식하지 못하는 상태에서 제시해야 한다는 것을 깨달았다. 우리의 실험에서는 컴퓨터 화면 앞에 사람들을 앉혀놓고 화면에 보이지 않거나 흐릿하게 보일 만큼 짧은 시간 동안 단어를 노출시킨다. 이렇게 하면 인식 없는 지각이 가능하다. 스쳐 지나가는 단어 중에는 '현명하다'처럼 긍정적인 고정관념도 있고 '쇠약하다'처럼 부정적인 고정관념도 있다. 그 후 참가자들은 복도를 걷는 것과 같은 여러 가지 간단한 과제를 수행한다. 이런 식으로 나는 글씨를 얼마나 반 듯하거나 비뚤게 쓰는지, 얼마나 빨리 걷는지 같은 온갖 과제에 나이 고정관념이 무의식적인 영향을 준다는 것을 증명했다.[16]

3: 나이 고정관념의 자기 관련성

우리가 실제로 늙어서 자기 관련성이 생기기 전까지는 부정 적인 연령 인식이 최악의 영향을 주지 않는다. 나이가 스물다섯 일 때는 자동차 열쇠를 엉뚱한 곳에 두어도 별로 대수롭게 여기 지 않는다. 일흔다섯에 같은 행동을 했다면 곧 치매에 걸릴지나 않을까 불안해진다. 60세가 넘으면 정신 능력이 떨어진다는 고 정관념을 평생 흡수한 탓이다. 다음 장에서 살펴보겠지만 이 고 정관념은 사실 옳지도 않다.

당신이 노인이라고 잠시 가정해보자. 어릴 때 당신은 부모님 이 조부모님의 건망증이 심하다고 불평하며 그것을 나이 탓으 로 돌리는 것을 본 적이 있다. 광고, 영화, 책 등에서 노화에 대 한 유사한 메시지들을 접하면서 20대에는 이런 인식이 더욱 강 화되었을 것이다. 중년에 들어설 즈음 당신은 다른 사람들의 건 망증을 노화와 관계있는 현상으로 낙인찍기 시작한다. 마침내 노년에 접어들어서는 뭔가를 깜박깜박할 때마다 자신의 나이를 탓한다. 결국 당신은 성장하면서 접한 고령자에 대한 고정관념 을 적극적으로 드러내며 살다가 이제는 당신 자신에게 적용하고 있는 것이다. 이런 태도는 그 자체로 스트레스를 높이고, 기억력을 떨어뜨린다.[17] 유해한 나이 고정관념은 평생 동안 머릿속 깊숙한 곳에 도사리고 있다가 만년에 심각한 피해를 줄 수 있다 (앞으로 이 책에서 제시할 전략들을 이용하여 없애지 않는 한).

4: 건강에 영향을 주는 세 가지 경로

연령 인식은 심리, 행동, 생체의 세 가지 경로를 통해 건강에 영향을 준다. **심리** 경로의 한 가지 예는 부정적인 연령 인식을 흡수한 노인들의 자존감이 낮아지는 현상이다.[18] 내가 최근에 고령의 영국 여성에게서 받은 편지의 첫머리에는 이런 말이 적혀 있었다. "솔직히 나는 늙었다는 것이 창피해요. 왜냐고요? 사회가 나더러 창피한 거라고 하니까요."

행동 경로는 부정적인 연령 인식을 흡수한 고령자들이 만년에는 건강이 쇠약해질 수밖에 없다는 운명론적 태도를 취하기 시작하면서 나타난다. 이렇게 암울한 시각에서는 건강을 지키려는 노력조차 무의미해 보이므로 일찌감치 포기하게 된다. 우리 팀의 연구에 따르면 부정적인 연령 인식을 지닌 노인들은 처방받은 약을 충실히 복용하지 않고 운동도 별로 하지 않았다.[19] 이런 상황은 자기충족적 예언이 될 수 있다. 노화에 대한 부정적인 인식이 건강을 해치는 행동으로 이어지면 결국 원래 갖고 있던 부정적인 연령 인식이 강화되는 식이다.

세 번째는 **생체** 경로다. 우리는 부정적인 연령 인식이 코르티솔 호르몬과 혈액 속의 C 반응성 단백질C-reactive protein: CRP 같은 스트레스의 생체표지를 증가시킬 수 있음을 밝혔다.[20] 스트레스 생체 지표가 크게 치솟는 상태를 자주 겪는 사람은 조기 사망할 수 있다.[21]

이것이 바로 불행을 가져오는 삼중 작용이다. 문화 속의 부정적인 연령 인식은 이렇게 우리의 건강에 침투해 수명을 단축시키고 행복을 감소시킨다. 듣기 불편하겠지만 사실이다. 하지만 이런 신체 징후를 피할 수 없는 것은 아니다. 부정적인 연령 인식을 차단하고 전환하면 심리, 행동, 생체에 긍정적인 결과를 가져올 수 있다.

주체에서 대상으로

나이 고정관념이 우리의 행동과 감정에 그토록 깊은 영향을 미친다는 사실을 선뜻 받아들이기 어려울 수 있지만 그것은 연령 인식에만 해당하는 문제가 아니다. 자신에 대한 다른 고정관념도 비슷한 영향력을 갖는다. 일례로, 시험 전에 인구통계 설문지에 자신의 인종을 밝히게 하면 흑인 수험생은 백인 수험생보다 대체로 나쁜 성적을 받는다는 연구 결과가 있다.[22] 그러나 인구통계 설문지가 생략되었을 때는 시험 점수에 큰 차이가 없었다. 인종과 지적 능력을 연관시키는 고정관념이 워낙 강하다 보니, 수험생들에게 인종을 밝히도록 요구하는 것만으로 그런 효과가 나타난 것이다.

다른 연구에서는 여성 참가자들에게 성역할 고정관념을 부각하는 실제 TV 광고를 보여주었다. 그 광고가 리더십과 아무런 관련이 없는데도 이어진 실험에서 여성들은 리더 역할을 맡는 것을 꺼렸다.[23] 그 광고 가운데 하나에는 새 미용제품을 선물받고 너무 기뻐서 침대에서 방방 뛰는 젊은 여성이 등장한다. 어느 집단에 대한 한 가지 고정관념, 여기서는 여성들이 외모에 신경을 많이 쓴다는 고정관념을 자극하는 것만으로도 수많은 다른 고정관념을 연상시킬 수 있는 것이다. 여성이 훌륭한 리더가 될 수 없다는 고정관념도 그중 하나다.

광고에는 나이 고정관념도 꽤 많이 등장한다. 나이 고정관념은 인종이나 성별 고정관념과는 다르게 작용한다. 고령자가 되기 전까지는 자기 관련성을 찾기 어렵기 때문이다. 노년기에 이르기 전에는 자신이 고정관념의 대상이라기보다 고정관념을 갖고 노년층을 바라보는 주체이므로 이런 고정관념에 의문을 품거나 저항할 필요가 없다. 그래서 이 과정은 더욱 복잡해진다. 사람들은 노인이 되어도 새로 속하게 된 집단인 노년층이 아니라 청년층과 자신을 동일시한다.[24]

연령 인식은 비관적 사고나 낙관적 사고와는 다르다는 점에 유의해야 한다. 긍정적인 연령 인식은 긍정적 사고의 한 측면이고 부정적인 연령 인식은 부정적 사고의 한 형태라고 생각할 수도 있다. 하지만 나는 연구를 통해 행복이나 우울 같은 일반적인 감정과 별도로, **연령 인식** 자체가 기억할 수 있는 정보의 양, 동네 한 바퀴를 도는 속도 등에 영향을 미친다는 사실을 밝혔다.[25] 즉 연령 인식은 정서적 태도, 이를테면 유리잔이 반쯤 찼다고 보는 성향인지 반쯤 비었다고 보는 성향인지에 관계없이 우리의 건강을 실제로 손상할 수도 개선할 수도 있다.

2,000살 노인의 유머

인종, 성별, 민족, 연령을 근거로 어떤 집단을 바라보는 인식에 대한 연구는 대부분 부정적인 인식에 초점을 맞춘다. 그에 반해 나는 긍정적 인식이 줄 수 있는 혜택에 대해 오래전부터 관심을 가졌다.

시트콤 〈딕 밴 다이크 쇼〉를 제작하고, 영화 〈바보 네이빈〉을 연출한 영화감독 칼 라이너와, 〈영 프랑켄슈타인〉, 〈프로듀서〉의 각본과 감독을 맡은 멜 브룩스를 예로 들어보자. 라이너는 98세에 세상을 떠났고, 평생의 벗이었던 브룩스는 이제 95세가 되었다. 두 사람 다 나이가 들면서 긍정적인 연령 인식을 받아들인 덕분에 남성의 평균 수명보다 15년 이상 오래 살았다. 90대에 이르러서도 라이너는 다섯 권의 책을 쓰고 브룩스는 연기, 각본, 연출을 멈추지 않는 등 대단히 생산적이었다. 또 그들은 행복했다. 수십 년에 걸쳐 두 사람의 우정은 점점 더 깊어졌다. 라이너가 죽기 전까지, 두 사람은 매일 밤 라이너의 집에서 저녁을 먹고 퀴즈 쇼 〈제퍼디!〉를 시청한 다음, 자신들이 만든 영화를 포함한 재미있는 영화를 보았다.[26]

95세에 라이너는 〈신문 부고란에 이름이 없으면 아침을 먹어라〉라는, 90대 노인을 소재로 한 HBO 다큐멘터리에 출연했다. 그가 인터뷰한 사람들(브룩스 포함)은 유머가 넘치고 겸손하고 행복하다. 그들은 생산적이고 의미가 충만했던 인생 이야기를 들려주고, 늙었다는 이유로 사회에서 겪게 되는 굴욕에 대해 불평한다. 〈올 인 더 패밀리〉, 〈모드〉, 〈제퍼슨 부부〉 등 1970년대의 가장 인상적인 시트콤을 제작한 노먼 리어는 이 다큐멘터리에서 라이너에게 이렇게 말한다. "아흔셋이면 아흔셋답게 행동해야 해요. 아직도 발가락이 손에 닿는다는 이유로 사람들을 놀라게 해서는 안 되죠." 이제 99세가 된 그는 얼마 전 라틴계 배우들이 총출연하는 새 시트콤을 제작했다.

브룩스와 라이너는 수십 년 전부터 긍정적인 연령 인식을 드러내기 시작했다. 내가 어릴 때 부모님은 그들의 유명한 코미디

〈2,000살 먹은 남자〉가 녹음된 오래된 음반을 즐겨 틀었다. 라이너가 인터뷰를 진행하고, 브룩스가 2,000살 먹은 남자로 출연해, 걸쭉하고 어벙한 유대계 억양으로 즉흥적인 만담과 농담을 주고받는 형식이었다. 이 고대인의 재기발랄하고 시의적절한 유대인식 우스개가 이 쇼의 핵심이었다.

라이너와 브룩스는 30대 초반에 파티에서 친구들을 웃기려고 이 촌극을 만들었지만, 그들의 코미디 공연은 노화에 대한 긍정적인 이미지를 표현하고 홍보하는 역할을 했다. 이 2,000살 먹은 남자의 익살스러운 이야기에는 주로 경험으로 터득한 지혜를 이용해 혼란한 세상에서 살아남는 요령이 담겨 있다. 게다가 그는 뛰어난 기억력을 자랑하며 인류가 최초로 불렀다는 고대 아람어 노래의 가사를 읊는데, 그 선율이 우연찮게 인기 재즈 곡 〈스위트 조지아 브라운〉과 흡사했다. 노인들의 정신과 신체를 웃음거리로 삼는 스탠드업 코미디나 TV 속 '노인 유머'와는 신선한 대조를 이루는 내용이다.[27]

지혜로운 노인이 보이는가

다행히 우리가 연령 인식을 날 때부터 갖고 태어나는 것은 아니며 그런 인식을 흡수한다 해도 그대로 고정되는 것도 아니다. 무엇보다 문화 집단마다 연령 인식이 얼마나 철저히 다른지를 보면 이를 확인할 수 있다. 중국에서 노인을 생각할 때 가장 먼저 떠오르는 단어나 문구가 무엇인지 사람들에게 물어보면 '지혜'라는 대답이 가장 많지만, 미국에서는 대개 '기억력 감퇴'를 가장 먼저 떠올린다.

연령 인식은 시대에 따라 바뀔 수도 있다. 심지어 나는 연구 도중에 참가자들의 부정적인 연령 인식을 긍정적으로 바꿀 수도 있었다.[28] 이 책에서는 이런 문화 차이뿐 아니라 역사에 따라, 또는 실험에 의해 연령 인식이 바뀐 예를 살펴볼 것이다. 또 이런 경향을 바탕으로 인식 개선을 위한 전략을 제시할 것이다.

연령 인식은 건강관리와 일할 기회를 비롯해 우리 삶의 전반에 영향을 미친다. 고령의 환자들은 우울증 때문에 정신건강 전문가를 찾아가도 적절한 치료를 받을 가능성이 적다. 이 전문가들은 우울증이 노화의 정상적인 일부라고 널리 믿기 때문이다.[29] 이런 믿음은 정신건강 분야에 한정되지 않는다. 나이 든 환자들은 돌볼 가치가 없는 존재로 치부되는 경우가 많다.

노인의학 전문의 루이즈 애런슨이 미국의 큰 병원에서 겪었다는 일화를 내게 들려주었다. 그곳 의사들이 인근 요양원에 있다가 내원한 노인 환자의 증상을 두고 의견을 교환하고 있었다. 회의가 중간쯤 진행됐을 때 부서장이 일어서서 이 복잡한 사례의 해결책을 제시했다.

"답이 뭔지 알겠네요. 요양원을 우리 병원에서 160킬로쯤 떨어진 곳에 두면 되겠어요." 다들 웃음을 터뜨렸다. 그 말에 깔린 가정은 노인 환자들을 보살피는 것이 시간, 인력, 자원의 낭비라는 것이었다. 애런슨은 이렇게 덧붙였다. "누가 여성이나 유색인종, LGBTQ(레즈비언Lesbian, 게이Gay, 양성애자Bisexual, 트랜스젠더 Transgender, 퀴어Queer 등 성소수자를 두루 가리키는 말—옮긴이)를 두고 그런 말을 했다면, 다들 분노했겠죠. 하지만 이때는 아무도 분노하지 않았어요. 울고 싶어지더군요."[30]

노동 시장에서도 부정적인 연령 인식은 흔하다.[31] 고령의 근로자들은 효율이 떨어지므로 제거되어야 한다는 인식 때문에 68세 이상 미국인의 3분의 1만이 고용되어 있는 상태. 페이스북 직원의 중위 연령은 28세, 구글은 30세, 애플은 31세다.[32]

기술 분야에 필요한 능력은 젊은 사람들만 가지고 있을까, 아니면 유독 그 분야에 부정적인 연령 인식이 퍼져 있는 탓일까? 애플의 전설적인 엔지니어 JK 셰인버그에게 물어봐야 한다. 그는 애플의 운영체제를 인텔로 옮겨 맥북을 오늘날의 히트작으로 만든 극비 사업인 마클라 프로젝트를 이끌었다. 애플에서 21년을 일한 그는 아직 50대일 때 조기 은퇴했는데 얼마 못 가 지루하고 초조해졌다. 자신의 능력을 유용하게 쓸 방법을 떠올린 그는 지역 애플 스토어의 시간제 일자리에 지원했고, 그의 면접관들에게 곧 연락하겠다는 말도 들었다. 하지만 연락은 오

나이가 든다는 착각

지 않았다. 셰인버그는 면접 때 자신의 나이가 다른 지원자들보다 수십 살이나 많았기 때문이라고 짐작했다.[33] 부정적 연령 인식은 온갖 유형의 암묵적 편견 가운데 가장 쉽게 용인된다. 이런 인식 때문에 고령자들은 나이 외에는 아무 이유도 없이 활기찬 동네, 진료소, 노동 시장에서 밀려난다.

노화는 생물학적 과정이지만, 늙는다는 것의 의미를 둘러싼 우리의 인식이나 관행과 무관하게 생물학적 차원에서만 존재하는 것은 아니다. 우리는 연령 인식이 과학적 사실보다는 문화적 편견의 산물임을 깨닫지 못할 때가 많다. 건강에 유전자가 주는 영향은 25퍼센트에 불과하다는 사실도 종종 잊는다.[34] 25퍼센트라는 말은 건강의 4분의 3은 우리가 통제할 수 있는 환경 요인으로 결정된다는 뜻이다. 내 연구에서 알 수 있듯이, 통제 가능한 요인 가운데 하나는 연령 인식이다.

이 책의 초입에서 나는 예술가, 영화배우, 운동선수 등 다양한 사람들을 예로 들며 연령 인식에 대한 연구 결과를 소개할 것이다. 이런 인식이 우리의 건강, 생물학, 기억력, 전반적인 행복에 어떤 영향을 미치는지를 설명할 생각이다. 책의 후반부에서는 연령 인식이 지닌 만만찮은 힘을 이용해 구조적 연령차별에 맞서 싸우는 전략을 공유할 예정이다. 이런 투쟁을 통해 우리 자신, 우리가 사랑하는 사람들, 우리가 사는 세상에 보탬이될 수 있다.

2

오히려 좋아진 기억력

우리의 기억에는 이따금 누전이 생긴다. 얼마 전에 본 영화 주인공의 이름이 떠오르지 않거나 방에 들어왔지만 무엇을 가지러 왔는지 생각나지 않을 때가 왕왕 있다. 누구나 이런 답답한 정신 상태를 경험한다. 이렇게 기억력이 흐릿해지는 당황스러운 상황을 가리켜 우리는 '노인 건망증senior moment'을 겪고 있다고 말한다. 하지만 모든 나이대에 나타날 수 있는 현상을 굳이 '노인 건망증'이라 부르는 이유는 뭘까?

이 용어는 1997년, 일간지 〈로체스터 데머크랫 앤드 크로니

클〉에 처음 등장했다. 해당 기사에서는 휴가 중에 테니스 시합을 하다가 점수를 잊어버린 고령의 은행가가 소개된다.[1] 그때부터 이 표현은 일상 언어에 침투하여 처음에는 미국 내에서, 최근에는 다른 나라에서까지 널리 쓰이고 있다.[2] 외국에서 강연을 할 때 청중에게 이 용어를 들어본 적이 있냐고 물어보면 참석자 대부분이 손을 번쩍 든다.

그런데 이런 '건망증'은 '노인'이나 고령과는 별 관계가 없다. 잠깐씩 기억이 가물가물해지는 순간은 언제든 찾아온다. 약 150년 전에 '미국 심리학의 아버지' 윌리엄 제임스William James는 이 현상을 "한창 잘 돌아가던" 머릿속에 생기는 빈틈이라고 표현했다. "그 빈틈에는 단어의 망령이 깃들어 있다. 이리 오라고 손짓해 불러놓고, 떠오를락 말락 하는 상태에 빠트려 애간장을 태우다가, 결국 간절히 찾던 단어는 내놓지 않고 우리를 실망시킨다."[3] 분명 건망증은 고령자에게만 간간이 찾아오는 현상이 아니다. 그 때문에 '노인 건망증'이라는 악의 없는 표현이 연령차별주의의 은밀한 작동 기제와 효과를 완벽하게 집약하여 보여주는 예가 된 것이다. 이 용어는 기억이라는 복잡하고 유연한 과정에 사이비 과학 이론을 덮어씌워, 보편적인 불안을 특정 연령대 이상의 사람들을 깎아내리는 개념으로 포장한다.

실제로 나이가 들면서 사람들의 뇌 기능에는 엄청난 변화가 생긴다. 뇌의 유연성을 유지하고 새로운 신경 연결을 형성하는 능력인 신경가소성은 오랫동안 젊은 뇌의 특징처럼 여겨졌지만 사실은 노화가 진행되는 내내 유지된다는 연구 결과가 속속 늘고 있다. 그 말은 나이가 들수록 뇌는 퇴화할 수밖에 없다는 흔한 고정관념이 알고 보면 거짓이라는 뜻이다.[4]

뒤에서 살펴보겠지만 어떤 종류의 기억력은 노년기에 더 좋아진다. 그중 한 가지는 사과의 다양한 색깔 같은 일반 지식에 대한 기억인 의미기억이다. 같은 수준으로 유지되는 기억도 있다. 자전거 타는 법처럼 일상 행동을 수행하는 방법에 대한 절차기억이 그 예다. 한편 일화기억은 나이가 들수록 쇠퇴하는 경향이 있다. 일화기억이란 폭풍우가 치던 어젯밤에 집 위에서 번쩍이는 번개를 본 경험처럼 구체적인 시간과 장소에서 일어난 개인의 일화에 대한 기억을 가리킨다.[5] 모든 노인은 이 마지막 기억 유형의 쇠퇴를 겪는다고 알려져 있지만 이런 기억도 개입을 통해 개선할 수 있다.[6] 자, **특정** 순간에 **특정** 사람들에게 **특정** 형태의 기억력이 실제로 저하된다면 '노인 건망증'이라는 표현이 옳다는 뜻 아니겠냐고 따지는 사람이 아직 있을지도 모른다. 하지만 나이와 상관없이 기억력은 감퇴할 수 있으며, 우리의 뇌는 노년기에도 가끔의 실수를 보상하고도 남을 새 연결을 형성한다.

한마디로 특정 유형의 기억력이 떨어지는 원인은 노화 그 자체보다 우리가 노화를 대하고 바라보는 태도와 관계가 있다. 즉

나이가 든다는 착각

어떻게 늙어가야 하는지에 대해 우리가 속한 문화가 가르쳐주는 방식, 우리 자신이 가진 믿음에 영향을 받는다.

청각장애 노인의 뛰어난 기억력

이 분야의 연구를 시작한 초창기에, 나는 나이를 바라보는 문화 집단 간의 인식 차이가 노년기의 기억력에 어떤 영향을 주는지 의문이 생겼다. '노인 건망증'이라는 용어가 널리 쓰이는 데서 짐작할 수 있듯이, 북미와 유럽에서 기억력 감퇴는 고령자에 대한 가장 흔한 고정관념이다.[7] 대학원 시절 실시한 연구에서 나는 이런 고정관념이 기억력에 영향을 미칠 수 있는지를 조사했다.[8] 조사 대상은 연령에 대한 인식이 다른 세 문화 집단, 곧 농인(청각장애인 가운데 수화를 제1언어로 사용하고 수화언어에 기초한 문화적, 언어적 정체성을 지닌 사람—옮긴이) 미국인[9], 청인(청각장애인과 대비되는 비장애인을 가리키는 말—옮긴이) 미국인, 중국 본토인이었다.

왜 하필 이 세 집단을 골랐을까? 중국 문화를 선택한 이유는 2,000년 전부터 효도와 노인 공경을 강조해온 유교 가치관 때문이었다. 이런 관념은 현재까지도 중국인의 뇌리에 깊이 박혀 있다. 오늘날에도 연장자가 이끄는 다세대 가족은 이례적이라기

보다 일반적이며, 노인들은 지긋한 나이를 자랑스레 밝히곤 한다.[10]

　대학원에서 인류학자 게일린 베커Gaylene Becker가 쓴 책을 읽고 미국 농인 공동체의 긍정적인 연령 인식에 대해 처음 알게 되면서부터 나는 그 문화 집단을 동경하기 시작했다.[11] 농인 공동체에서 노인들은 지극히 사회적이고 활력이 넘치고 서로 끈끈하게 의지한다. 그 이유는 대체로 농인 공동체에 다양한 세대가 섞여 있어서라고 볼 수 있다. 농인의 90퍼센트 이상은 청인 부모 밑에 태어나기 때문에, 젊은 농인은 나이 든 농인을 만나면 같은 정체성을 지닌 역할모델로서 존경심을 품고 강한 유대감을 느낀다.[12] 그 결과 농인 공동체에는 긍정적인 나이 고정관념이 형성되므로 고령의 구성원들은 스스로 자부심을 갖고 동료들과도 긴밀한 관계를 맺는다. 베커는 이렇게 설명한다. "현장 연구 과정에서, 나는 농인 노인들의 상호작용에 나타나는 특징을 여러 차례 반복하여 확인했다. 농인 집단에 소속된 노인들은 수다스럽고 자신만만하고 외향적이고 너그러웠다."[13]

　농문화에 대해 더 알아볼 요량으로 나는 지역 커뮤니티 센터의 미국 수화 수업에 등록했다. 강사는 아름다운 춤을 안무하듯 수어를 구사하는 연로한 농인이었다. 어느 날 수업이 끝난 후에, 나는 용기를 내어 그에게 노화에 대해 어떻게 생각하는지 물었다. 우리의 대화가 끝날 무렵 그는 여러 세대가 어우러진 보스턴 농인 클럽에서 연구 참가자를 구하는 데 도움을 주기로 했다.

나는 보스턴 노인 복지관과 청소년 단체에서도 노년층과 젊은 층의 농인 미국인 참가자를 모집했다. 베이징에 있는 연필 공장에서는 노년층과 젊은 층의 청인 중국인 참가자를 모집했다. 이 공장의 직원들은 대부분 젊었지만, 나는 연금 수표를 받기 위해 매달 공장을 찾아오는 퇴직한 노인 근로자들과 접촉할 수 있었다. 이렇게 세 문화 집단에 속한 참가자들을 비교했기에 내가 찾아낼 의미 있는 기억력의 차이가 언어 등의 다른 요인에서 비롯된 것으로 해석될 여지를 없앨 수 있었다. 만약 미국 청인과 미국 농인끼리만 비교한다면, 오랜 세월 수화를 쓰면서 농인들의 기억력이 단련되었을 가능성을 배제할 수 없다. 중국 청인과 미국 청인끼리만 비교한다면, 알파벳이 아니라 상형문자를 쓰는 언어에 노출된 중국인의 기억력이 원래 우월할 가능성을 배제할 수 없다. 미국 농인과 중국 청인을 동시에 포함했기에, 두 집단의 독특한 공통 요인인 긍정적 연령 인식에 초점을 맞출 수 있었다.

나는 인지 전문가들이 나이가 들면서 쇠퇴한다고 주장하는 기억의 유형인 일화기억을 시험하기 위해 이 연구를 설계했다.[14] 이 기억은 국립공원으로 진입하다가 한구석에 총알 구멍이 뚫린 사냥 금지 표지판을 발견한 것처럼 특정 시각-공간 맥락에서 사람이나 물체를 떠올릴 때 사용된다.

노화를 바라보는 참가자들의 태도를 평가하기 위해, 노인을 떠올릴 때 가장 먼저 떠오르는 다섯 단어나 표현을 대는 '노화의 이미지' 테스트를 했다(당신도 앞 장에서 해보았다). 곧이어 참가자들은 '노화에 대한 착각' 퀴즈를 풀었다.[15] "우울증은 젊은 층보다 노년층에서 많이 발생한다", "노인들은 새로운 것을 배우는 데 시간이 더 오래 걸린다"처럼 노화에 대한 25가지 문장이 참인지 거짓인지 판단하는 이 시험을 통해 노화에 대한 참가자들의 편견을 측정할 수 있었다(참고로 이 두 문장은 거짓이다).

문화 차이 때문에 문제가 좀 생기기도 했다. 중국 참가자들의 답변은 대체로 문화적 성격이 짙어서 영어로 번역했을 때 긍정적인 의미인지 부정적인 의미인지 아리송할 때가 있었다. 이를테면 "모임을 결성할 수 있다"와 "남은 열정을 사회에 바친다" 같은 문장들이 그랬다. 다행히 중국에서 성장한 내 조수 덕분에 그것들이 긍정적인 반응인지 부정적인 반응인지 판단할 수 있었다(알고 보니 이 두 가지 예는 매우 긍정적인 의미였다).

우리가 새로 나온 뇌 영양제를 테스트한 것도 아닌데, 연령 인식의 효과는 영양제에 못지않았다. 노인 참가자 가운데 청인 미국인 집단은 가장 부정적인 연령 인식을 드러냈고 네 가지 기억력 과제에서 하나같이 성적이 좋지 않았다. 연령 인식이 가장 긍정적인 중국 노인들은 전반적으로 성적이 가장 좋았다. 중국에서는 고령자들이 젊은이들만큼 좋은 성적을 내는 것을 보고

나이가 든다는 착각

나는 크게 놀랐다. 다시 말해 중국 노인은 기억력이 손자 손녀에 못지않다고 볼 수 있다. 긍정적인 연령 인식을 지닌 농인 미국인 노인들은 청인 미국인 노인들보다 훨씬 좋은 성적을 얻었다. 고령의 참가자들과 대조적으로, 세 문화 집단의 젊은 참가자들은 다들 고르게 좋은 성적을 냈다. 아직 자기 관련성이 없어 연령 인식의 영향을 받지 않았을 거라는 점을 고려하면 납득 가능한 결과다.[16]

우리가 문화적 인식과 노인 참가자들의 기억력 점수 사이에서 그토록 강한 상관관계를 발견한 이유는 중국에 사는 고령자와 미국 농인 집단의 고령자들은 성장기에 부정적인 연령 인식이 지배적인 미국의 주류 미디어를 거의 접하지 못했기 때문이다. 미국의 농인들은 그 시절에 폐쇄 자막이 나오는 TV를 이용할 수 없었다. 중국 본토는 미국과 지리적, 정치적으로 동떨어져 있고 그 시절에는 연령차별을 국경 너머로 퍼뜨릴 수 있는 소셜 미디어도 없었다. 하지만 청인 미국인을 포함한 세 집단 모두, 긍정적인 연령 인식을 지닌 구성원일수록 기억력 점수가 더 높았다.

우리의 연구를 통해 나는 노화에 대한 문화적 인식은 노년기의 기억력을 떨어뜨릴 만큼 강한 힘을 지녔다는 사실을 알게 되었다.

기억의 전당을 지어

연령 인식이 기억력을 유지하는 데 어떤 역할을 하는지 이해하기 위해, 우리 집에서 30분 거리인 코네티컷주 미들타운에서 84세의 은퇴한 연극배우 존 베이신저를 만났다. 그의 아내 지닌 베이신저는 60년간 웨슬리언대학교에서 영화학을 가르쳤다. 그녀는 이 학문을 사실상 개척한 것이나 다름없어 지금은 학계와 할리우드에서 상징적인 인물이 되었다. 존의 분야는 조금 다르지만, 그의 업적 역시 미들타운에서 큰 영향력을 갖고 있다.

60세가 되던 1992년에, 존 베이신저는 존 밀턴의 《실낙원》 암기에 도전했다. 《실낙원》은 아담과 하와가 사탄의 유혹으로 에덴에서 추방된다는 내용을 담은 18세기 서사시다. 존은 캠퍼스 체육관에서 운동을 하는 동안 한 번에 일곱 줄씩 외우는 속도로 시작했다. 애초에 전부 다 외울 수 있으리라고는 생각지 않았지만 존은 일단 뭔가를 시작하면 시간이 얼마나 걸리든 끝장을 보고야 마는 사람이었다. 8년 후, 그의 70대가 끝나고 새천년이 밝아올 무렵에 존은 6만 자 분량의 방대한 시를 완전히 암기하는 데 성공했다. 《파리대왕》 같은 소설 한 편과 맞먹는 길이였다! 그 후 존은 사흘간 이 시를 읊는 특별 낭송회를 열었다.

20년이 지난 지금도 그는 전편을 기억하고 있다. 우리가 만난 날 아침에 그는 머리를 푸는 의미로 열두 편 중 하나를 전부

나이가 든다는 착각

암송했다. 그런데 존은 《실낙원》 하나로 끝내지 않았다. 최근 몇 년 동안, 늙어가는 왕이 주인공으로 등장하는 셰익스피어의 희곡 《리어왕》의 상당 부분을 암기하고 이것을 일인극으로 각색했다. 얼마 전 그는 전투 장면을 묘사한 앨프리드 테니슨의 시 〈경기병대의 돌격〉을 외운 다음 시끄러운 로큰롤 밴드와 함께 공연하기도 했다.

우리의 대화 중에 존은 자신의 기억력이 보통 수준도 못 된다고 강조했다. 그의 아내와 딸은 "총기를 타고난" 사람들이지만 존은 해야 할 일을 적어두지 않으면 아무것도 할 수 없고, 수첩을 어디에 뒀는지도 종종 잊는다. 검사 결과를 봐도 존의 말은 틀리지 않았다. 그의 기억력은 평균을 넘지 못했다. 웨슬리언대학교의 심리학자 존 시먼은 존의 성과에 매료되어 그가 어떻게 그런 일을 해냈는지 밝히는 실험을 실시했다. 일상 과제에 대한 그의 기억력은 역시나 그저 그런 수준이었다. 시먼은 이렇게 결론 내렸다. "뛰어난 암기력은 타고나는 것이 아니라 만들어진다." [17]

존은 아주 평범한 기억력도 개발하려는 의지나 올바른 연령 인식과 결합하면 근육처럼 튼튼하게 발달한다는 사실을 증명하는 좋은 본보기다. 그는 아흔이 넘어서까지 훌륭한 연주를 보여준 스페인의 위대한 첼리스트 파블로 카살스Pablo Casals를 자주 떠올린다. 카살스는 말년에 거동이 불편했지만, 연주를 시작하기 위해 자리에 앉는 순간부터 젊은 사람처럼 우아하고 유려해 보였다고 한다.

나는 존이 소설 길이에 맞먹는 시를 어떻게 그리 정확히 외웠는지 궁금해서 그에게 비결을 물었다. 알고 보니 그는 극장에서 농인들 틈에 섞여 일하던 시절에 암기법을 우연히 터득한 모양이었다.

나는 그 말을 듣고 허리를 꼿꼿이 세웠다. "하지만 당신은 농인이 아니잖아요?" 혹시나 내가 눈에 뻔히 보이는 그의 정체성이나, 농문화와 긍정적인 연령 인식의 흥미로운 관계를 놓친 것이 아닐까 우려하며 그에게 물었다.

존은 미소를 지으며 긍정하더니, 수화를 써서 자신의 이야기를 들려주기 시작했다. 젊은 시절에 극장에서 일하기를 간절히 원했던 그는 1960년대에 코네티컷주 워터퍼드에 있는 국립농인극장National Theater for the Deaf: NTD의 음향 설계 팀에 들어가게 되었다. 영화의 거장 엘리아 카잔Elia Kazan, 발레의 거장 게오르게 발란친George Balanchine과 함께했던 무대 디자이너 데이비드 헤이스David Hays에 의해 설립된 NTD는 농인과 청인 배우를 모두를 출연시키는 새로운 형태의 공연을 개척했다. 배우들은 모든 감각을 동원하여 수어와 동작, 대사를 동시에 연기하면서 농인과 청인 관객을 위한 획기적인 연극을 완성했다. 정말 짜릿한 경험이었다. 존은 3년간 그 극단과 함께 순회공연을 하면서, 처

나이가 든다는 착각

음에는 음향 설계를 하다가 결국 연기와 연극학, 미국 수화를 가르치는 역할을 맡게 되었다.

자신의 과거 이야기에 이어, 존은 역시 수화로 NTD에서 공연이 어떻게 진행되었는지, 암기 과정에 대해 자신이 무엇을 깨달았는지 설명했다. 농인 극장에서 일하면서 존은 자신이 읊는 지문에 동작을 더해 눈에 보이는 이미지로 바꾸면 대사가 쉽게 외워진다고 느꼈다. 수십 년 후《실낙원》암기를 시작할 때도 그는 "소리에 자연스러운 동작을 더해" 원문을 구체화해야겠다고 생각했다. 이 방법으로 "시의 감성적 공간과 물리적 공간을 동시에 차지할 수 있었다"고 설명했다.

존이 NTD와 함께하며 접한 농문화는 분명 그에게 큰 영향을 주었다. 앞서 내 연구에서 언급했듯이 농문화에서는 젊은이들이 고령자들을 역할모델이나 리더로 대우하는 경향이 있다.[18] 이런 문화를 접하면서 존은 긍정적인 연령 인식 외에도 많은 깨달음을 얻었다. 수화를 전혀 모르는 상태로 시작했지만 몇 년 후에는 수화를 **가르치기에** 이르렀다. 결국에는 몇 달 내내 전국을 유랑하는 생활을 그만두고 가족과 많은 시간을 보내기 위해 극단을 떠났지만 농인들과 함께한 경험은 오래도록 남았다. 농인들에게서 얻은 소중한 교훈을 한때나마 자신의 문화로 받아들였고, 수십 년 후에는 그 문화의 힘을 빌려 놀라운 암기 능력을 선보였다.

자신의 인생 이야기를 하면서 존은 영화, 책, 시를 끊임없이 인용했다. 내가 보거나 읽은 적 없는 것들이 많아서 당황스러웠지만 나중에 전부 찾아보았다. 개중에는 그에게 노화에 대한 긍정적인 이미지를 깊이 심어주었을 법한 작품도 있었다. 그는 젊은 시절에 빅토리아 시대의 위선적 가치 체계를 고발한 새뮤얼 버틀러의 《만인의 길》을 좋아했다. 가장 마음에 들었다는 등장인물은 다정한 고모 알레시아와 이 소설의 화자 오버턴이었다. 존에 따르면 이 연로한 인물들은 신화 속의 지혜로운 노파나 값진 조언을 해주는 남자의 원형에 꼭 들어맞는다.

존의 삶을 들여다보면 보편적인 인식과 달리 기억력은 고정되고 한정된 신경 자원이 아님을 알 수 있다. 좋네 나쁘네 단정할 수 있는 대상이 아니라는 뜻이다. 알츠하이머 같은 신경학적 악화의 경우는 예외지만, 이때도 기억력 저하가 항상 기정사실은 아니다. 기억력은 유연하므로 개선이 가능하다. 사실 존은 대부분의 인지 관련 연구 문헌에서 노년이 되면 쇠퇴한다고 보는 기억 유형인 일화기억을 비범하게 이용했다.

연령 인식과 기억력의 관계

중국인과 농인 미국인을 대상으로 한 비교 문화 연구를 마친

나이가 든다는 착각

후 나는 문화적 인식이 건강한 기억력에 핵심적인 역할을 한다고 추정했다. 하지만 연령 인식이 얼마나 강력한지를 증명하기 위해서는 좀 더 통제된 환경에서 연구할 필요가 있었다. 그래서 세 문화 집단에서 공통적으로 발생하고 있다고 짐작되던 현상을 실험으로 재현할 방법을 궁리했다.

고령자들에게 나이 고정관념을 부추길 몇 가지 방법을 파일럿 테스트 한 다음, 나는 암묵적 점화implicit priming를 시도하기로 결정했다. 백인 대학생들이 흑인에 대해 지닌 고정관념을 은근히 부추겨 인종차별 의식을 판단하는 데 이용된 기법이다.[19] 이번에 점화할 대상은 조금 달랐다. 자기 본인이나 자기 집단에 대한 고정관념을 실험실에서 일으킬 수 있는지 확인하고 싶었다. 우리 연구 부서의 신경과학자는 고령자의 처리 속도가 느려 실험이 실패할 가능성이 높다며 우려했지만 나는 어쨌든 고령의 참가자들을 대상으로 삼을 작정이었다. 참가자 가운데 92세 남성이 난생처음 컴퓨터를 사용했음에도 다행히 그 기법은 효과를 보였다.

암묵적 점화가 효과적인 이유는 우리가 이미 보유한 긍정적이거나 부정적인 연령 인식을 방어하는 심리 전략을 피할 수 있기 때문이다. 대표적인 방어 전략으로는 이미 옳다고 생각하는 정보와 맞아떨어지는 증거에 큰 비중을 두고, 그 정보와 일치하지 않는 증거는 과소평가하는 심리인 '확증 편향'이 있다.

우리 팀은 고령의 참가자를 모집해 하버드대 심리학과의 연구실로 데려왔다. 그들을 컴퓨터 화면 앞에 앉힌 후, 화면 중앙에 집중하라고 당부했다. 화면 아래위로 단어들이 '인식 없는 지각'이라는 현상을 경험할 수 있을 만큼 빠르지만, 인식이나 흡수는 가능할 만큼 느린 속도로 지나갔다. 참가자들이 얼핏 스쳐 갔다고 생각한 단어는 '현명하다', '영민하다', '박식하다', 또는 '알츠하이머', '노쇠하다', '오락가락하다'처럼 노년에 대한 긍정적이거나 부정적인 고정관념과 관련된 단어들이었다.

점화 전후로 참가자들은 격자 위에 표시된 점의 패턴을 확인한 다음 빈 격자 위에 똑같은 패턴으로 노란 점을 찍는 기억력 테스트를 받았다. 세 문화 집단을 대상으로 한 연구에 쓰인 것과 동일한 과제였다. 나는 점화 기법이 노화에 대한 참가자들의 관점을 바꾸는 데 이용될 수 있는지, 그것이 노년에는 쇠퇴한다고 알려진 기억 유형을 악화하거나 개선할 수 있는지 알고 싶었다.

결과는 어땠을까? 단 10분 동안 긍정적인 나이 고정관념을 주입받은 참가자들은 기억력이 향상되었다. 10분간 부정적인 나이 고정관념을 주입받은 경우에는 기억력이 비슷한 정도로 쇠퇴했다. 남성이든 여성이든, 60세든 90세든, 고등학교 중퇴자든 의대 졸업자든, 시골에 살든 도시에 살든, 컴퓨터 화면 앞에 처음 앉는 사람이든 숙련된 프로그래머든 참가자들에게는 같은 형태의 결과가 나타났다.[20] 그 이후로 우리의 연령 인식-기억력 실험의 결과는 미국의 연구소에서 1만 킬로미터 이상 떨어진 한국 등지에서도[21] 여러 다른 연구자들에 의해 반복 실시되었다. 다섯 개 대륙에서 진행된 연구는 우리가 얻은 결과의 보편성을 입증했다.[22]

이 말에 담긴 의미를 생각해보자. 노화는 생물학적 과정이지만, 사회적, 심리적 과정이기도 하다. 노화와 그것이 기억력에 미치는 영향에 대한 인식은 실제로 기억력과 성적에 영향을 미칠 수 있다. 그리고 이런 인식은 부정적으로도 긍정적으로도 바뀔 수 있다.

'평범한' 기억력을 지닌 존 베이신저 같은 사람이 소설 한 편 길이의 시를 암기할 수 있었던 이유는 그 때문이다. 나는 존에게 그렇게 오랜 시간을 들여 거대하고 웅장한 기억을 만든 동기가 무엇인지 물었다. 그는 건강한 몸에 건강한 정신이 깃든다는 그리스의 이상과, 차곡차곡 쌓아온 지식과 훈련이 큰 보답을 하는 시기가 바로 노년기라는 믿음에 힘입었다고 대답했다. 《실낙원》이라는 시는 이제 그에게 "머릿속에 품고 다니는 기억의 전당"과 같다고도 했다. 그는 90대 후반까지 바흐의 아름다운 선율을 연주한 파블로 카살스가 된 기분이라고 했다. 음악은 흐르고, 기억의 전당은 그의 머릿속 영광스러운 공간에 우뚝 서 있다.

평생에 걸친 변화의 추적

확실히 기억력은 문화의 영향을 많이 받는다. 하지만 우리 연구는 단 하루 동안 진행되었을 뿐이다. 나는 연령 인식이 평생 동안 기억에 영향을 미칠 수 있는지도 궁금했다. 이 의문을 해결하려면, 수십 년 전 사람들의 연령 인식을 측정하고, 시간이 흐르면서 그들의 기억력이 어떻게 변해가는지 추적할 방법을 찾아야 했다. 어느 날 아침, 가족들에게 이 얘기를 꺼냈더니 내 딸은 자신이 가장 좋아하는 영화 〈백 투 더 퓨처〉에 나오는 타임머신을 타고 시간을 거슬러 올라가 사람들의 연령 인식을 확인한 다음, 40년 후인 현재로 돌아와 그들의 기억력을 측정하라고 제안했다.

내 친구 로버트 버틀러는 그와 비슷하지만 좀 더 현실적인 해결책을 내놨다. 국립노화연구소National Institute on Aging의 설립자인 그는 세계에서 가장 오래 지속된 노화 연구인 볼티모어 노화 종단 연구Baltimore Longitudinal Study of Aging: BLSA의 출범에 기여했다. 이 연구는 1958년에 시작되어 현재까지도 진행 중이다. BLSA 참가자들은 2년마다 노화의 거의 모든 측면을 연구하는 데 이용될 시험지와 설문지를 작성한다. 진행자가 기하학적 도형이 그려진 카드 10장을 각각 10초 동안 보여주고 치우면, 참가자들이 기억을 되살려 도형을 그려야 하는 테스트도 있다. 로버트가

나이가 든다는 착각

기억하기로 BLSA의 최초 연구자 한 명이 노년에 대한 참가자들의 인식을 조사한 적이 있었다. 그 이전에는 한 번도 연구된 적 없는 주제였다.

로버트의 말이 맞는지 확인하기 위해, 나는 (나중에 든든한 협력자가 된) 국립노화연구소의 과학 책임자 루이지 페루치Luigi Ferrucci 박사에게 전화를 걸었다. 그에게 세월이 흐르면 연령 인식에 따라 기억력이 어떻게 바뀌는지 확인하고 싶다는 뜻을 전하고, 지금까지 BLSA 참가자들의 연령 인식을 측정한 적이 있는지 물었다. 그는 초기 연구자 한 명이 연령 인식을 평가했을 가능성은 있지만 그 결과를 이용한 연구가 발표되었는지는 잘 모르겠다고 했다. 그는 내게 직접 확인해보라며 대도시 전화번호부 두께의 자료를 보냈다. 반갑게도 연구 참가자들을 대상으로 실시한 첫 설문조사에 연령 인식 측정 결과가 포함되어 있었다. 제목은 붙어 있지 않았지만, 좀 더 찾아보니 '노인을 대하는 태도' 척도라는 자료였다.

〈백 투 더 퓨처〉에서 마이클 J. 폭스가 연기한 인물처럼, 나는 과거로 돌아가 BLSA 연구의 시작 무렵에 참가자들이 노화에 대해 어떤 인식을 드러냈는지 확인할 수 있었다. 그들 대부분은 노인이 되려면 수십 년은 남은 젊은 성인이었다. 이제는 모두 환갑을 넘겼을 터였다. 나는 연구 시작 무렵의 연령 인식을 그들이 38년간 치른 기억력 시험 점수와 비교했는데, 처음에 긍정적인 연령 인식을 지녔던 사람들이 부정적인 연령 인식을 지녔던 또래들보다 노년이 된 후의 기억력 점수가 30퍼센트 높았다. 참가자들의 긍정적인 연령 인식이 기억력에 미치는 유익한 영향은 나이, 신체건강, 수년간의 교육 같은 다른 요인들이 기억력에 미치는 영향보다 훨씬 컸다.[23]

세 문화권에 속한 사람들의 노화와 기억력을 연구하고, 실험실에서 시간에 따라 연령 인식이 어떻게 변하는지 확인한 끝에, 나는 노화가 기억력에 영향을 미치는 유일한 요인이 아님을 알게 되었다. 연령 인식 역시 우리의 기억력에 큰 영향을 주었다.

나이가 들수록 좋아지는 것

신경과학자 대니얼 레비틴Daniel Levitin에 따르면, 특정 유형의 기억력은 나이가 들면서 실제로 **더 좋아진다**. 예를 들어, 사람들은 60세가 넘으면 패턴 인식 능력이 향상된다. 레비틴은 "엑스레이를 찍는다면 당신은 그것을 서른이 아닌 일흔의 의사가 판독하기를 원할 것이다"라고 했다.[24]

나이가 들어도 우리의 뇌는 꾸준히 새로운 연결을 만든다. 브랜다이스대학교의 신경과학자 앤절라 구체스Angela Gutchess는 노화된 뇌의 여러 영역은 특정 기능에 특화되지 않는 경향이 있

나이가 든다는 착각

음을 발견했다. 이런 특성은 장점이 될 수 있다. 그녀의 명쾌한 MRI 뇌 연구에 따르면 시를 비롯한 언어 정보를 암기할 때 젊은 성인은 왼쪽 전두엽 피질에 의지한다. 고령자는 같은 부위뿐만 아니라 지도 등의 공간 정보를 저장하고 처리하는 기능을 하는 오른쪽 전두엽 피질까지 이용한다. 양쪽 뇌 반구를 더 많이 활용한다는 것은 적응력과 유연성이 높다는 뜻이다.[25]

존 베이신저는 어떤 연령대에 속하는 사람이라도 자랑스러워할 놀라운 암기력을 보여주었다. 문자를 손동작으로 입체화하고, 노년기를 기술과 경험이 한껏 축적된 시기로 인식한 것이 그 비결이다. 연령 인식은 외부와 단절된 상태로 존재하지 않는다. 우리 몸을 통제하는 정신의 왕좌를 차지한다. 연령 인식은 노화의 암호를 푸는 중요한 열쇠다. 문화 집단과 개인이 노년을 설계하고, 구성하고, 경험하는 방식에 영향을 미친다. 연령 인식의 효과는 우리의 기억력만 바꾸는 것이 아니라, 우리의 지식을 다른 사람들에게 전수할 것인지 말 것인지 따위의 행동까지 바꾸면서 의미 있게 확산된다.

버섯 채집꾼의 기억력 비결

패트릭 해밀턴Patrick Hamilton은 지난 30년간 북부 캘리포니아의 서늘하고 울창한 숲속에 살면서 버섯을 채취하고, 요리하고, 판매하고, 연구하고, 가르쳤다. 담백한 목소리와 편안한 미소를 지닌 73세의 건장한 백발 남성인 그는 버섯 채집의 권위자로 인정받고 있다. 그의 이름은 버섯 채집에 관한 수많은 안내서와 웹사이트에 빠지는 법이 없다. 전설적인 버섯 채집 안내서 《비가 약속하는 모든 것과 그 이상All That the Rain Promises and More》 뒤표지에는 볼링공 크기의 그물버섯 두 개를 자랑스럽게 들고 포즈를 취한 그의 사진이 실려 있다.[26]

하지만 내가 패트릭을 찾은 이유는 코네티컷에 있는 우리 집 뒷마당에서 꾀꼬리버섯을 찾는 요령을 전수받기 위해서가 아니라 나이 든 버섯 채집꾼들이 지닌 기억력의 비결을 배우기 위해서였다. 패트릭은 수천 종의 버섯을 식별할 수 있다. 끊임없이 모습을 바꾸는 것이 많은 버섯의 특징이라는 사실을 고려하면 대단히 인상적인 능력이다. 대부분의 버섯은 매우 빨리 자라고, 성숙하면서 모양과 색이 변한다.

개인적으로 버섯 채집에 대해 더 배우고 싶다는 마음도 있었다. 밴쿠버에서 자랄 때 우리 집에서 몇 집 건넌 이웃에는 장성한 아들 가족과 함께 사는 연로한 중국 여성이 있었다. 매년 봄이면 그들은 주말 아침마다 바구니를 하나씩 들고 숲속으로 들어갔다. 오후에 집에 돌아와 마당에 나와 있는 나를 발견하면 그 유쾌한 가족은 그 여성 가장이 찾아낸 알록달록한 버섯을 내

　　　　　　　　　나이가 든다는 착각

게 자랑스레 보여주곤 했다. 렁Leung 할머니는 버섯이 있을 만한 곳을 찾아내는 신기한 감각으로 아들 가족의 무한한 존경을 받았다.

버섯에 대한 패트릭의 뛰어난 기억력은 긍정적 연령 인식에서 비롯되었을 것이다. 배우 존이 그랬듯 그는 이런 인식이 일화기억에 기여할 수 있음을 보여준다. 일화기억은 사건과 사물에 대한 세부적인 기억으로, 많은 과학자들이 나이가 들면 어김없이 쇠퇴한다고 잘못 알고 있다. 패트릭은 오히려 "나이가 들수록 지혜가 풍부해졌다"고 한다.

어린 시절에 아일랜드를 떠나온 패트릭은 가족이 매입한 로스앤젤레스 근처의 향기로운 오렌지 과수원에서 조부모님과 함께 시간을 보내다가 야외 활동을 좋아하게 되었다. 43세에 러시안 강가의 집으로 이사하면서부터 그는 "버섯에 푹 빠졌다." 어귀에 미국삼나무가 늘어선 이 강은 멘도시노와 서노마 카운티를 지나 태평양으로 흐른다. 당시에 패트릭이 육안으로 구분할 수 있는 식용 버섯은 산호버섯과 꾀꼬리버섯 두 종류였다. 그와 아내는 바구니와 칼을 들고 숲으로 들어갔다가 저녁거리를 가지고 돌아오곤 했다. 그 이후로 그는 포인트레이스 해안가부터 시에라네바다의 습한 삼나무 숲까지 북부 캘리포니아 전역을 돌아다니며 요리사, 교사, 샌프란시스코 고급 레스토랑의 식재료 공급업자, 지역 신문의 채집 전문 칼럼니스트로 활약했다.

노화를 상상하면 어떤 장면이 떠오르냐고 물었더니, 그는 도시에 사는 노인들이 아니라 들판, 숲속에서 활동하는 노인들이 연상된다고 대답했다. 그러면서 두 가지 이미지를 묘사했다. 첫 번째는 회색 머리를 길게 기른 매력적인 70대 여성이 장거리 하이킹을 즐기는 모습이었다. 두 번째는 산악자전거를 탄 고령의 남성이 나무들이 우뚝 솟은 좁은 길을 신나게 덜컹대며 지나가는 모습이었다.

패트릭은 자신의 삶에도 자연에 몰입하는 노인들의 이미지를 적용한다. 73세인 그는 숲에서 수업에 참여하는 대다수 학생보다 나이가 많다. 하지만 대다수 학생보다 재빠르기도 하다. 최근에는 역시 버섯 따기에 열심인 79세 동료와 하이킹을 나갔다가 폭설을 만났다. 두 사람은 휴대전화도 터지지 않는 시에라 산맥을 11킬로미터나 걸어서 이동해야 했다. 동상에 걸릴 위험 때문에 중간에 멈출 수도 없었지만 결국 무사히 귀가했다. 패트릭은 이 사고를 아찔한 역경으로 기억하면서도 그때의 경험을 기회만 주어지면 기꺼이 반복할 모험처럼 이야기했다.

버섯 채취는 긍정적 연령 인식을 강화하는 활동이기도 하다. 여러 세대가 함께 버섯을 채취할 때 이런 전문 지식을 많이 보유한 노인들은 젊은이들에게 선망의 대상이 되기 때문이다. 버섯 중에는 독버섯이 많으므로 축적된 지식은 누군가의 목숨을 살릴 수도 있다.

"버섯을 찾을 때 실제로 내 나이 덕을 많이 봅니다." 패트릭이 설명했다. 수천 종을 식별하는 그의 능력은 숲과 사막에서 버섯을 찾아다니고 과학 문헌을 읽으며 보낸 세월에서 비롯되었다. "다양한 버섯을 구분하는 법을 익히려면 독성 유무나 식용 가능성, 이름과 형태만 외워서는 안 돼요. 같은 버섯이라도 성장 단계와 기후 조건에 따라 판이하게 다른 모습을 띠거든요. 전체 환경 속에서 어떤 미묘한 상호작용과 상호의존이 일어나는지도 이해하고 공부해야 해요. 나는 토양, 나무, 식물, 지질학 등 온갖 요소를 다 고려합니다." 그는 이런 믿음을 다른 사람들과 자신의 인생에까지 적용하는 모양이다. 다른 존재와 무관하게 존재하는 것은 없다. 어떤 순환 주기는 다른 순환 주기의 영향을 받는다. 살아 있는 존재는 결코 성장을 멈추지 않는다.

패트릭의 학생 중에는 부부나, 자녀를 동반한 부모가 많다. 때로는 조부모들도 함께 숲으로 들어간다. 모든 구성원이 총출동한 가족에게는 특별한 점이 있다. "숲에서는 모두 동등한 관계가 됩니다. 다들 나이 따위는 싹 잊어버리죠." 그는 온 가족이 단체 사진을 찍을 수 있는 거대한 삼나무 그루터기를 곧잘 찾아낸다.

최근에 그는 어느 러시아 가족과 채집을 나섰다가 그 집 할머니가 선홍색 무당버섯을 열심히 따는 모습을 보았다. 할머니가 손자까지 불러 그 작업을 시키자 패트릭은 당황했다. 당장 그녀에게 달려가 그것이 냄새무당버섯이라고도 알려진 루술라 크레모리콜라 또는 루술라 에메티카라고 알려주었다. 할머니는 깔깔 웃더니 이 버섯으로 절임을 만들어 먹을 수 있다고 설명했다(하지만 초보에게는 권하지 않는다고 덧붙였다). 북부 캘리포니아의 숲에 자라는 것과 비슷한 버섯이 러시아에도 있는데, 러시아 사람들은 그것을 과감하게 요리에 이용한다고 했다. 대화를 마치고 손자를 보니 할머니를 향해 흐뭇하게 웃고 있었다. 패트릭은 할머니에게 행운을 빌어주었다. 그녀와 손자는 다시 숲으로 들어갔다.

문화를 잇는 노랫길

지식을 수호하는 패트릭을 보면서 나는 전 세계 원주민 문화 집단의 원로들이 하는 역할을 설명한 인류학자 마거릿 미드Margaret Mead의 글을 떠올렸다.[27] 미드에 따르면 그들은 방대한 문화 지식을 저장했다가 젊은 세대에게 나누어주는 중요한 역할을 한다. 기억을 보존하는 이 역할은 그들의 사회적 위치를 단단히 굳히는 데도 한몫했다. "원로들이 부단히 애를 쓴 덕분에 부족은 문화적, 물리적으로 생존할 수 있었다. 문화의 존속을 위해 원로들은 기근이 찾아오면 자신의 부족을 쉽게 찾기 힘든 피난처로 안내하고, 인생의 완벽한 모범을 보여야 했다."[28]

미드는 혹독한 환경 속에서 수천 년을 이어온 호주 원주민 문화를 예로 들었다. 이 원주민들은 지역 생태계와 융화하는 전통 덕분에 오늘날까지 명맥을 유지했다. 그 원로들은 노랫길 Songlines을 통해 심오하고 귀중한 지식을 보존하고 전승한다. 노랫길은 지구상의 어떤 집단보다 오래된 구전 역사를 노래에 담아 문화와 정보를 전파하는 수단이다.[29] 이 노래들은 문화적, 정신적 '문헌'의 기능을 하는 동시에, 호주 전역의 동식물 수천 종에 대한 정보와 수백 킬로미터의 땅에 대한 상세한 지도를 실은 구전 백과사전의 역할도 한다.[30]

미드는 이렇게 정리한다. "문화가 빠짐없이 전승되려면 적어도 세 세대가 생존해야 한다."[31] 이 견해는 자손들의 피난처와 음식물을 쉽게 찾아줄 노랫길을 가르치는 노인들과, 온갖 연령대의 버섯 채집꾼들에게 자기만의 요리법과 독버섯 판별법 같은 귀중한 지식을 알려주는 패트릭에게 그대로 적용된다. 이렇게 젊은 세대에게 정보를 전달하는 중요한 역할을 하는 어른들을 보면 '노인 건망증'이라는 말은 매우 부당해 보인다.

3

날쌘 몸의 노인들

미국 북서부 푸른 산지에는 스포캔 계곡의 유명 인사가 된 쾌활한 수녀가 살고 있다. 마돈나 뷰더Madonna Buder 수녀는 1982년부터 350회 이상 철인삼종경기를 완주하면서 '철의 수녀'라는 별명을 얻었다. 그녀는 쉰이 다 된 나이에 친구에게 빌린 운동화를 신고 처음으로 달리기를 시작했다. 이제 91세가 된 그녀는 또 한 번 철인삼종경기를 마쳤다. 그녀의 훈련법은 단순하고 독특하다. 번듯한 훈련장도, 올림픽 코치도 없다. 대신에 마돈나 수녀는 슈퍼마켓에 갈 때 달리거나 자전거를 타고, 지역 YMCA

나이가 든다는 착각

수영장에서 수영을 하고, 겨울에는 스노 슈즈를 신고 돌아댄다. 이렇게 뛰어난 신체 역량을 갖췄지만 마돈나 수녀의 외모는 지극히 평범하다. 왜소한 체격에 하늘색 눈동자를 지녔고 머리는 직접 자른다.

노화에 대해 이야기를 나누다가 그녀에게 '노인' 하면 처음으로 떠오르는 다섯 단어가 무엇인지 물었다. 그녀는 "지혜와 은혜"라고 대답하고는 잠시 고민했다. "달리기와 기회도 있네요." 내가 아직 네 가지밖에 말하지 않았다고 지적하자 그녀는 웃으며 덧붙였다. "숙성된 와인이요."

마돈나 수녀가 '노화' 하면 기회나 지혜를 떠올리는 것은 그녀의 할머니 덕분이었다. 세인트루이스에서, 창창하게 펼쳐진 앞날에 무슨 일을 할지 고민하는 어린 그녀에게 할머니는 이렇게 말씀하셨다. "과거는 이미 지나갔고, 미래는 일단 다다르면 더 이상 미래가 아니야. 네가 뜻대로 할 수 있는 것은 현재밖에 없단다." 80년이 지난 지금, 그녀는 노화에 대해 이렇게 생각한다. "노화를 두려워할 필요는 없어요. 이런 경험은 처음이니 앞으로 무엇이 기다리고 있을지 알 수 없잖아요."

그녀의 아버지는 70대까지 노를 젓고 핸드볼을 하던 챔피언 뱃사공이었다. 마돈나 수녀는 당시에는 엄청난 고령처럼 느껴지던 나이에 그토록 대단한 운동신경을 발휘하는 아버지가 자랑스러웠다. 70대에 접어들었을 때, 그녀는 하와이 빅아일랜드에서 열린 철인 세계선수권대회에 참가했다. 자전거로 섬을 횡단하고, 바다에서 5킬로미터에 가까운 거리를 헤엄친 다음, 마라톤 경주를 시작하면서 그녀는 아버지를 떠올렸다. 보름달이 떠오른 그날, 은빛을 띤 그림자로 뒤덮인 그 길에서 그녀는 아버지와 나란히 달리는 듯 그 존재를 생생히 느꼈다고 회상했다.

순리라는 고정관념

마돈나 수녀를 만났을 때 나는 나이가 들면 몸이 쇠약해지는 것이 순리라는 고정관념을 그녀가 너무나 쉽게 깨뜨렸다는 데 감탄했다. 또 그녀의 뛰어난 신체 기능이 긍정적인 연령 인식 때문인지도 궁금해졌다. 나는 걸음걸이, 균형감각, 체력, 속도 등을 근거로 우리 몸이 얼마나 제대로 작동하는지를 판단하는 기능적 건강에 연령 인식이 영향을 미칠 수 있는지를 확인하는 연구를 설계했다. 일단 50세 이상만으로 구성된 참가자들을 대상으로 연령 인식을 측정하는 기존 설문조사를 실시했다. "나이가 들수록 쓸모가 없어진다" 같은 진술에 동의하는지를 알아보는 검사였다. 그리고 그들의 답변에 부정적이거나 긍정적인 연령 인식의 정도를 나타내는 점수를 매겼다. 그 후 20년에 걸쳐 이 참가자들은 몇 년마다 한 번씩 기능적 건강을 측정하는 검사

나이가 든다는 착각

를 받았다.

그 결과를 보면, 긍정적 연령 인식을 가진 참가자들의 기능적 건강이 부정적 연령 인식을 가진 동갑내기들에 비해 18년 내내 훨씬 낮다.[1] '노화' 자체보다 연령 인식이 노년의 신체 기능에 더 중요한 영향을 주는 요소임을 최초로 증명한 셈이었다.

하지만 나는 그 원인과 결과가 뒤바뀐 게 아니라는 것을 확실히 증명하고 싶었다. 기능적 건강이 더 낮기 때문에 긍정적 연령 인식을 갖게 된 것은 아니라고 보고 싶었다. 나는 통계학자인 친구 마티 슬레이드Marty Slade와 이 문제를 상의했다. 통계학자가 되기 전에 마티는 항공 엔지니어였다. 그는 비행기 엔진을 점검하는 데 썼던 논리와 재능을 분석에 그대로 이용한다. 일단 우리는 반대 관계가 존재하는지부터 확인했다. 즉 참가자들이 연구에 처음 합류할 무렵의 기능적 건강을 바탕으로 시간에 따른 연령 인식의 변화를 예측할 수 있는지 검토했지만 그런 관계는 존재하지 않았다. 다음으로 우리는 연구에 처음 합류할 무렵 기능적 건강 점수가 같았던 참가자들을 대상으로 동일한 분석을 반복했다. 그 결과에 따르면 연령 인식으로 기능적 건강을 예측할 수는 있어도 그 반대는 아니었다. 최근에는 호주를 비롯한 다른 나라에서도 같은 연구 결과를 얻었다.[2]

마음이 몸을 바꾼다

연령 인식이 뛰어난 신체 기능을 뒷받침한다는 것을 확인하기 위해 우리 팀은 고령의 참가자들을 연구실로 초대했다. 그들을 무작위로 긍정적 연령 인식 집단과 부정적 연령 인식 집단으로 나눈 다음, 앞서 언급한 기억력 실험에서처럼 의식하지 못하는 사이에 긍정적 또는 부정적 연령 인식을 주입했다. 단 10분간 긍정적인 인식을 주입받은 참가자들은 걷는 속도와 균형감각이 향상되었다. 걸음을 옮길 때 한 발을 떼는 데 걸리는 시간을 측정한 결과였다(신발에 특수 패드를 붙여 압력을 기록했다). 노화에 대한 긍정적인 인식에 노출된 사람들은 **더 잘** 걸었다.[3]

긍정적 연령 인식을 유도해 지역사회에서 노인들의 건강을 증진하는 것이 내 목표였기에, 다음 단계는 연구실 밖, 이를테면 다양한 은퇴자 주택단지에서도 이런 효과가 있는지 확인하는 것이었다. 우리 실험실에서는 점화가 참가자들의 걸음걸이에 곧바로 영향을 주었지만, 한 시간 후부터 효과가 희미해지기 시작했다. 나는 개선 효과가 지속되기를 바라며 노인 참가자들을 한 달 동안 1주 간격으로 점화시키는 또 다른 실험을 실시했다.[4] 이런 연구를 통해 우리가 오랜 세월에 걸쳐 고정관념에 노출되는 현실 세계에서 나이 고정관념이 작용하는 방식에 조금 더 접근할 수 있었다.

우리 참가자 중에 83세의 바버라라는 여성이 있었다. 그녀는 자신이 사는 주택단지의 주민 회의실에서 연구 참가자를 모집하는 전단지를 보았다. 참가자는 몇 가지 설문조사에 응답하고, 컴퓨터 게임에 참여하고, 신체 운동을 해야 한다는 조건이 제시되어 있었다. 그녀는 못 할 거 뭐 있겠나 싶었다. 새로 도전해볼 만한 일이었다.

바버라는 한 달 동안 매주 연구에 참가했다. 우리의 연구 진행을 돕는 간호사의 안내에 따라 컴퓨터 화면 앞에서 간단한 속도반응 게임을 몇 차례 실시한 다음, 다섯 번 연속으로 의자에 앉았다가 일어서고, 방 저편으로 건너갔다가 다시 돌아오고, 한 발을 다른 발 뒤에 대고 10초 동안 서 있는 등의 과제를 수행했다.

처음에는 쉽지 않았다. 다섯 번 연속으로 의자에서 일어나다 보니 금방이라도 쓰러질 것 같아서 가까이 있는 간호사의 손을 붙잡아야 했다. 한 발 뒤에 다른 발을 놓고 10초간 줄타기를 하듯 균형을 잡는 것도 생각보다 쉽지 않았다.

하지만 셋째 주가 되자 흥미로운 일이 일어났다. 의자에 앉았다 일어섰다 하는 동작에 자신감이 붙었다. 한쪽 발을 다른 발 뒤에 붙이고 가만히 서 있어도 더 이상 피사의 사탑처럼 기우뚱해지지 않았다.

사소하지만 뚜렷한 변화는 또 있었다. 아침에 침대에서 가뿐하게 일어날 수 있고 DVD를 빌리러 공공도서관 계단을 오르는 것도 수월하게 느껴졌다. 변화는 여기서 그치지 않았다. 전반적으로 건강이 개선되어 더 많은 활동이 가능해졌다.

바버라는 오랫동안 연락이 끊겼던 사촌에게 전화를 거는 등 스스로도 놀랄 행동을 했다. 은퇴자 주택단지가 주최하는 크리스마스 파티 준비를 돕겠다고 충동적으로 나서기도 했다. 인근 극장에서 짧은 연극을 무대에 올리는 극작가 단체에도 가입했다.

바버라의 균형감각과 컨디션이 개선된 이유는 우리의 개입으로 긍정적 연령 인식이 강화된 까닭이라고 짐작할 수 있다. 우리는 '원기 왕성한', '튼튼한' 같은 단어들을 부지불식간에 제시해, 그녀의 마음속 깊이 뿌리박힌 노화에 대한 긍정적 인식을 자극했다. 그리고 그런 인식을 사회가 주입한 노화의 부정적인 이미지에 오랫동안 지배받던 그녀의 신념 체계로 옮겼다. 그 결과 바버라의 신체 기능과 노인이 된 그녀의 자아 인식이 개선되었다.

물론 그런 변화는 하룻밤 사이에 일어나지 않았다. 하지만 한 달간의 점화 후에 바버라의 신체 능력이 향상된 정도는 그 연령대가 한 주에 네 차례씩 6개월간 운동을 계속한 경우와 비슷했다.[5] 그녀에게만 이런 일이 생긴 것은 아니었다. 한 달 후, 긍정적인 연령 인식에 노출된 고령층 참가자들은 무작위 단어에 노출된 중립 비교 집단보다 걸음이 훨씬 빠르고 균형감각도 더 좋았다.

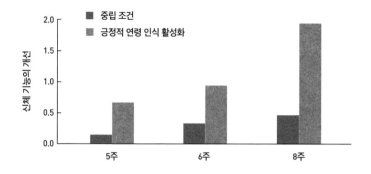

그림 1: 고령자들의 긍정적 연령 인식을 자극하면 시간이 흐를수록 신체 기능이 향상된다. 긍정적 연령 인식에 노출된 참가자들은 중립 집단보다 신체 기능이 훨씬 개선되었다. 긍정적 연령 인식의 유익한 영향은 두 달의 연구 기간 내내 증가했다.

뜻밖에도 우리 연구팀은 눈덩이 효과를 발견했다. 눈덩이가 눈 덮인 언덕을 굴러 내려오면서 점점 커지듯이, 긍정적인 연령 인식이 우리 참가자들의 신체 기능에 미치는 유익한 영향은 연구 기간 두 달에 걸쳐 꾸준히 증가했다.[6] 선순환이 계속되어 긍정적인 점화가 노인에 대한 참가자들의 긍정적인 인식을 강화하자, 참가자들 자신의 노화에 대한 긍정적인 인식도 강화되었다. 그 결과 그들의 신체 기능이 개선되어 긍정적인 나이 인식은 더욱 강화되었다. 결국 그들의 신체 기능은 한층 더 향상되었다(그림 1 참고).

앞서가지 않고 이끌어가는

연령 인식의 정도는 하나의 연속선상에 존재하지만, 대부분의 미국인은 주로 부정적인 인식에 노출되고 그런 인식을 표현한다.[7] 마돈나 수녀처럼 주로 긍정적인 인식에 기대는 사람도 없지 않다. 하지만 긍정적 연령 인식을 지녔다고 해서 매달 철인삼종경기에 출전하는 비범한 성취를 해야 한다는 뜻은 아니다. 어쨌든 새로운 시도를 하는 데 도움을 받을 수는 있다.

10년 전, 여든에 처음으로 수영을 시작한 텍사스의 정치인 윌헬미나 델코Wilhelmina Delco를 예로 들어보자. 수영장에 가면 그녀는 가장 고령자일 때가 많다. 동네 사람들은 그녀를 "YMCA에서 수영하는 할머니"쯤으로 여긴다고 윌헬미나는 웃으며 말하지만, 그녀의 성취는 그보다 훨씬 의미심장하다. 마틴 루서 킹 주니어Martin Luther King Jr.가 암살된 지 사흘 후, 그녀는 독립 학구 이사회에 합류하면서 오스틴에서 흑인 최초의 선출직 공무원이 되었다. 그 이후로 그녀는 텍사스주 의회 의원으로서 40년간 선진적인 대민 서비스를 제공했다.

윌헬미나는 관절염에 도움이 된다는 이유로 수영을 시작했다. 10번씩 "앞뒤로 오가며" 헤엄을 치면 기분이 좋아졌다. 다이빙대에서 뛰어내리는 70~80대 노인을 보면 특히 마음이 흐뭇하다. "나는 내 나이가 자랑스러워요. 나만 그런 건 아닐 거예요."그녀가 말했다. 윌헬미나는 활동 중인 시민 단체의 이사회에서도 유일한 흑인 여성이자 고령자이지만 자신을 별종으로 여기지 않는다. "예외적인 타인이 되지 않는 것이 내겐 중요해요."그녀는 자신을 남들보다 훨씬 앞서가는 존재라기보다 사람들 속에서 집단을 이끌어가는 존재로 본다. 말로만 연대를 강조하기보다 스스로 모범을 보인다.

사람들에게 그녀가 할 수 있다면 그들도 할 수 있다는 용기를 주는 이 능력은 인종차별에 대처한 경험에서 나왔다고 볼 수도 있다. 일평생 그녀는 자신이 일하고 살아온 곳에서 환영받지 못한다고 느꼈다. 흑인, 여성, 노인으로서 다중으로 편견의 표적이 되면 압박감이 훨씬 커지지만 여러 정체성을 넘나들며 편견에 대처하는 전략을 익힐 수도 있다.

인종차별에 맞서는 능력은 윌헬미나가 연령차별을 극복하는 데도 도움을 주었다. 인생의 마지막 20년 동안 윌헬미나의 가족과 함께 살았던 그녀의 어머니는 인종차별이 심한 환경에서 살아남는 방법에 대해 많은 것을 가르쳐주었다. 어머니는 이런 말을 즐겨 했다. "하고 싶은 일이 있으면 꼭 해야 해. 남들이 이러쿵저러쿵하거나 말거나 일단 해봐야지."

윌헬미나는 어머니를 보며 늙는다는 것이 무엇인지도 배웠다. 역시 만년에 델코 가족과 동거하게 된 시어머니도 노화에 대해 가르쳐주었다. 한집에 사는 두 할머니는 윌헬미나와 손주들에게 큰 돌봄과 사랑을 베풀었고("그리고 잔소리도요." 윌헬미나가 이렇게 덧붙이며 웃음 지었다) 고령을 바라보는 그녀의 태도에도 영향을 미쳤다. 할머니들은 윌헬미나와 손주들에게 요리하는 법, 돈 관리 하는 법, 힘든 일을 이겨내는 법, 가족과 공동체에서 힘을 얻는 법 등 온갖 조언을 아끼지 않았다. 이제 그 여성가장들과 비슷한 나이가 된 윌헬미나는 자신의 나이를 절대 속이지 않을 것이라 강조한다. "이 나이까지 살아왔다는 게 얼마나 대단한 일인데요."

만년에 획득한 금메달

윌헬미나를 만난 다음, 나는 만년에 수영의 즐거움을 깨달은 다른 여성도 만나보았다. 수영을 시작한 이후로 이 여인은 한 번도 멈춘 적이 없었다. 99세 모린 콘펠드Maurine Kornfeld는 거의 매년 세계 수영 기록을 갱신했다.

90살부터 그녀는 새 기록을 27개나 세웠다.[8] 60대에 로스앤젤레스에서 사회복지사로 일하던 그녀는 여름에 더위를 식히려고 자주 찾던 지역 YMCA 수영장이 문을 닫자 다음으로 가까운 수영장을 찾아갔다. 다른 요일 오전에는 전국 수영 클럽에 소속된 마스터스 수영 팀이 수영장을 차지했기 때문에 모린은 토요일 아침에만 그곳을 이용할 수 있었다. 그녀가 수영장을 독점하고 있는 코치에게 항의하러 찾아갔더니 코치는 "무슨 영법으로 수영하세요?"라며 그녀가 이해할 수 없는 질문을 던졌다. "무슨 질문인지 못 알아듣겠더군요." 그녀가 웃었다. "그런데 그 코치가 토요일 아침에 와서 나를 봐주겠다고 했어요. 그 시간에 수영장에 갔더니, 그가 나더러 들어와서 자유형을 해보라더군요. 그래서 나는 머리를 쳐들고 헤엄을 치기 시작했어요. 그게 상식적이잖아요. 그런데 코치는 자꾸 머리를 물에 담그라는 거예요. 말도 안 되는 소리 같았어요. 해병대 부사관이었던 그는 계속 소리를 지르다가 내가 배영 하는 모습을 보고서야 흡족해했어요. 그렇게 나는 패리스섬에 상륙한 신병이 되었죠." 미 해병대의 신병 훈련 장소로 악명 높은 기지를 언급하며 그녀는 미소를 지었다.

얼마 후 모린은 마스터스 수영 대회에 출전하기 시작했다. 그리고 머잖아 모든 경기에서 우승을 차지했다. 하지만 수영의 즐거움은 경쟁보다 수영 자체에 있다고 모린은 말한다. "나는 사람들과 수영이 주는 쾌감을 사랑하는 거예요. 수영을 하면 엔도르핀이 분비되어 기분이 좋아지죠. 정말 멋지고 감각적인 스포츠예요. 경쟁은 별로 중요하지 않아요. 물속에 있으면 영원히 죽지 않을 것만 같아요. 아무도 나를 건드릴 수 없을 것 같고, 마냥 행복해요."

모린은 나를 포함한 다른 이들을 기분 좋게 해주는 사람이다. 그녀의 존재는 특별하고 활기차고 유쾌하다. 자기 이야기를 한참 늘어놓는 것보다 다른 사람들의 이야기를 듣는 것을 좋아해 대화를 끊임없이 상대방 쪽으로 돌린다. 우리가 처음 만난이후로 모린은 매주 자신의 새 소식, 내가 만나고 싶어 할 법한사람들에 대한 유익한 제안, 동영상(사람을 핥아주는 강아지 따위)등을 보내기 시작했다. 나도 사람들에게 웃음을 주려고 그것들을 재전송했다.

우리가 만났을 때는 코로나19가 대유행이어서 캘리포니아전역에 봉쇄령이 내려진 시기였다. 모린의 가장 큰 고충은 육지에만 묶여 있어야 한다거나 새벽 5시에 일어나서 어둑한 도시를 지나 로즈 볼 수영장으로 향하는 일상과 멀어진 것이 아니라, 친구들을 볼 수 없다는 것이었다. 그녀의 인생에서 노년기는매우 보람 있고 사회적인 시기였다. 그녀는 캘리포니아에서 최초로 자격증을 취득해 사회복지사로 일할 때보다 지금이 더 바쁘다고 했다. 로스앤젤레스의 몇몇 박물관과 유적지에서 도슨트로 활동하고 있으며 혼자 살면서도 끊임없이 친구들을 만난다. 우리가 대화를 나누는 중에 모린의 친구 한 명이 미술 전시회 카탈로그를 빌리러 찾아오기도 했다.

집 앞 테라스에서 책 읽기에 열중할 때도 있다. "나는 금수저대신 도서관 대출 카드를 입에 물고 태어났나 봐요." 사실 그녀가 에릭 라슨Erik Larson의 신간을 다 읽어야 해서 우리는 대화를 조금 일찍 마무리했다. 다음 독서 모임에서 그녀가 토론을 이끌 차례라고 했다. 수영을 할 수 없는 팬데믹 기간에 건강을 유지하기 위해 모린은 인근 브론슨 협곡을 산책하고 현관 계단을 11번 연속으로 오르내리고 토마토 통조림을 들어 올리며 팔 근육을 단련했다.

우리의 첫 만남 후에 모린은 노후의 삶에 대한 자신의 생각이 담긴 로버트 브라우닝Robert Browning의 시 한 구절을 내게 이메일로 보냈다. "나와 함께 늙어갑시다! 가장 멋진 날은 아직 오지 않았으니."

자기 한계에 도전하는 시기

———

미국 반대편 끝에 살고 있는 전혀 다른 두 수영선수 이야기가 말하는 것은 무엇일까? 그들은 운동을 시작하기에 너무 늦은 때란 없으며 노화된 신체도 운동 효과가 매우 크다는 것, 긍정적인 연령 인식은 기능적 건강의 개선 등 많은 낙수효과를 갖는다는 사실을 보여준다.

젊은 시절의 운동 여부보다 연령 인식이 노후의 기능적 건강에 더 결정적인 영향을 준다는 연구도 있다. 영국 노팅엄대학교의 30세 연구원 제시카 피아세스키가 참가한 최근 연구에 따르면 50대에 달리기를 시작한 사람도 수십 년간 달리기를 해온 고령의 선수들만큼 건강해질 수 있었다.[9] 평생 선수였던 사람들이나 30년 늦게 달리기를 시작한 사람이나 경기 기록, 근육량, 체지방에 큰 차이가 없었다.

제시카의 연구팀은 연령 인식을 직접 측정하지 않았지만 생리적 예측 변수에 초점을 맞췄기 때문에, 그 연구 결과는 노화를 대하는 제시카의 태도뿐 아니라 그녀의 달리기 방식에도 변화를 가져왔다. 제시카는 재능이 뛰어나지만 겸손한 마라톤 선수다. 그녀와 대화를 마친 후에, 나는 그녀가 고령의 운동선수들을 연구하기 시작하면서부터 영국의 여성 현역 중 가장 빠른 선수가 되었고, 영국 마라톤 역사상 세 번째로 빠른 여성이 되었다는 사실을 알게 되었다. 노년에 운동을 하는 사람들에 대한 존경심은 연구를 시작한 이후로 점점 커졌다고 그녀는 말한다. 마스터스 선수들과 이야기를 나눠보면, 다들 노화에 대한 자기만의 견해를 갖고 있는 것 같다. 그중에는 노년을 자기만의 한계에 도전하는 시기로 보는 입장도 있다. 그들과 교류하면 달리기에 많은 동기 부여가 된다고 그녀는 말한다.

나는 아주 빨리 헤엄치거나 달릴 수 있는 사람이 아니지만 (경주에 참가할 때는 완주를 목표로 삼는다), 고령의 운동선수들에게서 용기를 얻는다는 말에는 공감할 수 있다. 노화를 연구하는

나이가 든다는 착각

노인학자가 되어 가장 좋은 점은 내게 영감을 주는 노인들을 자주 만날 수 있다는 것이다. 며칠 전 아침, 이불을 뒤집어쓰고 잠을 더 잘까, 아니면 업무를 시작하기 전에 침대에서 나와 집 근처 옥수수 밭 주위를 달릴까 고민하던 나는 윌헬미나, 바버라, 모린의 활기차고 당당한 목소리를 떠올리고는 침대에서 나와 운동화를 신었다.

내 몸에 대한 믿음

긍정적 연령 인식은 노인들이 기능적 건강을 개선하고 질병과 부상에서 회복하는 데 도움을 준다. 누구나 가끔은 아프거나 다칠 때가 있다. 문제는 같은 부상을 입은 사람들이 다른 회복 패턴을 보일 때다.

나이가 들수록 기능적 건강이 쇠퇴할 수밖에 없다는 잘못된 믿음처럼, 노인이 심하게 다치거나 질병을 앓은 후에는 회복이 쉽지 않다는 믿음도 널리 퍼져 있다. 노인병 전문의 톰 길Tom Gill 은 그 근거로 쓰인 방법론에 큰 결함이 있음을 밝힌 연구로 이런 믿음을 뒤집었다. 노인과 장애를 다루는 연구는 대부분 1년 또는 수년에 한 번씩 참가자들을 추적하므로 금방 나타났다가 금방 낫는 장애는 놓칠 수 있다는 것이다. 1년 이상의 간격을 두고 장기간에 걸쳐 노인들의 상태를 조사했더니 대부분 회복은 거의 없이 건강 상태가 점점 악화되는 듯한 도표가 나왔다. 하지만 길 교수가 시간 간격을 좁혀 다달이 조사한 결과 81퍼센트는 장애가 처음 생긴 후 1년 이내에 완전히 회복된 것으로 드러났고, 회복된 참가자의 57퍼센트는 적어도 6개월 동안 자립 생활이 가능했다. 즉 심하게 넘어지거나 다친 직후에는 스스로 목욕이나 식사를 할 수 없던 노인들도 결국에는 그런 능력을 회복했다.[10]

우리는 길의 연구팀 덕분에 심각한 부상을 당하거나 사고를 입은 노인 대부분이 완전히 회복될 수 있음을 알게 되었다. 그렇다면 이런 회복을 촉진하는 요인은 무엇일까?

나는 그것이 연령 인식일 수도 있겠다고 추정했다. 때마침 길이 70세 이상의 뉴헤이븐 거주자들을 대상으로 연구를 계획하고 있다는 소식을 듣고, 나는 그에게 나의 노화 이미지 측정 도구를 이용해 그들의 나이 고정관념을 조사해도 되겠냐고 물었다. 그래서 그의 연구팀은 연구 시작 무렵 598명의 참가자들에게 고령자를 생각하면 가장 먼저 떠오르는 다섯 단어가 무엇인지 질문했다. 우리는 그 후 10년에 걸쳐 매달 참가자들에게 새로 부상이나 질병을 겪었는지, 만약 그렇다면 얼마나 회복되었는지 확인했다.

그 결과 긍정적 연령 인식으로 시작한 사람들이 향후 10년간 부상을 극복할 가능성이 훨씬 높았다. 이런 연령 인식은 나이, 성별, 인종, 교육, 만성질환, 우울 증상, 허약한 신체가 회복에 주는 영향을 뛰어넘었다. 긍정적인 연령 인식이 회복에 기여하는 자원이 되리라 예상은 했지만, 그 효과의 크기는 놀라울 정도였다. 긍정적인 나이 고정관념을 지닌 참가자들은 부정적인 나이 고정관념에 얽매인 참가자들보다 심각한 장애에서 완전히 회복될 가능성이 44퍼센트나 높았다.[11]

고령자들이 장애를 겪고 완전히 회복되는 과정에서, 연령 인식은 폭풍 속을 헤매는 배의 돛대처럼 안정감과 자신감을 준다. 오스카상을 수상한 배우 모건 프리먼Morgan Freeman 이야기를 해보자. 어느 무더운 여름밤 그가 미시시피 고속도로에서 운전하고 있는데 갑자기 차가 말을 듣지 않았다. 차는 여러 차례 뒤집히다가 순식간에 찌그러진 금속 덩어리로 변했다. 불행히도 에어백은 터지지 않았다. 소방용 절단기의 도움으로 구조된 그의 몸은 수많은 뼈가 부러진 채 비행기에 실려 가까운 병원으로 이송되었다. 팬들과 가족들은 그의 회복을 위해 기도하면서도, 71살의 이 배우가 목숨을 구한 뒤에 반신불수로 남은 평생을 살게 될까 우려했다.[12]

하지만 모건 프리먼은 회복되었을 뿐 아니라 전보다 더 건강해졌다. 사고 이후에 그는 37편의 TV 프로그램과 영화에 출연했다. 고령의 인물들이 영웅으로 등장해 멋진 활약을 펼치는

〈레드〉와 〈고잉 인 스타일〉 같은 액션 영화에 출연하면서 그는 특히 자부심을 느꼈다. 〈고잉 인 스타일〉에서 그는 앨런 아킨, 마이클 케인과 더불어 은퇴자 역할을 맡았다. 근무하던 회사가 연금 지급을 취소하자 그들은 노인 고객을 상대로 사기를 치는 은행을 털며 구조적인 연령차별에 맞서 싸운다. (연령차별에 대처하는 법적 수단에 대해서는 이 책 뒷부분에서 다룬다.)

현재 84세인 프리먼은 노년을 즐기고, 영성을 탐구하고(최근에 그는 세계의 종교에 대한 다큐멘터리를 제작하고 내레이션을 맡았다), 그가 사랑하는 영화 제작에 열중하고 있다. 그는 이렇게 말한다. "얼마든지 은퇴를 해도 되지만, 지금은 그냥 재미 삼아 일하는 거예요."[13]

자동차 사고 8년 후에 진행된 인터뷰에서 그는 이런 질문을 받았다. "할리우드의 전설이자 주역이 되신 지금, 당신의 작품이 연령에 대한 고정관념에 맞서고 있다고 느낍니까?" 프리먼은 이렇게 대답했다. "그랬으면 좋겠네요. 진심으로 그리되기를 바랍니다."[14]

노년은 호기심과 활력이 넘치는 시기이며 고령에도 신체가 회복될 수 있음을 증명한 모건 프리먼은 우리가 뉴헤이븐 연구에서 발견한 사실을 보여주는 좋은 예다. 하지만 영화배우, 철인 삼종 선수, 세계 기록을 보유한 수영선수가 되어야만 건강하게 늙을 수 있는 것은 아니다. 예순에 달리기를 시작하기로 결심하든, 일흔에 처음으로 수영장에 뛰어들든, 어떤 나이에 산책을 다니든, 언제 무엇을 하느냐보다는 긍정적 연령 인식을 쌓고, 몸이 늘 똑같이 반응한다는 믿음을 갖는 것이 더 중요하다.

4

유전자가 전부는 아니다

어느 가을날, 대학교 생물학 교수가 당시 신입생이었던 나의 할아버지를 연구실로 불러 우수한 기말고사 성적의 비결을 물었다.

"레비 군." 교수는 유죄를 입증할 증거라도 되는 양 할아버지의 답안지를 쳐들고 말했다. "이 답안은 완벽하네. 완벽한 답안지를 낸 학생은 지금껏 아무도 없었어." 이 교수의 수업은 생물학의 최신 이론을 주로 다루었기에 까다롭기로 악명이 높았다. 하지만 할아버지가 교과서의 관련 부분을 한 문장씩 읊기 시작

나이가 든다는 착각

하자 교수는 입을 떡 벌렸다. 할아버지가 암송을 마칠 무렵 교수는 안도의 미소를 지었다. 이 학생이 만점을 받은 이유를 이해한 것이다. 할아버지의 정확한 기억력은 평생, 그의 손주들을 포함해 그 능력을 목격한 모든 이에게 강렬한 인상을 남겼다.

가난한 리투아니아 이민자의 아들로 태어난 할아버지는 많은 복을 타고난 분이었다. 그는 가족 중 처음으로 대학에 진학했다. 졸업 후에는 로스쿨도 다녔다. 내가 어릴 때 할아버지는 가난하게 살다가 '운과 배짱'으로 사회적 신분을 높인 젊은이들이 등장하는 허레이쇼 앨저의 소설을 읽어주었다. 할아버지도 자신이 행운을 누렸음을 알고 있었기에 다른 사람들에게 기쁨을 주는 일을 하기로 마음먹었다. 그는 출판사를 세워 알록달록한 만화책을 만들었다. 끈적끈적한 괴물과 슈퍼히어로가 등장하는 할아버지의 만화책에 아이들은 신나게 빠져들었다. 그러나 인생의 말년에 이르자 할아버지의 운은 바닥나는 듯했다. 어느 날 나와 함께 점심을 먹던 할아버지는 평소처럼 모든 메뉴를 외워 거꾸로 암송하는 대신, 나더러 테이블 밑에 돌아다니는 조그만 초록 인간들을 좀 보라고 했다. 할아버지의 만화책에서 튀어나온 것 같은 존재들이 바로 우리 발밑에서 몸에 힘을 주고 끙끙거리며 역기를 들어 올리고 있다는 것이었다.

그 무렵 할아버지는 남다른 기억력을 차츰 잃기 시작하더니 머잖아 알츠하이머 진단을 받았다. 서서히 진행되는 병이 끊임없이 펼쳐지는 현재를 지우고 할아버지를 얼어붙은 과거 속에 가두는 과정을 지켜보면서 손녀인 나는 두려움을 느꼈다.

심리학자가 되어 이 주제를 연구하기 시작하면서부터 비로소 나는 노화된 뇌를 객관적이면서 희망적인 입장으로 바라볼 수 있었다. 뇌는 노화할수록 어떤 장점을 갖게 되는데 그런 장점은 우리를 둘러싼 문화적 요인에 의해 위축될 수도 강화될 수도 있다.

치매가 없는 마을

1901년 독일 프랑크푸르트에서 51세 여성 아우구스테 데터가 알로이스 알츠하이머라는 의사의 진료를 받게 되었다. 데터 부인은 편집증 증세를 보여 집 안에 물건을 숨기기 시작했다. 기억도 점점 잃어갔다. 망연자실한 남편의 손에 이끌려 정신병원에 입원한 그녀는 그곳에서 알츠하이머 박사의 환자가 되었다. 알츠하이머는 그녀의 가련하고 비극적인 변화에 호기심을 느꼈다. 자신의 이름을 써보라는 간단한 요구조차 데터 부인은 따를 수 없었다. "나는 나 자신을 잃었어요." 그녀는 아무에게나, 때로는 혼잣말로 그 말만 반복했다.[1]

5년 후 데터 부인이 사망하자 알츠하이머 박사는 그녀의 뇌를 해부했다. 뇌는 심하게 위축되어 있었다. 은염silver salt으로 염색했더니 비정상적인 퇴적물이 잔뜩 드러났다. 뇌세포 사이에 형성되는 단백질 클러스터인 아밀로이드판과, 뇌세포 내부에 형성되는 꼬인 단백질 가닥인 신경섬유매듭이 발견되었다.[2] 박사는 이렇게 발견한 병에 자신의 이름을 붙이고 이 주제에 대한 논문을 발표하며 여생을 보냈으나, 실망스럽게도 의학계는 그 내용을 대부분 무시했다.

그 후 75년간 알츠하이머병에 대한 추가 연구는 거의 없었다. 그 시대의 의사들은 그 현상을 나이가 들면 불가피하게 찾아오는 동맥경화 탓으로 보았고, 뇌 연구 분야에서 대체로 노인을 배제했기 때문이었다.[3] 하지만 이 질병은 시한폭탄이나 다름없었다. 오늘날 알츠하이머병을 앓는 미국인은 대략 600만 명에 달하는데, 이는 65세 이상 미국 인구의 약 10퍼센트에 해당한다.

그러나 알츠하이머병이 모든 문화권에 똑같은 영향을 미치는 것은 아니다. 이를테면 치매는 인도보다 미국에서 다섯 배나 흔하다.[4] 이 사실을 밝힌 과학자들은 식생활이 원인일 거라 추측했지만, 내가 보기에 이 극명한 차이에는 연령 인식이 큰 역할을 한 듯하다. 인도에서는 연장자들이 존경받는다. 그들은 금융투자부터 가족 간의 갈등에 이르는 갖가지 문제에 대해 젊은이들에게 현명한 조언을 해준다.[5] 고령자들을 종종 폄하하는 미국의 보편적인 문화와는 판이하게 다른 연령 인식이다.

　대학원 시절 나와 함께 공부했던 친구로, 현재 캘리포니아 대학교 버클리캠퍼스의 의료인류학 과정을 이끌고 있는 로런스 코언이 자그레브에서 열린 국제학회에서 있었던 일을 들려주었다. 인도의 한 인류학자가 인도 북동부 특정 부족 장로들의 장수를 주제로 발표를 마쳤다.[6] 발표를 들은 미국의 한 노인학자가 그 부족 노인들의 치매 발병률을 물었다. 하지만 발표자는 그 질문의 의미를 이해하지 못했다. 북미에서 온 다른 노인학자들이 거들었지만 아무래도 소통이 순조롭지 않았다. "노인성 치매 발병률 말이에요." 그들이 설명했다. "알츠하이머병 아시잖아요?" 하지만 발표자는 그런 용어들에 익숙지 않은 모양이었다. "그러니까 노망난 노인이 얼마나 되느냐고요." 다른 미국 청중이 끼어들었다. 마침내 그 인도 인류학자는 질문의 의미를 이해했다는 뜻으로 고개를 주억였다. 언어 격차가 해소되었다는 생각에 청중은 안도했다.

　"이 부족에는 노망이 없습니다." 인도 인류학자가 설명했다. 그에게는 너무 당연한 사실이었다. 그가 묘사한 부족은 인도의 전통적인 다세대 가족 문화가 고스란히 남아 있는 고립 사회였다. 그런 사회에는 연령차별이 없고 고령자들은 극진한 봉양을 받으며 공동체에 원만히 융화된다. 그 인류학자는 그런 환경에서도 노망이 생길 수 있는지 의문이었다.

　　　　　　　　　　　　　　　나이가 든다는 착각

연령 인식이 치매에 대한 우리 뇌의 취약성에 얼마나 영향을 주는지 확인하기 위해 나는 다시 볼티모어 노화 종단 연구로 관심을 돌렸다. 이 연구에서는 오랫동안 해마다 지원자들의 뇌를 촬영했다. 그중에는 사후에 자신의 뇌를 해부하여 연구할 수 있게 자발적으로 기증한 사람들도 있었다. 모든 지원자는 연구 초기에 자신의 연령 인식을 밝혔고, 뇌가 촬영되거나 해부되기 수십 년 전에는 신체가 건강하고 치매도 없는 상태였다. 우리 팀의 연구 결과 부정적 연령 인식을 지닌 사람들은 긍정적 연령 인식을 지닌 사람들보다 아밀로이드판과 신경섬유매듭이 생길 가능성이 훨씬 높았다.[7] 기억을 담당하는 뇌 부위인 해마는 세 배나 빨리 수축되었다.

개인적 요인이면서 문화적 요인이기도 한 연령 인식은 이렇게 알츠하이머 생체표지의 발달에 영향을 줄 수 있다.

위험한 유전자를 이겨내다

뇌세포를 서서히 죽이는 신경변성 질환인 알츠하이머병에는 유전적 근거가 있다. 즉 *APOE* ε4라는 특정 유전자를 지니고 태어난 사람들은 알츠하이머병에 취약하다. 건강에서 유전자의 역할은 중요하다. "유전자가 운명을 결정한다"라는 말이 있을 정도다. 어찌 보면 우리의 모든 것은 유전자로 결정된다. 고등학교 생물학 수업에서 학생들은 그레고어 멘델Gregor Mendel을 배운다. 19세기에 아우구스티누스 수도원장이었던 그는 다양한 종류의 완두콩을 연구하고 이종 교배하면서 유전 법칙을 발견했다. 식물의 키나 잎의 색깔 같은 특징이 유전자에 의해 결정된다는 사실을 밝힌 것이다. 오랫동안 우리는 이 원칙이 인간에게도 똑같이 적용되어 유전자가 우리의 지능, 매력, 성격, 건강을 지배한다고 생각했다.

멘델의 완두콩 연구는 현대 유전학의 기초를 닦았지만, 지난 수십 년 사이에는 후생유전학이라 불리는 분야에서도 큰 발전이 있었다. 이 분야는 유전자가 결과를 결정하는 과정에 환경 요인이 어떤 영향을 미치는지를 보여준다. 만약 그레고어 멘델이 자신의 콩 절반에게 노래를 불러주었더니 음악을 들은 콩에서 자란 식물이 전혀 듣지 않은 콩에서 자란 식물보다 키가 크더라는 결과를 얻었다면, 그는 후생유전학을 연구한 것이다. (내가 알기로 멘델이 이런 음악 실험을 시도한 적은 없다.)

한 가지 흥미로운 후생유전학 연구에 따르면 어미가 자주 매만지고 핥아주고 보살핀 아기 쥐들은 회복탄력성 유전자를 새로 개발해 자손들에게 물려준다.[8] 유전자 발현에 영향을 미치는 요소는 그 밖에도 얼마든지 있다. 많은 과학자들이 문화적, 환경적 요소가 우리의 건강을 결정하는 데 중요한 역할을 한다는 사

나이가 든다는 착각

실을 밝혔다. 이를테면 미국에서 라틴계 아이들이 천식에 걸릴 위험을 생각해보자. 윗대에서 물려받은 유전자의 영향도 작용하지만, 소수 인종 집단은 공기 오염 같은 환경 요소에 더 쉽게 노출되는 경향이 있으므로 그 위험이 유전적으로 발현될 가능성이 높아지는 것이다.[9]

마찬가지로 나는 알츠하이머병에도 (여러 환경 요인 가운데) 연령 인식이 이 질병과 관련된 유전자의 발현을 결정하는 데 영향을 줄 수 있음을 증명했다.

우리는 각자 갈색, 파란색, 녹갈색, 녹색, 회색 등 다양한 색의 눈을 가지고 태어나듯, ε3, ε2, ε4 변이 등 조금씩 다른 종류의 *APOE* 유전자를 타고난다. 대다수는 알츠하이머 발병 가능성에 영향을 미치지 않는 ε3 변이를 갖는다. 10퍼센트는 우리를 치매에서 보호하고 장수를 촉진하는 ε2 변이를 보유한다. 알츠하이머병에 영향을 미치는 것은 ε4 변이다. 인구의 약 15퍼센트는 이 변이를 타고난다. 하지만 의외로 그들 중 **절반**만이 알츠하이머병에 걸린다. 이유가 뭘까?

그 답을 찾기 위해 4년에 걸쳐 전국 5,000명 이상의 노인을 추적하다가 나는 예상보다 훨씬 큰 효과를 발견했다. 위험한 *APOE* ε4 유전자를 지닌 연구 참가자 중, 연령 인식이 긍정적인 사람들은 부정적인 사람들보다 치매에 걸릴 확률이 47퍼센트 낮았다. 그림 2에서 확인할 수 있듯이 그들이 치매에 걸릴 확률은 연령 인식이 긍정적이고 위험한 유전자가 **없는** 집단과 엇비슷했다. 다시 말해 생물학은 그들을 치매의 표적으로 삼았지만 그들 중 절반에게는 치매가 아예 생기지 않았다. 긍정적 연령 인식의 보호를 받은 덕분일 것이다.[10]

이 연구는 사회적 요인(이 경우에는 연령 인식)이 *APOE* ε4 유전자 보유자뿐만 아니라 일반적인 노인의 치매 위험을 줄일 수 있는지를 최초로 분석했다. 우리는 나이, 성별, 우울증, 앞서 언급한 인지 점수 등 치매 위험에 영향을 미치는 것으로 가장 자주 연구되는 요인들보다 연령 인식이 치매 위험을 줄이는 데 훨씬 더 큰 역할을 한다는 사실을 밝혔다.

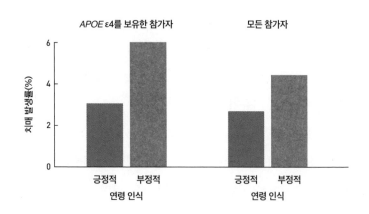

그림 2: **치매의 위험을 줄이는 긍정적 연령 인식.** 이런 인식은 위험한 유전자인 *APOE* ε4를 보유한 사람들을 비롯해 모든 참가자의 치매 위험을 낮추었다.

자메이카 요리와 알츠하이머

많은 알츠하이머 환자들이 내 할아버지의 만년에 나타난 기억력과 인격 상실 증상을 겪지만, 뇌에 아밀로이드판이 쌓였는데도 정신이 비교적 온전한 사람들도 얼마든지 있다. 그들의 뇌는 전형적인 알츠하이머의 생체표지를 나타내지만, 알츠하이머의 임상 징후는 거의 보이지 않는다.

어떻게 이런 일이 생길 수 있는지 이해하기 위해, 나는 '무증상 알츠하이머병에서의 항아밀로이드 치료(A4) 연구'라는, 국립노화연구소가 지원하고 미국, 캐나다, 호주 전역의 60개 현장에서 진행 중인 대규모 연구의 참가자 몇 명을 만나보았다.[1] 이 연구의 목표는 알츠하이머병이 발현하기 전에 그 증상을 예방할 방법을 찾아내는 것이다. 이를 위해 연구진은 알츠하이머병의 신경학적 특징 중 하나인 아밀로이드판의 수치는 상승했지만 인지능력이 정상이고 외견상 치매 증세가 없는 참가자에 주목했다.

내가 처음 만난 사람은 자메이카에서 태어나 현재 시카고에 살고 있는 82세의 은퇴한 회계사 에이미였다. 그녀는 참가를 원했지만 치매 증세가 발견되어 심사를 통과하지 못한 언니를 대신해 A4 연구에 합류하게 되었다. 뇌에 아밀로이드판의 흔적이 뚜렷했지만 에이미는 어떠한 증상도 보이지 않았다.

6년에 걸쳐 MRI, 설문지, 기억력 테스트를 거치고 고통스러운 척추천자(허리 척추에서 뇌척추액을 채취하여 중추신경계의 상태를 확인하는 검사—옮긴이)까지 받은 끝에, 그녀는 자신의 상태를 정확히 파악할 수 있었다. 요즘 에이미는 교회를 다니고, 딸과 자주 전화 통화를 하고, 자메이카 요리를 하며 조용하고 만족스러운 삶을 살고 있다. 그녀는 전기와 수도도 없는 몬테고베이 외곽의 울창한 언덕에서 자랐다. 학교 교장이자 교회 집사였던 아버지는 공동체에서 선망과 존경을 받던 원로였다. 아버지는 종종 다른 마을 어르신들과 만나 고등학교 졸업자 수의 감소 문제 같은 지역사회의 현안에 대해 상의하다가 창의적인 해결책을 찾곤 했다.

미국에서 거의 평생을 살았지만 카리브해 지역 이민자들과 주로 어울리는 에이미는 노인을 대하는 미국인들의 태도가 불편할 때가 많다. 그녀는 지난 10년간 시카고의 빈민촌 아이들에게 글을 가르치는 단체에서 자원봉사를 하면서 간혹 연로한 자원봉사자들에게 무례하고 거만하게 구는 아이들을 만날 때마다 큰 충격을 받았다. 때로는 교사들마저 그런 아이들을 꾸짖기는 커녕 같이 웃어댔다.

노인을 대하는 이런 태도는 에이미가 자메이카에서 한 경험과는 극명하게 대조된다. 카리브해 문화권에서는 노인 공경이 가장 중요한 가치에 속하기 때문에, 노인을 봉양하는 것을 대개 영광으로 여긴다. 언니보다 인지능력이 우수하고 기동력이 있는 에이미가 주로 언니를 보살핀다. 자랄 때는 자매의 사이가 별로 애틋하지 않았다지만, 지금은 전에 없던 깊은 감정으로 서로를 누구보다 아끼는 관계가 되었다. 은퇴가 에이미의 삶에 가져온 빈틈을 가족이 채우고 있는 셈이다. 에이미는 틈만 나면 언니와 큰딸을 만난다.

알츠하이머의 생체표지가 뚜렷한데도 에이미가 임상 치매에 저항력을 갖게 된 이유는 무엇일까? 연령 인식이 결정적인 역할을 한다고 믿을 만한 근거가 있다. 치료가 어렵다면 알츠하이머를 통제하는 가장 효과적인 방법은 스트레스를 억제하는 것이다.[12] 스트레스는 뇌에 염증을 일으키며, 만성 염증은 수많은 질병을 유발하므로[13] 신경계 질환도 쉽게 생긴다. 그러면 질병 자체가 스트레스 반응과 관련된 신경 및 내분비 경로를 방해해 병의 진행을 가속한다. 이 악순환에 대응하려면 스트레스를 잘 관리하는 것이 최선이다. 그래서 의사들은 늘 규칙적인 운동과 건강한 식습관으로 스트레스를 경계하고 낮출 방법을 찾는다.

우리가 고려해야 할 또 다른 스트레스 감소 요인은 연령 인식이다. 하버드 의과대학의 박사후 연구원이던 시절, 고령의 보스턴 시민들을 대상으로 실시한 연구에서 나는 부정적인 연령 인식이 스트레스를 증폭하는 반면 긍정적인 연령 인식은 완충 작용을 한다는 것을 증명했다.[14]

스트레스를 차단하는 특성 때문에, 긍정적인 연령 인식은 위험한 *APOE* ε4 유전자를 가진 사람들이 생물학에 의해 결정된 운명을 물리치는 데 기여한다. 뇌에는 알츠하이머병 징후가 있지만 인지능력에는 이상이 없는 에이미에게도 비슷한 현상이 일어난 셈이다. 긍정적 연령 인식 덕분에 그녀는 마을을 산책하고 퍼즐과 십자말풀이를 하면서 스트레스를 통제하고 신체적, 정신적 활력을 유지하고 있다. 에이미의 스크래블Scrabble(게임판에 알파벳이 새겨진 타일을 나열해 단어 퍼즐을 맞추는 보드게임－옮긴이) 실력이 워낙 뛰어나서 그녀와 몇 차례 게임을 해본 사람들은 다시 붙는 것을 꺼린다. 그녀의 언니가 가끔 단어에 자메이카 방언을 슬쩍 끼워 넣으려 하면 에이미는 깐깐하게 집어낸다. 스크래블 사전에 나오는 단어가 아니면 어림없다.

건강한 생활 방식은 어려울 필요도 비쌀 필요도 없다. 에이미의 경우 소박한 즐거움을 추구하며 건강을 유지한다. 코로나19 대유행 이전에, 그녀는 교회에서 꽃꽂이와 장부 정리 등 할 수 있는 일은 뭐든지 거들었다. 우리가 만났을 때는 감염병 때문에 다들 실내에 갇혀 있던 시기여서 그녀는 직접 음식을 만들어 언니에게 가져다주며 시간을 보냈다. 그날 오후에 에이미는 밀가루 경단과 자극적인 자메이카식 양념을 곁들인 도미구이를 만들고 있었다.

에이미의 생활 방식은 어린 시절을 보낸 자메이카의 뿌리 깊은 긍정적 연령 인식에 물들어 있다. 이를테면 그녀는 노인들의 의견이 지닌 가치를 진심으로 믿는다. 덕분에 에이미도 나이가 들자 훨씬 당당하게 사람들 앞에 나설 수 있었다. 원래 그녀는 여럿이 모인 자리에서 대화에 끼어들기를 주저하는 내성적인 성격이었다. "절대 달변가는 아니었어요." 하지만 그녀는 나이를 먹을수록 속마음을 서슴없이 터놓는 외향적인 사람으로 변해 갔다. 어린 시절에 자메이카에서 본 거침없는 어른들처럼, 요즘 그녀는 친구와 주변 사람들에게 자신의 감정이 어떤지, 연령차별을 겪을 때의 기분이 어떤지를 솔직하게 밝힌다. 에이미를 잘 알게 되자, 나는 연령차별 반대 운동 단체 그레이 팬서스의 설립자 매기 쿤이 했던 말이 떠올랐다. "노년은 분노하기 딱 좋은 시기다." [15]

젊은 의사 둘과 맞먹는 성장

중서부 출신의 75세 소아과 의사 조너스Jonas는 노년에도 얼마든지 성장할 수 있음을 잘 보여준다. 어느 날 그는 연구를 목적으로 원하는 사람들에게 알츠하이머병 검사를 해준다는 전단지를 발견했다. 알츠하이머병을 앓던 아버지를 여읜 직후였기에 조너스는 검사를 받아보기로 결심했다. 결국 그는 A4 연구에 참가하게 되었다. 에이미처럼 알츠하이머병의 생체표지인 아밀로이드 수치가 높지만 인지능력에는 영향을 받지 않았다는 뜻이다. 조너스 역시 질병의 표적이 되었어도 그 증상을 거스를 수 있었다.

조너스는 몇 해 전에 현직에서 은퇴했는데 학생들을 가르치는 일은 계속하고 있다.

"무슨 일이 됐든 이제야 좀 제대로 하나 싶을 즈음에 다들 은퇴한다는 사실을 의사 생활이 끝날 무렵에야 깨달았습니다." 그의 딸은 병원에서 조너스의 축적된 지식과 진단 능력을 보충하려고 젊은 의사 두 명을 채용해야 했다는 말을 즐겨 한다.

대체로 퇴직하기 1~2년 전에 가장 숙련된 경지에 오른다는 것을 조너스가 깨달은 계기는 젊은 동료가 진단을 내리지 못한 환자를 그에게 대신 봐달라고 부탁했을 때였다. 그 아기 환자는 엄마의 무릎에 앉은 채 조그만 머리를 주기적으로 푹 숙였다가 홱 젖히고는 했다. "저는 단 몇 분 만에 정확하게 진단했어요." 조너스가 말했다.

그 아기는 발작장애를 앓고 있었다. 조너스는 곧바로 알아보았지만, 아기를 조금 더 살펴보고 엄마와 이야기를 나눈 다음 동료에게 조용히 귀띔했다. 조너스의 진단을 들은 젊은 의사의 눈에 번쩍 불이 들어왔다. 그날 내내 조너스는 소아과의 화젯거리가 되었다. 오후 늦게 정리할 일이 있어 자리에 앉았더니, 다른 젊은 동료가 앉은 의자를 굴려 와서 조너스에게 물었다. "가르쳐주세요, 선생님! 어떻게 아신 거예요?"

조너스는 과거에 접한 적이 있지만 젊은 동료들은 처음 보는 증상이었다. 그는 나이 든 의사들이 더 정확히 진단하거나 오로지 경험의 힘으로 더 큰 그림을 보는 경우가 적지 않다고 느꼈다.

최근에 나온 생화학 연구 동향을 따라가느라 젊은 의사들과 경쟁하고 싶지는 않지만, 그는 병원과 의과대학이 고령의 의사들을 조용히 밀어내려 하면 감정만 상할 뿐 오히려 역효과가 날 수 있다고 본다. 그가 몸담고 있는 대학은 현재 고령의 의사들에게 인지력 저하의 기미가 나타났는지와 상관없이 나이만을 근거로 인지능력을 검사한다. 그중에는 나이를 이유로 피고용인을 차별했다며 대학 측을 고소한 의사도 있다.

조너스에 따르면 의료계에는 암암리에 차별이 존재한다. "젊을 때는 애송이 취급을 받으며 무시당하는 경향이 있어요. 그러다 나이가 들면 시대에 뒤떨어진 늙은이 취급을 받고요. 말도 안 되죠. 그러되면 자기 능력에 걸맞은 대우를 받는 기간이 10~20년밖에 안 된다는 뜻이잖아요."

내가 어떤 분야를 연구하고 있는지 설명했더니 조너스는 자신의 연령 인식이 갈수록 크게 개선되고 있다고 말했다. "소아과 의사로서 첫발을 내디딘 젊은 시절에는 노인을 다소 굼뜨고 힘없는 사람들이라고 생각했지만, 나이가 들어도 왕성하게 활동하는 고령의 동료들을 보면서 이런 고정관념을 버리게 됐어요."이제 고령에 접어든 조너스는 어떤 일에서든 재미를 찾으며 인생을 즐긴다. 또 그는 은퇴한 의사들을 모아 임상 경험을 공유할 방법을 찾으려 고심 중이다.

조너스는 의과대학 부속병원에서 의사, 레지던트, 의대생이 환자들의 사례를 검토하며 관련 분야의 최신 정보를 꾸준히 익히는 주간 모임에 참가하고 있다. 의과대학 신입생들에게는 의료진단 과목을 가르치며 수십 년간 쌓아온 지식을 전달한다.

조너스는 또 프랑스 요리에 열중하고, 강한 조명을 이용해 희귀한 난초를 기르고, 오후 시간에는 자신의 가계도를 그리는 데 공을 들인다. 그는 접사 사진에도 푹 빠져 있다(자연의 예상치 못한 형태와 질감에 집중하는 것을 즐거워한다). 아침마다 카메라를 목에 걸고 긴 산책을 나선다.

또 그는 열정적인 아마추어 조종사다. 태양과 같은 높이까지 올라가 세상을 내려다볼 수 있다며 조너스는 유쾌하게 웃는다. 질병을 진단하고 치료하기 위해 직접 개발한 정밀한 공간지각 기술을 적용해 하늘을 탐색할 수 있다. 그는 최근의 어느 날 오후, 공중에서 추락한 경비행기를 수색 중이라는 무전을 수신했다. 조너스는 그 비행기를 찾아내 인근에 착륙한 다음, 조종사를 구출해 당초에 그가 참석할 예정이던 결혼식에 데려다주었다.

조너스에게는 모범이 되어주는 노인이 있다. 앨버커키에 혼자 사시는 97세의 어머니는 조너스와 매우 친밀한 사이다. 젊을 때도 중년에도 조너스는 나이 든 멘토에게 애착을 느꼈다. 고령의 동료에게서 그는 지역 보건소의 중요성과 공중보건의 철학을 배웠다. 어느 연로한 심장전문의는 그에게 환자에게 보여야 할 연민과 친절에 대해 많은 것을 가르쳐주었다. 소아과 의사로서, 그는 손주를 데려오는 조부모들을 우러러보게 되었다. "가장 힘든 손님들이죠." 그가 웃으며 말했다. "조부모님, 특히 할머니들은 누구보다 저를 까다롭게 감시하거든요."

나이가 들수록 발달하는 두뇌

조너스와 에이미 같은 사람들은 뉴런과 유전자가 우리의 운명을 전부 결정하지는 않는다는 것을 보여주는 산증인이다. 사실 연령 인식은 세월이 흐를수록 인지능력에 가장 크게 기여한다고 알려진 유전자보다 15배나 큰 영향을 미친다. 노화에 대한 우리의 고정관념은 그만큼 강력하다.[16]

APOE 유전자를 떠올려보자. ε4 변이는 알츠하이머병이 생길 위험을 높인다. 반면에 ε2 변이는 아밀로이드판을 제거하고 우리 뇌의 시냅스 연결을 촉진하여 나이가 들수록 인지능력을 높이는 데 기여한다.[17] 다른 *APOE* 연구에서, 나는 *APOE* ε2를

타고난 행운아도 긍정적 연령 인식의 혜택을 본다는 사실을 알게 되었다. 그들은 부정적 연령 인식을 지닌 *APOE ε2* 보유자들에 비해 인지 검사 점수가 높다. 이 말은 우리의 연령 인식이 유전자가 프로그램 되는 방식을 바꾸어 행동에 영향을 미칠 수 있다는 뜻이다.

APOE ε2 유전자를 갖고 태어나지 못한 약 90퍼센트도 긍정적 연령 인식을 갖추면, *APOE ε2* 유전자를 갖고 태어난 사람들만큼 치매 위험을 줄일 수 있다.[18] 긍정적 연령 인식이 신체 운동과 사회적, 지적 참여를 늘리고 스트레스를 줄인다(이 모두가 뇌 건강 증진에 기여한다)는 사실을 떠올리면 타당한 결과다. 다시 말해 연령 인식은 일종의 문화적 ε2 변이 같은 기능을 한다.

오랫동안 과학계는 노화하는 뇌를 연구할 가치도 없는 대상으로 취급했다. 인간의 뇌는 유년기와 청소년기를 거치면서 한창 발달하다가 초기 성인기에 정점을 찍은 다음 뉴런이 새로운 연결의 형성을 멈추면 꾸준히 쇠퇴하기 시작한다는 잘못된 인식 때문이었다. 뇌 과학 연구자들이 어린 뇌를 연구할 때와 같은 열정으로 노화하는 뇌를 연구하기 시작한 것은 최근의 일이다.[19] 그들은 노화한 뇌도 새로운 연결을 형성한다는 사실을 밝혔다.

가소성과 재생은 동물계에, 그리고 인생의 모든 단계에 적용되는 뇌의 핵심적인 특징이다. 성체 카나리아의 뇌는 기본적으로 짝짓기 철마다 '재탄생'하여 새로운 짝짓기 노래를 배우고[20] 새로운 구애와 사랑의 용어를 익힌다. 그리고 늙은 실험용 쥐들에게 풍부한 경험, 이를테면 경사로, 바퀴, 장난감이 가득한 흥미로운 공간을 탐험할 수 있는 기회를 제공해도 신경은 비슷한 방식으로 발달한다.[21] 늙은 뇌도 얼마든지 재생된다.[22]

우리의 뇌는 다른 장기들처럼 적절히 관리되고 영양을 공급받아야 한다. 노화에 대해 부정적 인식을 지닌 노인이라면 결국 신체 운동이나 지적인 활동을 소홀히 하여 더 많은 스트레스를 겪게 된다. 이 경우에는 재생이 거의 일어나지 않고 신경세포가 소실될 수도 있다. 긍정적 연령 인식을 갖고 저글링을 배우거나 전통 무용 수업에 참가하거나 고등학교 프랑스어를 연습하는 노인들은 뉴런의 성장에 상당한 도움을 받을 수 있다.[23]

우리는 생물학적 존재지만 생물학을 훨씬 뛰어넘는 존재이기도 하다. 노화에 대해 올바른 시각을 갖는다면 나이가 들수록 생물학적 암호를 강화할 수 있다.

5

좋아진다, 노년의 정신

내가 노화에 관심을 갖게 된 경로는 다소 우회적이다. 고등학교 여름방학 때 나는 창의성과 정신건강을 연구하는 심리학자 옆에서 자원봉사를 했다. 그의 연구실은 하버드대 소속 매클린 정신병원에 있었다. 개조된 빅토리아풍 주택이 옹기종기 모인 보스턴 외곽의 캠퍼스에는 아름다운 나무가 가득했다. 그곳 분위기가 마음에 들었고, 실비아 플라스, 레이 찰스, 제임스 테일러 등 평소에 좋아하던 시인과 음악가들이 치료를 받은 곳이라는 점도 흥미로웠다.

대학을 졸업한 다음, 일자리를 알아보려고 매클린 인사과를 찾아갔다. 임상 경험이 전혀 없던 나는 신입을 위한 자리가 노인 병동밖에 없다는 말을 듣고 실망했다. 그곳에서 일하면 엄청 우울할 거라고 지레짐작했다. 21살 때는 노인들에게 정신질환이 흔한 줄 알았다. 그런 질병이 생겨도 완전한 회복은 어렵고 관리만 하는 정도일 거라 생각했다. 당시에는 내 연령 인식이 그런 수준이었다. 나는 무력한 노인 환자들이 의료 장치를 주렁주렁 매단 채 구석이나 복도에 방치된 암울하고 어수선한 병동을 상상했다. 하지만 일자리라고는 그곳 한 군데밖에 없었기에 일단 해보기로 했다.

1년 동안 병실에 식사를 갖다주고, 건강 기록을 관리하고, 전기경련치료를 받으러 가는 환자들과 동행하기도 했다. 뇌에 전기 충격을 주어 작은 발작을 일으키는 이 치료법은 주요 우울증을 완화할 수 있다. 다른 치료에 반응하지 않는 일부 환자에게는 도움이 되었지만, 테이프로 머리에 고정된 전선을 통해 전기가 공급될 때마다 경련을 일으키는 환자들을 지켜보려니 불편하기 짝이 없었다.

반면에 내가 가장 좋아하는 업무는 여덟 시간을 근무하며 내게 배정된 환자 일곱 명의 경과를 기록하는 것이었다. 동료들은 이 일을 잡무로 치부해 환자 한 명당 한 문장씩 날림으로 끄적여놓을 뿐이었다. 이를테면 "리사는 점심을 거의 남기지 않았고 단체 운동에 참가했다"같은 식이었다. 하지만 환자들을 면담할 수 있는 좋은 기회였기 때문에 나는 그 일이 퍽 마음에 들었다. 환자 하나하나와 이야기를 나눌 때마다 나는 그들의 배후 사정이나 가족에 대한 감정, 그들이 받는 치료에 대해 새로운 정보를 알아내려 애썼다. 너무 열정을 불태우다 보니 때때로 분량이 몇 페이지까지 불어나기도 했지만 이 기록은 내가 깨달은 사실을 정리하는 데 확실히 도움이 되었다.

처음에 품었던 억측과 달리, 그 일을 하면서 나는 젊은 성인에 비해 고령자의 정신질환 발생 빈도가 훨씬 낮으며 그마저도 대부분 적절히 치료될 수 있음을 알게 되었다.

병원 관계자들은 거의 매주 회의를 열어 각 환자에 대해 10가지 이상의 관점에서 의견을 교환했다. 간호사, 사회복지사, 정신과 의사, 임상심리학자, 신경심리학자, 정신약리학자 등이 고풍스러운 빅토리아식 병원 건물의 회의실에 모여 다양한 견해를 통합하는 과정을 나는 유심히 보고 들었다. 몇 시간에 걸쳐 그들은 환자가 입원한 이유가 무엇인지, 어떤 접근법이 회복에 도움이 될지 판단하기 위해 환자의 문화적 배경, 신체 상태, 이력, 인간관계 등에 대해 의견을 나누었다.

이런 회의에서 나는 우리의 정신건강이 다양한 요소의 미묘한 상호작용에 달려 있다는 사실도 배웠다. 이를테면 어느 고령의 중국 여성은 극심한 불안의 원인이 전통 의학 의사에게 진찰

나이가 든다는 착각

받는 것을 막고 그를 신뢰하지도 않는 자녀들 때문이라고 주장했다. 서양의 의사들은 대개 중국 전통 의학의 효과를 폄하하지만, 매클린의 의료진은 그리하지 않았다. 그보다 그 중국 여성의 상태를 깊이 이해하고 치료하기 위해, 환자와 자녀들 사이의 문화적, 심리적 역동 관계를 분석하는 데 주력했다.

훗날 나만의 이론을 수립하고 연구를 진행하면서 연령 인식 같은 사회적 요소가 생물학과 어떤 영향을 주고받는지를 깨닫기 시작할 무렵, 나는 매클린에서 열리던 이 선진적인 회의를 종종 떠올렸다.

연령 인식이 주는 스트레스

안경과 망원경이 눈에 도달하는 광선과 정보의 양을 바꾸듯, 연령 인식은 신체와 정신을 파고드는 스트레스 요인의 종류와 양을 결정한다. 이런 스트레스 요인은 우리의 정신건강에 해를 끼칠 수 있다.

연령 인식이 우리의 생리에 미치는 영향을 알아보기 위해 실시한 첫 연구에서, 나는 긍정적 연령 인식은 스트레스를 막는 장벽이 되는 반면 부정적 연령 인식은 스트레스를 키운다는 사실을 밝혔다.[1] 나는 투쟁-도피 반응에 관여하는 자율신경계에 주목했다. 갑작스러운 위험에 맞닥뜨렸을 때 자율신경계는 아드레날린을 분비해 우리가 맞서 싸우거나 달아나게 한다. 단기적으로 아드레날린은 우리가 맹렬히 싸우거나 신속히 달아나는 데 도움을 준다. 하지만 아드레날린과 스트레스에 장기간 노출되면 건강에 손상을 입게 된다.

이 연구에서 나는 나이 고정관념이 심혈관 반응에 어떤 영향을 주는지, 즉 사람들이 스트레스 요인에 반응하면 심장박동, 혈압, 땀샘 활동이 얼마나 급증하는지를 살펴보았다. 평생 고정관념에 반복하여 노출되는 상황을 좀 더 비슷하게 모방하기 위해, 우리는 참가자들을 무의식중에 두 세트의 긍정적 또는 부정적 나이 고정관념에 노출시킨 다음 두 세트의 언어 및 수학 과제를 제시했다. 언어 과제는 지난 5년 사이 가장 힘들었던 사건을 설명하는 것이었다. 자동차 사고부터 살던 집에서 쫓겨난 일까지 온갖 경험이 나왔다.

놀랍게도 수학과 언어 과제가 제시되기 전부터, 부정적인 나이 고정관념만으로도 이미 엄청난 스트레스가 생겼다. 고정관념으로 생긴 스트레스는 심지어 두 가지 과제가 주는 스트레스보다 훨씬 컸다.

그러나 긍정적인 나이 고정관념은 정반대의 효과를 낳았다. 처음 제시했을 때는 영향을 거의 주지 않았지만 두 번째에는 완충 역할을 했다. 두 번째로 수학과 언어 과제를 수행하는 동안 자율신경계의 스트레스가 전혀 증가하지 않았고 오히려 스트레스 수준이 과제 제시 이전 수준으로 **떨어졌다**. 한 마디로 긍정적인 나이 고정관념이 보호 효과를 내기까지 시간은 좀 걸렸지만 결국 압박을 느끼는 상황에서 참가자들이 평정심을 되찾는 데 도움이 되었다. 이 결과를 보면 고령자들이 긍정적인 나이 고정관념에 여러 번 노출될 경우, 장기적으로 스트레스를 덜 받고 힘든 사건에서 쉽게 회복될 수 있음을 알 수 있다. 또 우리의 나이 고정관념과 육체적, 정신적 건강이 서로 영향을 주고받는다는 것도 짐작할 수 있다.

연구실에서처럼 사회에서도 연령 인식이 스트레스에 장기적으로 영향을 주는지 판단하기 위해, 나는 메릴랜드 볼티모어에 위치한 국립노화연구소가 30년간 수집한 데이터를 분석했다. 참가자들은 연구소를 처음 방문한 날 자신의 연령 인식을 밝혔다. 그 후 30년에 걸쳐 참가자들은 3년에 한 번씩 연구소를 찾아와 주요 스트레스 호르몬인 코르티솔을 검사받았다. 아드레날린이 그렇듯 적정량의 코르티솔은 유익하지만, 양이 지나치면 신체에 손상을 입히고 갖가지 나쁜 영향을 준다.[2]

예상대로 연령 인식은 사람들의 코르티솔 수치에 상당한 영향을 미쳤다. 그림 3에서 확인할 수 있듯이, 부정적 연령 인식을 지닌 고령의 참가자들은 30년 동안 코르티솔이 44퍼센트 증가했고, 긍정적 연령 인식을 지닌 참가자들은 10퍼센트 **감소했다**.[3]

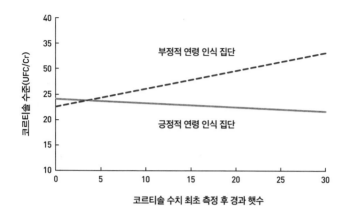

그림 3: 30년에 걸쳐 부정적인 나이 고정관념을 지닌 고령 참가자들의 스트레스는 높아졌다. 그들은 스트레스의 생체 지표인 코르티솔이 증가한 반면 긍정적 나이 고정관념을 지닌 사람들은 감소했다.

부정적인 연령 인식이 강할수록 스트레스 수준이 높아진다는 관계를 발견한 나는 연령 인식이 노년기의 정신질환을 유발하거나 방지할 수도 있는지 의문이 생겼다. 스트레스는 흔히 정신건강 문제를 일으키는 주범이기 때문이다. 나는 고령의 퇴역 군인들을 연구 대상으로 정했다. 그들은 보통 사람들보다 정신질환 발생률이 높은 환경을 거쳤기 때문이다. 그중 많은 군인들이 전투, 지독한 부상, 동료의 죽음을 경험했다. 미국 각지에서 모집한 퇴역 군인 표본을 연구한 결과, 긍정적 연령 인식을 지닌 군인들은 향후 4년 안에 자살 충동, 우울증, 불안을 겪을 가

　나이가 든다는 착각

능성이 적었다.[4] 심지어 긍정적 연령 인식은 전투를 목격한 사람들의 외상 후 스트레스 장애PTSD도 완화했다.[5] 반면 부정적 연령 인식은 퇴역 군인들의 정신질환 발병률을 높이고 고난에 대처하는 유연성을 떨어뜨렸다.

부정적 연령 인식과 정신건강

제도적 차원에서는 정신건강 전문가들이 지닌 부정적인 나이 고정관념도 환자들에게 악영향을 줄 수 있다. 의료인들은 노인들이 정신질환, 특히 우울증을 앓는 것을 정상이라 여기기 때문에 제대로 치료하지 않는 경우가 많다.[6] 이런 태도는 악순환을 낳는다. 연령 인식이 부정적인 노인일수록 정신건강이 나쁜 경향이 있지만, 의료계에 만연한 연령차별을 고려하면 적절한 치료를 받지 못할 가능성도 크다. 이렇게 되면 정신건강 문제가 더 심각해지고, 결국 나이가 들면 이런 문제가 생길 수밖에 없으며 노인 환자들은 치료도 힘들다는 고정관념 역시 강화된다. 65세 이상은 젊은 층보다 정신질환 발병률이 낮지만, 의료계에 뿌리 깊은 연령차별적 고정관념 때문에 다섯 명 중 한 명은 정신질환이 생겨도 제대로 치료받지 못한다.[7]

프로이트의 그림자

노인들은 워낙 완고해서 정신건강 문제가 생겨도 치료가 힘들다는 고약한 고정관념은 정신분석의 창시자인 지크문트 프로이트Sigmund Freud까지 거슬러 올라간다. 그는 노인 환자를 치료하겠다는 치료사들을 말렸다. 환자 가운데 "50세 이상인 사람은 대개 정신 과정이 유연하지 않아 치료가 어렵다. 노인은 교육이 더 이상 불가능하다"고 프로이트는 주장했다.[8] 다시 말해 프로이트는 고령의 환자들은 사고가 경직되어 치료의 효과를 보려면 반드시 필요한 자기반성이 어렵다고 여겼다.

프로이트의 부정적인 연령 인식은 나이에 대한 편견이 가득한 어머니 아말리아Amalia의 오스트리아식 양육 방식에서 비롯된 듯하다.(프로이트는 사람들이 겪는 많은 문제가 어머니와의 관계에서 생겨난다는 주장으로 유명하다.) 프로이트의 전기를 쓴 어니스트 존스Ernest Jones는 아말리아를 이렇게 묘사했다. "90살에 아말리아는 아름다운 숄을 선물 받고도 그것을 걸치면 자신이 '너무 늙어 보일 것'이라며 선물을 거절했다. 죽기 6주 전, 95세였던 그녀의 사진이 신문에 실리자 아말리아는 이렇게 반응했다. '인쇄 상태가 형편없네. 내가 100살처럼 보이잖아!'"[9]

노인 환자들이 완고하다는 프로이트의 인식에는 모순이 있다. 프로이트 자신은 나이가 들어서도 과거에 했던 생각에 근본

나이가 든다는 착각

적인 오류가 있음을 인정하는 정직과 용기를 잃지 않았기 때문이다.[10] 그는 13차례나 노벨상 후보에 오르면서 70대 즈음에는 세계적인 명성을 얻게 됐지만, 무의식이 우리의 행동을 이끄는 방식 등 자신의 잘 알려진 정신 모델을 전면 수정했다. 하지만 그가 노화에 대한 생각을 공개적으로 수정한 적은 없다.[11]

100년 이상 지난 지금도 상황은 그다지 나아지지 않았다. 프로이트의 연령차별 인식은 현대 미국의 정신건강 관리 제도에 고스란히 남아 있다. 최근 700명의 심리학자와 치료사를 대상으로 실시한 설문조사에서, 응답자 대부분은 고령 환자의 경우 '정신적 경직성' 때문에 치료되기 어렵다고 보았다.[12] 또 그들은 노인 환자들의 상태가 호전될 거라고 크게 기대하지 않았고(이를 '치료 허무주의'라 부른다) 다수는 무기력이나 우울증처럼 치료가 가능한 증상이 정상적인 노화 과정에 흔히 나타나는 특징이라고 답했다.[13]

정신건강과 노화에 대한 오늘날의 다른 견해를 들어보려고, 로스앤젤레스의 70세 정신과 의사 댄 플로트킨Dan Plotkin 박사를 만나보았다. 의사 생활 내내 박사는 노인 환자들이 지나치게 완고하다는 고정관념이 더없이 부정확하다고 느꼈다. 정신분석 전문가로 훈련받기 시작한 40년 전쯤에, 그는 전문가가 되기 위해 완수해야 했던 심층 환자 사례 연구 세 건 가운데 하나로 'JF'라는 73세 여성을 골랐다. 하지만 지도교수들은 그녀의 나이가 연구의 방해 요인이라 고집하며 퇴짜를 놨다. 정신분석은 자신을 깊이 살피고 바꿀 생각이 있는 젊은 환자들에게만 도움이 된다고 그들은 주장했다. "교수들이 빨간 펜을 들고 내 보고서에 난도질을 하더군요. 노인들은 치료에 몰입할 수 없다면서요." 댄은 교수들의 연령차별을 지적하며 그들의 결정을 뒤집었다.

이 70대 환자는 결국 특별한 치료 효과를 보였다. JF에게는 늙고 있다는 것 자체가 고민거리였다. 나이 때문에 가족에게 짐이 되었다고 느꼈다. 하지만 댄은 **나이가 들었기 때문에** 그녀가 젊을 때는 해결할 생각도 못한 문제에 도전하는 것이라고 했다. "우리가 처음 만난 날 그분은 자리에 앉아 나를 보고 이러더군요. '내 인생의 의미가 무엇이었는지 알고 싶어요.'"

두 사람은 그녀의 인생을 펼쳐보기 시작했다. 첫 만남부터 너무 인상적이어서 댄은 눈물이 날 지경이었다. 상담 시간은 내내 유익했고 끝날 무렵 JF는 그 어느 때보다 행복해졌다. 소원해진 딸과의 관계를 회복했고, 머잖아 자기 자신과도 더 가까워졌다. 그녀는 과거와 화해하고 그간의 생애 사건들을 의미 있게 정리할 수 있었다. 치료가 끝나자 JF는 노인이 된 자신에게 한층 더 만족했고 유머와 창의력도 되찾았다. "새로운 가치관을 갖게 된 거죠. 사랑하는 사람들과 어울려 인생의 말년을 보낼 수 있게 된 겁니다."

댄은 노인 환자를 치료하다 보면 실제로 이런 결과가 흔하다고 말한다. 노인들도 젊은 환자들만큼 치료 효과를 보인다. 사실은 젊은 시절보다 치료가 오히려 쉽다. 깊이 반성하고 문제의 근본 원인을 찾아내어 해결하려 노력하기 때문이다. 그렇다 보니 댄이 노인 환자의 치료를 선호하는 것도 놀랍지 않다.

환자와 상담할 때는 연령 인식과 더불어 노화라는 주제가 많이 언급된다. 댄은 환자들이 지닌 연령 인식의 문화적 뿌리와 그것이 정신건강에 미치는 영향을 이해하는 데 내 연구가 도움이 되었다고 말한다.

그는 강한 동기, 살아온 인생을 반성하는 태도, 깊은 관계를 맺는 능력 등의 유익한 특성이 치료의 성공에 기여한다고 본다. "전부 노화와 관계있는 특성들이죠! 인생의 마지막 단계에서 사람들은 훨씬 성숙하고 현명해지니까요. 그 무렵에는 대체로 자신과 사이좋게 지내는 방법을 잘 알게 됩니다. 너무 강한 자아를 버리고 자신의 정신적 문제를 속속들이 깨닫는 시기죠."

노인들의 치료 효과가 더 크다는 댄의 임상적 관찰은 과학으로도 뒷받침된다.[14] 연구에 따르면 노년기에는 감정 지능이 더 발달하고, 인생을 회고하는 데 많은 시간을 보내고, 친구에 대한 꿈을 더 많이 꾸고, 직관을 더 중시한다.[15] 예외는 있다며 댄은 쓸쓸하게 웃었다. "하지만 70, 80, 90대에 편안히 앉아 심호흡을 하면서 과거를 돌아보면, 자신의 인생이 재앙이었다고 느끼는 사람은 별로 없을 겁니다."

그런데도 노인들은 원래 완고하고 정신건강 문제투성이라는 부정적인 고정관념이 없어지지 않는 이유는 뭘까?[16] 정신건강 전문가들의 오랜 편견과 더불어 의료계의 연령차별을 방조하고 강화하는 거대한 구조적 힘 때문이다.

숱한 다른 문제들처럼 이 문제도 일찌감치 교육에서부터 비롯된다. 학생들에게 노인의학 과정의 수강을 요구하는 의과대학은 거의 없으며, 노인의학 과정에서조차 정신건강에 할애하는 수업은 기껏해야 한두 시간이다. 정신의학과 심리학의 수업, 치료, 이론은 대부분 유년기와 젊은 성인기에 초점을 맞춘다. 그 결과 노인을 치료하는 심리치료사 가운데 대학원에서 노화 심리학 교육을 받은 사람은 3분의 1도 안 되고, 3분의 2 이상은 스스로 이 분야의 훈련이 부족하다고 느낀다.[17]

의사들은 노인 환자에게 일단 약물부터 투여한다. 관리에 소요되는 노력과 시간이 줄어 노인에게 심리치료를 실시하는 쪽보다 단기적으로는 편리해지기 때문이다. 하지만 환자들은 치료 과정에서 심리치료 전문가를 만나고 싶어 한다. 고령자에게 약물치료와 대화치료를 병행하면 약물치료만 할 때보다 결과가 좋고 장기적으로 비용도 절감된다.[18] 댄 플로트킨 같은 이상적인 전문가라면 노인 환자에게 나타나는 우울증의 원인을 밝히고, 뛰어난 정서 지능처럼 이 연령대가 지닌 강점을 이용하고 강화하는 치료법을 찾을 것이다.

나이가 든다는 착각

미국 등 많은 선진국에서 급증하고 있는 영리 목적의 장기 요양 시설에서 약물 오남용이 특히 흔하다. 2019년에 이 산업의 가치는 5,000억 달러에 달했다.[19] 이런 시설에서 격무에 시달리는 직원들은 치매 증상을 관리하기 위해 다양한 약품을 쓴다. 하지만 그중에는 식품의약국FDA에서 그런 용도로 승인한 적 없는 약품도 적지 않다. 그런 약물은 피로, 진정, 낙상, 인지 장애를 일으킬 수 있다.[20] 미국의 요양 시설에서는 매주 17만 9,000명 이상의 환자가 자신의 병과 상관없는 약물을 투여받는다.[21]

고령 환자의 정신건강 문제를 과소 진단하거나 오진하는 행태는 의료 전문가가 노인의 증상을 대수롭지 않게 취급하는 경향에서 비롯되기도 한다. 노인 환자에게 자살 충동이나 우울증이 나타나도 일부 의사는 그것을 노화의 필연적인 특징으로 간주하고 제대로 치료하지 않는다.[22] 특히 남성 노인들의 경우 훨씬 위험한 방법을 동원하고, 계획을 철저하게 세우며, 제때 구조될 가능성이 낮아 자살에 성공할 확률이 높으므로 증상이 보이면 반드시 치료해야 한다.[23]

노인들이 적절한 정신 치료를 받지 못하는 데는 부실한 정부 정책 탓도 있다. 65세 이상의 미국인을 위한 연방 의료보험제도인 메디케어Medicare는 노인들이 가뜩이나 제한된 정신건강 서비스를 이용하는 것조차 방해한다. 메디케어가 정한 의료인 자격 요건은 1989년 이후로 갱신되지 않았다. 고령 환자의 정신질환 치료 수요를 맞추기 위해 20만 명에 달하는 심리상담사와 결혼 및 가족 치료사에게 면허를 내주었지만, 메디케어는 이런 유형의 치료사가 노인 환자를 치료하면 보상을 해주지 않는다는 뜻이다.[24] 다른 유형의 치료 전문가에게 제공하는 수가도 워낙 낮아서 대부분의 의료인은 노인 환자를 치료할 동기가 없다. 대개 정신과 의사는 일반 진료비의 절반도 안 되는 금액을 지급받는다. 그 결과 메디케어를 적용받는 노인 환자를 받아들이지 않는 정신건강 의료인이 64퍼센트에 달한다.[25]

하지만 정신건강 관리 분야의 구조적인 연령차별은 개인의 부정적인 연령 인식처럼 뒤집을 수 있다. 나도 처음에는 매클린의 노인병동에서 일하는 것을 꺼렸다는 거, 기억하는가? 댄 플로트킨도 비슷한 경험을 했다. 의대 졸업 직후에 그는 누가 먼저 노인병동에서 근무할지를 두고 다른 인턴들과 제비뽑기를 했다. "아무도 원하지 않았어요. 로스앤젤레스였으니까요. 캘리포니아주는 청년 중심으로 돌아가는 지역이죠. 다들 늙는 것을 매우 두려워했어요. 결국 제가 당첨된 거예요." 댄은 내키지 않는 마음으로 노인병동에 들어갔지만 놀랍게도 그곳에 있는 것이 좋았다. 누구보다 놀란 사람은 댄 자신이었다. 그는 그곳 직원들과 환자들을 사랑했다. 많은 환자들이 긴 인생을 살면서 겪은 역경과 성공에 대해 그에게 들려주었다. 그들의 이야기에는 통찰과 유머가 가득했다.

평생에 걸친 인간의 발달

대학원 시절에 나는 '정체성 위기'라는 용어를 만든 망명 심리학자 에릭 에릭슨Erik Erikson과 친하게 지냈다. 그의 아내이자 공동 연구자인 존Joan과도 가까워졌다. 오늘날 그 부부는 생애 발달 이론으로 잘 알려져 있다.

내가 수업을 듣던 하버드대 윌리엄 제임스 홀에서 자전거로 10분 거리인 매사추세츠 케임브리지에 에릭 앤드 존 에릭슨 센터가 있었다. 그곳에서 나는 댄스 강사로 자원봉사를 하다가(유연하고 우아한 80살의 발레 무용수와 함께 수업을 진행했다) 에릭과 존을 처음 만났다. 센터장이 안식년 휴가를 떠나고 내가 센터장 권한대행을 맡게 되자 짧은 출퇴근 거리가 큰 도움이 되었다.

나는 가까이 있는 에릭슨 부부의 집을 자주 찾아가 함께 식사를 하며 친분을 쌓았다. 다 쓰러져가는 빅토리아풍 주택에서 부부는 각각 다른 세대에 속하는 세 사람과 함께 살고 있었다. 젊은 대학원생, 일을 시작한 지 얼마 안 된 심리학 전문가, 늘 빵을 굽던 중년의 비교종교학 교수가 부부의 동거인이었다. 존과 에릭은 그런 공동생활에서 누릴 수 있는 활기찬 대화와 교류를 사랑했다.

에릭은 구세계의 교양과 신세계의 혁신을 결합한 인물이었다. 그는 우아한 대륙식 억양을 구사했고, 빈에서 권위 있는 훈련을 거쳤지만(그는 지크문트 프로이트와 같은 동아리에서 공부했고 프로이트의 딸 아나Anna의 환자였다) 독특한 교육을 받기도 했다. 심리학을 공부하기 전에는 예술을 배웠고 정규 교육은 고등학교에서 끝냈다. 30대가 되어서야 영어를 배웠지만[26] 미국에서 가장 유명한 문학상인 내셔널 북 어워드와 퓰리처상을 수상했다.

에릭 에릭슨 이전의 인간 발달 이론은 유년기에 집중했다가 젊은 성인기에 중단되는 경향이 있었다. 그러나 에릭슨은 사회력social forces이 평생에 걸쳐 인격에 미치는 영향에 관심을 가졌다. 그가 인류학에 매료되었기 때문이기도 했다. 그는 절친한 벗이었던 마거릿 미드와 함께 다양한 세대가 서로 어떤 교훈을 주고받는지에 관심을 가졌다.

60대에 에릭은 간디를 성장의 역할모델로 삼았다. 1969년에는 간디의 노년기를 파헤친 심리분석 전기로 퓰리처상을 수상했다. 에릭은 역사학자나 인도 전문가가 아닌 "임상적 관찰을 공부한 비평가"로 이 주제에 접근했다.[27] 덕분에 그는 나이가 들수록 커져갔던 간디의 용기가 어디서 비롯되었는지 역사적, 심리적으로 분석할 수 있었다. 에릭슨은 영국의 점령에 항의하기 위한 24일간의 단식 투쟁처럼 간디가 만년에 벌인 평화 시위에 특히 감명받았다.

80대에 에릭과 존은 인생의 후반기에 대한 통찰을 충분히 반영하기 위해 이미 잘 알려진 인간 발달의 심리 모델을 수정했다. '세기의 아이들'(세기 초에 태어난 80대 노인들)과의 인터뷰를 바탕으로 집필한 이 저서의 제목은《노년기의 적극적인 사회 참여》였다.[28]

"40대에 우리는 생애주기를 보며 노인들에게 지혜를 기대했어요." 존이 그 책에 대해 설명했다. "하지만 80세가 된 우리는 다른 80세 노인 가운데 누가 지혜로워졌는지, 누가 그렇지 못한지를 살핍니다. 노인이라고 다 현명하지는 않지만 노인이 되지 않으면 현명해질 수 없죠."[29] 책을 쓰기 위해 에릭슨 부부가 면담한 대상 중 몇 명은 예상치 못한 상황에 대처하는 중요한 수단으로 유머를 꼽았다. 존 에릭슨은 이렇게 지적했다. "웃을 줄 모르는 노인은 상상할 수 없네요. 세상에는 우스꽝스러운 이분법이 가득하니까요."[30]

에릭슨 부부는 여든 즈음에 시작되는 인간 발달의 여덟 번째 단계에서 대개 가장 깊은 수준의 친밀감을 경험한다는 사실에 주목했다. 존에 따르면 그 이유는 이렇다. "관계에 대해 진심으로 이해하려면 오랜 세월 이어온 복잡한 관계에서 친밀감을 느껴야 합니다. 여러 관계 사이를 오갈 수도 있지만, 친밀감에는 헌신이 매우 중요하기 때문이죠. 오래 유지한 끈끈한 유대감의 복잡한 특성을 이해해야 좀 더 충실히 사랑할 수 있습니다. 나이가 들수록 우리는 배려의 가치를 깨닫습니다. 또 만년에는 집착하지 않는 법, 매달리지 않고 베푸는 법, 자유롭게 사랑하는 법, 아무런 보답을 바라지 않는 법을 배우고요."[31]

정신분석 치료사이자 극작가인 플로리다 스콧 맥스웰은 이 단계에 대한 경험을 이렇게 되새긴다. "참 알다가도 모르겠네요. 이 나이쯤 되면 조용히 살 줄 알았거든요. 70대는 행복했지만 꽤 평탄했는데, 내 80대는 강렬하네요. 나이가 들수록 더 치열해지는 기분입니다. 놀랍게도 지금 나는 뜨거운 확신에 불타고 있어요."[32]

해마다 가르치는 '건강과 노화' 수업에서, 나는 노인의 내면 생활에 대한 토론을 유도하기 위해 잉마르 베리만 감독의 고전 영화 〈산딸기〉를 보여준다. 주인공인 스웨덴인 의사 보리는 영화 초반부에 자신의 고립감과 외로움을 인정하지만 결국에는 자기기만에 빠진다. "76세는 자신을 속이기엔 너무 많은 나이지." 이렇게 말하는 그는 곧이어 50년간 의료인으로 봉사한 공훈으로 명예학위를 받기 위해 자신을 좋아하지 않는 며느리와 함께 장거리 자동차 여행을 나선다. 여행 중에 보리 박사는 그의 다양한 인생 단계를 상징하는 다양한 연령대의 여행자를 차에 태운다. 보리 박사는 또 영화 내내 그가 이해하지 못한 과거의 갈등을 생생히 드러내는 꿈을 꾼다.

영화가 끝날 무렵, 보리 박사는 사람들과 새롭고 충만한 관계를 맺어준 인생의 사건들에 대해 깨달음을 얻는다. 그의 며느

　　　　　　　　　나이가 든다는 착각

리와 창밖에서 세레나데를 불러주던 젊은 히치하이커들은 그를 보며 감탄하고, 여행은 계속된다.

학생들에게 이 영화를 보여주어야겠다는 아이디어는 에릭 에릭슨에게서 얻었다. 에릭슨도 하버드대에서 수명에 대한 강의를 할 때 이 영화를 활용했다. 학생들은 그 과목을 '자궁에서 무덤까지'라는 애칭으로 불렀다고 한다. 그의 생애 발달 이론을 압축한 표현이었다. 그와 내 수업의 목표는 노년기가 되어서도 젊은 시절의 갈등을 극복할 수 있고 보람 있는 성장을 할 수 있음을 보여주는 것이다.

아프리카 할머니들의 우정 벤치

만년의 정신건강을 개선하는 문제에 대해 우리가 알고 있는 사실은 대부분 고소득 국가에서 실시한 연구에서 나왔다. 정신과 의사 딕슨 치반다의 연구들은 예외다. 치반다는 아프리카 중남부 국가 짐바브웨에서 태어나고 자라 의사로 일하고 있다. 그는 긍정적 연령 인식에서 얻은 아이디어로 자국의 정신건강 관리 관행을 바꾸고 노인 수천 명의 삶을 개선했다.

그는 할머니들의 지혜를 이용하는 '우정 벤치'를 고안했다. 치반다가 인구 1,400만 명인 나라에 12명밖에 없는 정신과 의사 중 한 명으로 일하던 시절에 떠올린 아이디어였다. 그 무렵 에리카라는 그의 환자가 300킬로미터 떨어진 병원까지 올 버스비가 없어 스스로 목숨을 끊는 사건이 일어났다. 치반다 박사에 따르면 당시 짐바브웨는 "사회, 정치, 경제적 불안"의 시기였고, 정신건강 치료에 대한 국민의 수요와 제공되는 서비스 사이에 큰 간극이 있었다. 그는 해결책을 찾고 싶었지만, 재원도, 장소도, 정신건강 전문가도 없었다. 젊은 남녀와 나이 든 남성들은 다른 지역, 주로 광산에 일자리를 구하느라 마을을 떠나고 있었기 때문에 자원봉사자를 모집하기도 힘들었다.

"아프리카에서 가장 믿을 만한 자원이 할머니들이라는 생각이 문득 들더군요. 맞아요, 어느 마을에나 있는 할머니들 말이에요. 그분들은 더 좋은 곳을 찾아 마을을 떠나는 법도 없죠." 그는 할머니들에게 대화 치료법을 가르쳐 마을의 야외 공간 가운데 가장 안전하고 비밀스러운 장소인 공원 벤치에서 사람들을 상담하게 한다는 아이디어를 떠올렸다.

처음에는 치반다 박사도 잘될 거라는 확신이 없었다. 할머니들이 그 제안에 관심을 보일지, 계획대로 실행하는 데 필요한 기술을 익힐 수 있을지 불투명했다. 그래서 시험 삼아 의료 교육이나 정신건강 분야의 훈련을 받은 적 없는 할머니 14명을 모집했다. 치반다는 그들에게 설문조사 하는 법을 가르쳤다. 고객에게 더 높은 수준의 치료가 필요할지, 45분간의 대화 치료를

나이가 든다는 착각

실시하면 충분할지 판단하는 수단이었다.

두 달이 지나자, 할머니들은 비전문가로서 정신건강 치료자의 역할에 관심을 갖고 무난히 해내는 정도에 그치지 않았다. "다들 놀랄 만큼 잘 해내시더군요! 정신건강의 사회적 결정자 social determinant (개인의 건강에 영향을 주는 사회적, 경제적 조건—옮긴이)라는 개념을 꽤 충실히 이해하셨어요. 무엇을 어떻게 해야 하는지 제대로 아셨던 거예요. 제가 간섭할 필요도 없이 원래부터 역량이 충분한 분들이었어요. 제가 한 일은 그분들이 이미 갖고 있는 도구와 지식을 체계적으로 사용하도록 유도하는 것이 전부였죠." 할머니들이 지닌 도구는 "진지하게 경청하는 능력, 공감하고 성찰하는 능력, 각 지역에 고유한 지혜와 문화를 이용하는 능력"이었다.

우정 벤치가 짐바브웨에서 성공한 배경에는 긍정적인 연령 인식이 두드러지는 문화가 크게 작용했다. 치반다 박사는 이렇게 지적했다. "우리 문화권에서는 '노인' 하면 가장 먼저 존경을 떠올립니다. 고령의 구성원들은 존경을 받지요. 그래서 우정 벤치가 성공한 모양입니다. 할머니들에게 배울 점이 있다는 것을 다들 인정하니까요."

지금은 평균 연령 67세의 할머니 800명이 마을 사람들을 상대로 대화 치료를 하고 있다. 우정의 벤치 모델은 말라위, 보츠와나, 잔지바르까지 확대되어, 모든 연령대의 고객 7만 명 이상이 도움을 받았다. 어린 환자들은 할머니들에게 '손자 손녀'라 불린다. 할머니 나이 또래의 환자들은 '형제'나 '자매'다.

이 프로그램의 성공은 여러 임상시험에서 입증되었다. 권위 있는 의학 학술지 〈JAMA〉에 실린 논문에서, 치반다 박사의 연구팀은 "할머니들이 의사들보다 우울증을 줄이는 데 기여했다"고 보았다.[33] 다른 연구에 따르면 할머니들 역시 우정 벤치에서 상담을 해주면서 얻는 혜택이 있었다. 할머니들이 "트라우마를 가진 사람들과 오랜 시간 대화를 나눠야" 하는데도 이런 결과가 나왔다는 것이 치반다 박사는 놀라웠다. 하지만 어찌 보면 그럴 만도 했다. "이 일을 하면서 할머니들은 소속감과 목적의식을 느낍니다. 지금껏 자신들을 보살펴준 공동체에 기여하고 있기 때문에 이 일을 하지 않는 노인들보다 훨씬 행복하죠. 이제 황혼기를 맞은 할머니들은 지역사회에 보답을 하면서 커다란 보람을 얻습니다."

음바레에 사는 80살의 쿠시Kusi는 치반다 박사가 특히 존경하는 할머니다. 그녀는 15년 전에 처음 선발된 14명의 할머니 중 한 명으로, 지금까지 우정 벤치에서 수백 명의 고객을 치료하는 데 성공했다. 치반다는 이렇게 설명한다. "그 할머니는 사람들에게 이야기를 술술 꺼내놓게 하는 남다른 능력이 있어요. 그분 역시 대단한 이야기꾼이기도 하고요. 손과 눈으로 의사소통하는 보디랭귀지 사용법을 정확히 알고 있죠. 상대가 하는 말

나이가 든다는 착각

을 잘 들어주고, 울고 있는 사람에게 어느 타이밍에 다가가야 하는지도 잘 알아요. 의과대학이나 정신의학에서는 가르치지 않는 세심한 요령들 말이죠. 실력이 대단하시답니다."

치반다 박사에게는 꿈이 있다. "전 세계에 65세 이상 인구가 무려 15억 명이에요. 도시마다 세계 할머니 네트워크를 만든다고 상상해보세요!" 이 할머니 부대(자녀가 없는 고령의 여성과 남성도 포함할 수도 있다고 그는 믿는다)는 형편이 어려워 치료를 받지 못하는 수백만 명에게 정신건강 서비스를 제공할 수 있다.

우정 벤치 모델은 이미 긍정적 연령 인식을 갖춘 문화 집단에서 효과를 보았지만, 부정적 연령 인식이 더 강한 나라에서도 시범적으로 성공했다. 유익한 대화 치료를 해주는 할머니들의 예는 이런 부정적인 인식을 뒤집는 데도 보탬이 될 것이다. 정신건강에 대한 치반다 박사의 비전을 들은 후, 나는 그에게 우정 벤치가 연령차별을 줄이는 데에도 기여할 수 있다고 보는지 물었다. 박사는 그렇게 되기를 소망한다고 대답했다.

6

늘어나는 수명의 시대

수십 년 전, 한 연구팀이 오하이오주의 조용한 소도시 옥스퍼드를 찾아와 50세 이상의 모든 주민을 노화와 은퇴에 관한 오하이오 종단 연구라는 프로젝트에 참여시켰다. 연구팀은 건강, 직장 생활, 가족, 노화에 대한 생각을 듣기 위해 이 오하이오 사람들에게 많은 질문을 던졌다. 노화 관련 질문에는 "나이가 들수록 쓸모가 없어진다는 데 동의합니까, 동의하지 않습니까?" 같은 내용이 포함되었다.

현재 마이애미대학의 스크립스 노인학 센터를 이끌고 있는

나이가 든다는 착각

수잰 쿤켈은 대학을 졸업하자마자 이 연구팀에 합류하기 위해 오하이오주로 이사했다. 그녀는 인간의 발달에 관심이 많은 사회학 대학원생이었다. 연구 책임자인 로버트 애츨리가 최대한 많은 주민을 모으고 싶어 했기에 수잰은 옥스퍼드에서의 첫 몇 주 동안 레스토랑과 커피숍 문에 전단지를 붙이고, 유권자 명부를 뒤지고, 동네 주민들에게 인맥을 동원해달라고 부탁하는 엽서를 보내 피험자를 모집한다는 소식을 널리 퍼뜨렸다. 목표는 은퇴한 의사든 자동차 정비사든, 처치 스트리트의 번듯한 벽돌집에 사는 사람이든 트레일러에 사는 사람이든, 스코틀랜드인이든 라오스인이든, 보수 성향이든 진보 성향이든 해당 연령대의 주민을 빠짐없이 아우르는 것이었다. 애츨리는 이렇게 다양한 개인차를 반영하면 사회적 요소들이 노화에 미치는 영향을 줄이고 분석에 도움을 줄 거라 보았다.[1]

그 후 수십 년 사이 수잰과 동료 연구자들은 다섯 차례에 걸쳐 후속 질문을 했다. 그렇게 나온 연구 결과는 20세기 후반 미국에서 노화에 대해 가장 풍부하고 상세한 정보를 제시했지만, 그 연구의 가장 심오한 시사점은 사반세기 동안 따로 연구되지 않고 묻히게 된다. 나는 대학원 시절 6개월간 머물렀던 일본에서 돌아온 직후 우연히 이 연구를 접했다. 100세 노인이 흔하고, 고령이 소외가 아닌 축하의 이유가 되는 나라에서 몇 달을 보내고 온 터라 내 머릿속에는 장수에 대한 생각이 가득했다. 그 무렵 나는 문화가 사람들의 연령 인식을 형성하는 데 중요한 역할을 한다면, 연령 인식 역시 수명에 명백한 영향을 주지 않을까 짐작했다. 그러던 차에 나는 오하이오 종단 연구가 시작될 무렵에 참가자들의 연령 인식을 측정한 자료가 있다는 이야기를 들었다.

수잰 쿤켈에게 연락해서 내 생각을 전했더니, 그녀는 그동안 세상을 떠난 참가자들이 꽤 있지만 사망 나이는 기록하지 않았다고 했다. 그렇다 보니 이 연구의 참가자 중 누가 살아 있고 누가 죽었는지 알아낼 방법이 없었다.

얼마 후에 나는 노화를 주제로 한 학술회의에 참석했다가 요행히 이 빈틈을 메울 방법을 찾았다. 장수 관련 물품으로 불룩한 짐 보따리(나만의 특별한 해변용품인 비치 타월, 프리스비, 선 캡)를 들고 전시장을 어슬렁거렸더니 물방울무늬 나비넥타이를 맨 친절한 남자가 크고 굵은 글씨로 'NDI'라 새겨진 자를 건넸다. 어리둥절하여 그에게 NDI가 무슨 뜻이냐고 물어보니, 남자는 국가 사망 지수National Death Index의 약자로 정부가 모든 미국인의 수명을 기록하고 관리하는 사업이라고 설명했다. 인생의 다른 쪽 끝에 대해 출생기록부처럼 정리한 자료라고 그는 덧붙였다. "바로 이거야!" 내가 소리를 지르는 바람에 그 조용한 전시장에 있던 사람 몇 명이 화들짝 놀랐다.

그 회의장에는 유명한 장수 전문가가 넘쳐났다. 그들은 각자

나이가 든다는 착각

다른 관점에서 이 주제를 연구하고 있었다. 초파리를 이용해 연구하는 사람도 있었고, 100세 이상 노인들의 혈압을 연구하는 사람도 있었다. 스웨덴의 인구통계학적 추세를 연구하는 사람도 있었다. 그러나 연령 인식 같은 심리적 결정자에 관심을 갖는 사람은 아무도 없었다.

이제 나는 새로 알게 된 사망 관련 데이터와 연령 인식 사이에 연결 고리가 존재하는지 확인할 수 있게 되었다. 나는 오하이오 연구 참가자들의 연령 인식을 중년 무렵부터 추적했다. 내가 발견한 사실은 놀라웠다. 노화에 대해 가장 긍정적인 견해를 가진 참가자들은 가장 부정적인 견해를 가진 참가자들보다 평균 7년 반을 더 살았다.[2]

오하이오 표본에 대해서는 이미 많은 정보가 수집되어 있었기 때문에, 나는 연령 인식이 성별, 인종, 사회경제적 지위, 나이, 외로움, 건강보다 수명에 더 큰 영향을 준다고 판단할 수 있었다. 연령 인식은 수명을 8년 가까이 늘이거나 줄이므로 낮은 콜레스테롤이나 낮은 혈압(각각 수명을 4년 연장), 낮은 체질량 지수(1년 연장), 금연(3년 연장)보다 생존에 기여하는 바가 훨씬 크다(그림 4 참조).

이 발견을 다룬 논문에서 나는 이렇게 결론 내렸다. "만약 지금까지 확인되지 않은 바이러스가 인간의 수명을 7년 이상 깎아 먹는 것으로 밝혀졌다면, 그 원인을 밝히고 치료법을 찾는

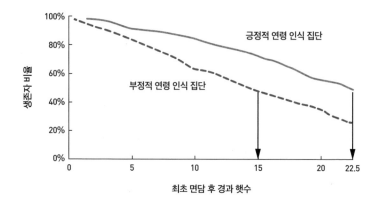

그림 4: 긍정적 연령 인식이 수명에 주는 영향. 긍정적 연령 인식을 지닌 참가자들은 부정적 연령 인식을 지닌 참가자들보다 평균 7.5년을 더 살았다. 화살표로 표시했듯이 참가자의 절반이 살아남을 때까지 걸리는 시간의 집단 간 차이를 조사하여 계산한 결과다.

데 상당한 노력이 투입되었을 것이다. 이 경우, 원인 한 가지는 이미 알려져 있다. 바로 노인을 폄하하는 사회적 분위기다. 그런 분위기를 만든 사회가 노인을 멸시하는 태도와 행동을 허용하지 않는다면 문제는 대체로 해결된다."[3]

이 연구가 언론의 큰 관심을 끌면서 내게는 꿈같은 일상이 시작되었다. 예일대학교의 고딕풍 도서관 지하 칸막이에 틀어박혀 조용히 책을 읽고 글을 쓰는 데 집중하며 세월을 보내던 내가 지방·전국·외국의 라디오, 인쇄물, TV 기자들에게 쫓기는 사람이 되었다. 갑자기 주목받게 된 것은 부담스러웠지만, 연령 차별과 연령 인식이라는 주제가 관심을 얻게 되어 기뻤다.

그 연구가 발표되고 몇 주 후에 워싱턴 DC에서 걸려온 전화를 받았다. 미국 상원의원 존 브로의 보좌관이 연령차별에 대한 공청회에서 내 연구 결과를 설명해달라고 요청했다. 갑작스레 쏟아진 관심에 이미 어쩔 줄 모르고 있던 터라 조금 망설여졌지만, 나의 멘토이자 친구인 로버트 버틀러가 드라마 〈내 사랑 레이먼드〉에서 레이먼드의 어머니 마리 역을 맡은 77세의 에미상 수상자 도리스 로버츠와 함께 증언할 예정이라는 소식을 듣고, 나는 그 보좌관에게 참가 의사를 전했다.

공청회는 캐피톨힐에 위치한 더크슨 상원 청사에서 열렸다. 마호가니 벽널로 장식된 회의장에는 상원의원과 언론인이 빽빽이 모여 있었다. 다른 참가자들의 발언을 듣는 것만으로도 유익한 경험이었다. 버틀러와 로버츠, 기자 폴 클레이먼, 일류 광고 회사의 파트너 등이 연령차별의 폐해뿐만 아니라 연령 관련 이미지의 중요성과 영향에 대해 장시간 발언을 이어갔다. 버틀러는 청중에게 두 개의 이미지를 제시했다. 하나는 허리가 구부정하고 얼굴을 우그린 남녀 노인들을 그린 잡지 표지였고(제목은 '욕심쟁이 늙은이들'), 다른 하나는 ('현명한 여성들'이라는 사진집에서 가져온) 92세의 배우이자 오페라 가수인 키티 칼라일 하트의 우아하고 화려하며 섹시하기까지 한 사진이었다. 버틀러가 대조적인 두 이미지를 보여준 것은 언론과 마케팅 회사가 노인들을 모욕하지 않고도 표현할 방법이 얼마든지 있음을 알리려는

의도였다.[4]

도리스 로버츠는 이런 식의 묘사가 개인에게 어떤 영향을 주는지 설명했다. "저는 70대입니다. 경력의 정점에 서 있고, 벌어들이는 수입과 납부하는 세금도 지금이 가장 많죠. 손주들도 저더러 '할머니 최고'라고 해요. 하지만 사회는 나를 폐기 대상으로 여기나 봅니다. 내 또래들은 의존적이고 무기력하고 비생산적이고 하는 일 없이 바라는 것만 많은 사람들로 그려지죠." 그녀가 사용한 단어 '그려지다'를 눈여겨보자. 도리스 로버츠 역시 표현과 이미지의 문제를 지적한 것이다.

그녀가 말을 이었다. "사실 대부분의 노인은 대부분의 젊은 이보다 자산이 많고 사회에 기여할 시간과 재능도 풍부한 중산층 소비자들이에요. 이런 상황은 안타깝다는 말로는 부족합니다, 의장님. 이것은 범죄나 다름없어요. …… 노년기는 인생에서 가장 생산적이고 창조적인 시기가 될 수 있습니다. 지난 100년 사이, 노벨상 수상자의 평균 연령은 65세였습니다. 프랭크 게리Frank Gehry는 일흔에 세련된 시애틀 록 박물관을 설계했죠. 화가 조지아 오키프Georgia O'Keeffe는 여든까지 작품 활동을 했고요. 지금 기준으로 볼 때 한물간 나이에 최고의 업적을 남긴 사람은 히치콕Hitchcock, 디킨스Dickens, 번스타인Bernstein, 포시Fosse, 라이트 Wright, 마티스Matisse, 피카소Picasso, 아인슈타인Einstein 외에도 얼마든지 있습니다."

여배우로서 로버츠는 이미지 메이커들, 다시 말해 그녀가 속한 엔터테인먼트 산업을 향해서는 직접 비난을 쏟아내지 않았다. 나이가 들수록 여배우들의 기량은 점점 원숙해지지만, 40~60대의 재능 있는 동료 여배우들은 "실업급여나 복지 혜택에 의존하여 살아야 해요. 그 나이대 여성들이 맡을 만한 역할은 없다시피 하니까요"라고 덧붙였다.[5]

드디어 상원의원들 앞에서 연설할 차례가 되자, 나는 부정적 연령 인식이 기억력 점수와 스트레스에 대한 심혈관 반응 같은 건강 결과뿐 아니라 수명에까지 영향을 준다는 사실을 발견한 경위를 설명했다.

나를 만난 사람들은 요즘도 수명에 대한 내 연구를 언급한다. "아, 당신이 7년 반을 더 산다고 밝힌 분이군요!" 이 연구를 발표한 이후 그 결과는 호주, 중국, 독일 등 10개국에서 반복되었고, 최근에는 세계보건기구 연령차별 반대 캠페인의 초석이 되었다.[6]

위스콘신의 노인 활동가들은 우리가 수명에 대해 발견한 사실을 바탕으로 제작한 배지를 보내왔다. 연령 인식이 어떤 힘을 지녔는지, 연령차별에 맞서 싸워야 하는 이유는 무엇인지에 대해 사람들과 대화를 시작하기 위한 수단이었다. 배지에는 "7.5에 대해 물어보세요"라고 적혀 있었다. 이 발견이 많은 사람들에게 공감을 산 이유는 유전자만으로 수명이 결정된다는 보편적인 믿음을 반박하기 때문이다. 연령 인식이 수명에 그토록 중요한 역할을 한다는 사실을 알면 우리는 기대수명을 좀 더 통제할 수 있다. 따라서 사람들이 "제게 유전자에 대해 물어보세요"가 아니라 "7.5에 대해 물어보세요" 배지를 착용하는 이유는 납득할 만하다.

연구에 따르면 연령 인식을 포함한 비생물학적 요소가 우리 수명의 75퍼센트를 결정한다.[7] 그리고 오로지 유전자로 결정된다는 25퍼센트는 연령 인식이 이런 유전자의 발현에 영향을 미치는지, 만약 그렇다면 어떻게 영향을 미치는지 이미 밝혀졌다는 사실을 고려하면 훨씬 낮다고 볼 수 있다.[8] 다만 수명을 결정하는 요인에 대한 최근 연구들은 대부분 유전자에 초점을 맞췄다.[9] 더구나 비유전적 요인에 대한 연구는 대부분 연령 인식 같은 긍정적 요인보다 질병, 부상, 인지능력 저하 같은 부정적인 요인을 주로 다룬다.

유전자의 힘은 강력하지만 환경의 힘도 마찬가지다. 100세 이상 노인의 일부는 대대로 전해 내려온 행운의 유전자(이를테면 *APOE ε2*)를 타고났지만 그런 유전자가 없는 백세인도 많다.[10] 어떤 노인들은 위험한 *APOE ε4* 유전자를 갖고 있지만 환경의 힘으로 극복하기도 한다. 다른 사람들에게 어떤 대우를 받는지, 자신이 속한 환경에서 어떤 연령 인식을 받아들이는지 등이 그 예다.

나이가 든다는 착각

여왕벌의 수명은 환경이 유전자를 극복하는 방식을 보여주는 예가 될 수 있다. 여왕벌은 일벌과 똑같은 유전자를 가졌지만 일벌보다 다섯 배나 오래 산다. 같은 벌집에 살지만 생활환경이 확연히 다르기 때문이다. 평범한 꽃가루를 먹는 일벌과 달리 여왕벌은 끊임없이 보살핌을 받고 시종들이 미리 소화시킨 특별한 로열젤리를 먹는다.[11] 다시 말해 수명을 결정하는 요인 중 사회적 환경은 유전자보다 힘이 세다. 인간의 경우 그런 사회적 환경은 긍정적인 연령 인식을 널리 갖춘 문화를 뜻한다. 이런 문화는 여러 세대를 하나로 묶을 뿐 아니라, 유전자에 각인된 정보와 관계없이 개인의 수명을 연장할 수 있다.

내가 아침에 일어나는 이유

그렇다면 우리가 사회적 환경에서 흡수한 연령 인식은 생존과 어떤 관계가 있을까? 이런 인식이 노년에 우리의 건강에 어떤 영향을 미치는지 설명하는 나의 고정관념 구현 이론에서는 생존을 위한 심리, 생물학, 행동 경로가 있다고 설명한다.[12]

심리 메커니즘은 삶이 주는 혜택이 삶이 주는 고난보다 크다고 느끼고 살아남으려는 의지를 갖는 것을 말한다. 이 말이 다소 추상적으로 느껴진다면, 간단히 말해 인생에 뭔가 기대할 게

있다고 여긴다는 뜻이다. 코스타리카 사람들은 이 개념을 '인생 계획plan de vida'이라고 한다. 미국인들은 '내가 아침에 일어나는 이유'라고 말한다. 프랑스에는 '존재의 이유raison d'être'가 있다. 일본인들은 '삶의 원동력生き甲斐'이라 부른다. 모두 '살려는 의지' 또는 '존재하는 이유' 등의 의미를 갖는다.

삶의 의지는 고귀한 철학적 신념이라기보다 단순히 인생을 살 만하다고 여기는 태도로 볼 수 있다. 우리는 사랑하는 사람을 돌보고 애완동물을 보살피고 정원을 가꾸고 사회에 보탬이 되는 일을 하면서 그것을 드러낸다. 우리에게 목적의식을 주는 대상, 우리가 쓸모 있는 존재라는 인식은 삶의 의지를 갖게 한다.

고인이 된 내 동료이자 유행병학자인 스탠 카슬Stan Kasl은 삶의 의지가 있으면, 아니 단순히 기다리는 행사만 있어도 수명을 연장할 수 있음을 증명했다. 카슬과 사회학자 엘런 아이들러Ellen Idler에 따르면 독실한 그리스도교인들은 종종 죽음을 크리스마스나 부활절 이후로 늦추고, 독실한 유대교도들은 속제일, 유월절, 나팔절 이후로 미룬다.[13] 내가 '건강과 노화' 수업에서 이 현상을 설명하면, 손을 들고, 간절히 기다리던 가족의 결혼이나 탄생 직후까지 사망을 유예한 친척들의 이야기를 꺼내는 학생이 꼭 몇 명씩 있다.

실험 참가자의 절반은 긍정적인 나이 고정관념을, 나머지 절반은 부정적인 나이 고정관념을 지닌 사람들로 구성한 실험에서 나는 연령 인식이 노인들의 삶의 의지에 미치는 놀라운 효과를 입증할 수 있었다. 우리는 모든 참가자에게 다음의 가상 시나리오를 제시했다. "당신이 비용이 많이 드는 공격적 치료를 선택하지 않으면 한 달 안에 반드시 사망하는 질병에 걸렸다고 한다. 당신은 어떻게 할 것인가? 이 치료를 받는 경우 생존율은 75퍼센트지만 그동안 모아둔 돈을 대부분 써야 하고, 무엇보다 가족들이 당신을 보살피느라 많은 시간을 소비해야 한다." 젊은 참가자들은 무의식중에 긍정적인 나이 고정관념에 노출되었든 부정적인 나이 고정관념에 노출되었든 생명 연장 치료를 선택하는 경향이 있었다. 반면 나이 고정관념에 자기 관련성을 지닌 고령의 참가자들은 긍정적인 나이 고정관념과 부정적인 나이 고정관념 중 어디에 노출되었는지에 따라 생명 연장 치료를 받아들이거나 거부하는 경향을 보였다.[14]

이를테면, 펜웨이 파크 야구장에서 구내매점을 운영하는 64세의 보스턴 시민 어니는 수명을 연장하는 치료를 받느니 차라리 죽겠다고 대답했다. 지금껏 부정적 연령 인식에 주로 노출된 탓이었다. 반면 자메이카 플레인에서 미용실을 운영하며 긍정적 연령 인식을 접한 65세의 베트는 반드시 치료를 받겠다고 답변했다.

오하이오 연구에서 우리는 연령 인식이 살려는 의지라는 형태로 생존에 영향을 준다는 사실을 증명할 수 있었다. 우리는 모든 참가자를 대상으로 생존 의지의 강도를 측정했다. 연령 인식이 부정적인 사람들은 자신의 삶을 '가치 없는', '공허한' 따위의 단어로 묘사했지만, 연령 인식이 긍정적인 사람들은 '가치 있는' 또는 '충만한' 같은 단어로 표현하는 경향이 있었다. 오하이오 연구 참가자 가운데 부정적인 나이 고정관념을 극복한 사람들은 더 강한 삶의 의지를 표현했고, 결국 수명도 더 길었다.[15]

과거에는 증명된 적 없지만 나는 연령 인식이 수명에 영향을 미치는 생물학적 경로는 우리가 스트레스를 경험하는 방식과 관련이 있으리라 추측했다. 나는 C 반응성 단백질CRP이라는 스트레스 생체 지표에 주목했다. CRP은 스트레스가 누적되면 증가하여 혈장에서 발견되는 고리 모양 단백질이다.[16] 일찍 죽는 사람들은 대체로 CRP 수치가 더 높다.[17] 우리는 50세 이상 미국인 4,000명의 연령 인식과 CRP 수준을 6년간 추적했다. 그 결과 긍정적 연령 인식이 CRP를 낮추어 수명을 늘린다는 사실을 알 수 있었다. 즉 긍정적 연령 인식은 생물학적 차원에서 스트레스에 저항하고 대처하는 능력을 높였고, 결국 수명에도 영향을 미쳤다.

마지막은 연령 인식과 생존을 연결하는 행동 차원이다. 이는 사람들이 자신의 건강을 관리하는 방식을 가리킨다. 부정적 연령 인식에서 흔히 나오는 말은 나이가 들면 쇠약해질 수밖에 없다는 것이다. 그 결과 우리는 부정적 연령 인식을 지닌 사

　　　　　　　　　　　　　나이가 든다는 착각

람들이 긍정적 연령 인식을 지닌 사람들에 비해 건강한 행동을 할 가능성이 낮다는 사실을 발견했다. 건강관리를 해봤자 소용 없다고 생각하기 때문이다.[18] 나는 미국 전역이 봉쇄되었던 코로나19 대유행 초기에 이런 발견이 어느 범위까지 적용되는지를 조사했다. 우리 팀은 1,590명의 노년층과 젊은 층 참가자들의 연령 인식을 측정하고 그들에게 코로나19 중증 환자인 노인들이 병원에 가서 치료를 받아야 한다고 생각하는지, 아니면 치료를 포기하고 집에 있어야 한다고 생각하는지 물었다.[19] 젊은 참가자들의 경우 자기 관련성이 없었기 때문에 연령 인식이 답변 내용에 영향을 미치지 않았다. 하지만 나이가 많은 참가자들의 경우, 연령 인식이 부정적일수록 입원을 거부하는 경향이 컸다. 치료가 소용없다고 생각해서일 것이다. 반대로 긍정적인 연령 인식을 지닌 사람들은 노인들이 병원에서 필요한 치료를 받는 쪽을 선호했다.

우리의 고손자를 만날 때까지

장수는 인류가 새로이 품게 된 꿈이 아니다. 역사가 토머스 콜이 지적하듯이, "어느 시대 어느 나라에서든 사람들은 불멸까지는 바라지 않더라도 조금 더 오래 살기를 꿈꾸었다."[20] 역사에서도 예를 찾을 수 있다. 5,000년 전에 중국 문화를 창시했다는 헌원씨는 오랫동안 불로장생을 추구했다. 고대 그리스인들은 죽음을 피하기 위해 암브로시아를 먹는다는 신들을 믿었다. 괴테가 쓴 독일의 고전 《파우스트》에서 주인공은 불멸을 얻기 위해 악마와 흥정한다. 피터 팬은 절대 늙지 않는다. 최근에 널리 인기를 끈 로맨스 판타지 소설이자 영화 시리즈 《트와일라잇》에서는 주인공 에드워드 컬렌이 불멸의 뱀파이어였다.

사람들은 언제나 최대한 오래 사는 삶을 소망했으니, 지금처럼 인간이 널리 장수하는 세상이 온 것을 축하해야 할 것 같다. 하지만 사실은 그렇지가 않다(이 내용은 뒤에서 다시 살펴본다). 우리의 수명은 대부분의 인류 역사에서 정상으로 여겼던 수명보다 세 배로 증가했다.[21] 지난 120년 사이에 우리는 기대수명을 30년 더 늘렸다. 로버트 버틀러가 말했듯이, "100년도 채 안 되는 기간에 인간은 과거 50세기를 통튼 것보다 기대수명을 훨씬 많이 늘렸다."[22]

이 추세가 침체되고 있다는 징후는 없다. 인간의 수명 증가는 사실 자연계에서 관찰된 가장 직선적이고 일관된 경향 중 하나다. 인구통계학자 제임스 외펀과 제임스 보펠이 지적한 대로 "지난 160년간 기대수명은 해마다 석 달씩 꾸준히 증가했다."[23]

물론 기대수명은 지역, 성별, 인종별로 차이가 있다. 고소득 국가에 살면서 풍부한 자원을 누리는 사람들은 대체로 저소득

나이가 든다는 착각

국가의 국민들보다 장수하고, 어느 지역이든 여성이 남성보다 오래 사는 경향이 있다. 하지만 이런 추세가 항상 예상대로 흘러가는 것은 아니다. 예를 들어 미국의 구조적 인종차별을 포함한 다양한 요소 때문에 젊은 연령대에서는 아프리카계 미국인의 기대수명이 백인보다 짧지만, 여든을 넘긴 사람들을 대상으로 한정하면 이 경향은 역전되어 흑인 노인이 백인 노인보다 평균적으로 오래 산다.[24] 몇몇 연구에 따르면 흑인 노인이 만년에 생존율이 높은 이유는 백인 문화에 비해 흑인 문화의 연령 인식이 긍정적이기 때문이다. 조부모가 육아에 관여하는 다세대 가정이 더 많은 것과도 관계가 있을 것이다. 세대 간의 접촉은 양쪽 세대 모두에게 더 긍정적인 연령 인식을 심어주는 것으로 알려져 있다.[25]

전 세계에서 장수가 증가하는 현상은 인류가 수천 년 동안 꿈꿔온 승리라기보다 흔히 세계 인구에 부담을 안겨줄 재앙으로 그려진다.[26] 1980년대 이후로 정책 입안자, 언론인, 평론가는 숱한 경제 문제를 노년층 인구 증가의 탓으로 돌리면서 국가의 파산이 임박했음을 경고해왔다. 하지만 진짜 원인은 부가 점점 적은 세대와 적은 사람에게 편중되어 경제 격차가 커지고 있는 탓이다.[27] (최근에 새롭게 등장한 금융 계층을 설명하는 '1000억부자 centibillionaires'라는 신조어도 만들어졌다. 순자산이 1000억 달러가 넘는 제프 베이조스와 일론 머스크가 여기에 포함된다.[28])

사회의 활력이 되는 노년층

언론에서는 대개 수명 증가로 국고가 바닥나고 병원에 환자가 넘쳐날 것이라는 듯이 이야기하지만, 장수가 증가하면 건강과 부 역시 증가한다는 증거가 많다. 콜롬비아 메일맨 공중보건대학의 학장인 린다 프라이드는 이 현상을 이렇게 표현했다. "실제로 증가하고 있는 유일한 천연자원은 더 건강하고 교육 수준이 높은 성인 수백만 명이라는 사회 자본이다."[29] '사회 자본'은 구성원들의 사회 공헌을 광범위하게 가리키는 용어지만, 장수가 가져오는 자원에는 전통적인 경제적 자본도 포함된다. 33개의 부유한 국가를 대상으로 한 연구에서 인구 고령화는 의료비 지출과 **부**否의 상관관계가 있는 것으로 나타났다.[30] 다시 말해 인구가 고령화될수록 국가는 의료서비스에 돈을 지출할 필요가 적어진다.

게다가 증가한 수명은 MIT 에이지랩AgeLab의 조지프 코글린이 말하는 '장수 경제'로 이어진다.[31] 50세 이상은 전체 인구의 32퍼센트를 차지할 뿐이지만 미국 가구의 순자산 중 77퍼센트를 관리하고 여행, 휴양, 개인 생활 용품에 더 많은 돈을 쓴다.[32]

부정적인 나이 고정관념에서 나온 오해와 달리, 노인들은 경제를 좀먹기는커녕 경제에 활력을 일으키고 있다. 가족 내에서 돈은 고령의 구성원으로부터 젊은 구성원 쪽으로 흐르는 경우가 그 반대의 경우보다 훨씬 흔하다.[33] 미국에서 새로운 사업을 일으키고 일자리를 만들어 현대의 영웅으로 칭송받는 기업가들을 보면, 20대 초반보다 50세 이상에 성공할 확률이 두 배나 높다는 것을 알 수 있다.[34] 그리고 경제학자들은 많은 나라에서 수명의 증가가 국내총생산의 증가로 이어진다는 사실을 발견했다.[35] 싱가포르에서 노부모는 다 큰 자녀 가운데 가장 형편이 어려운 자녀와 동거하며 많은 지원을 한다. 이런 현상을 연구한 학자들은 연로한 부모가 "애정, 친교, 물질적 지원을 베풀면서 심리적 만족을 얻고 인정 욕구"를 충족할 수 있다고 밝혔다.[36]

수명 연장이 우리의 의료 시스템에 재앙을 가져온다는 연령 차별적 인식과는 정반대로, 장수는 건강에 상당한 혜택을 준다. 이런 인식은 늙으면 갖가지 신체적, 정신적 질병을 피할 수 없으므로 의료비가 치솟을 수밖에 없다는 유해한 고정관념에서 나왔다. 그러나 인간이 오래 살수록 스탠퍼드 의대 교수 제임스 프라이스가 말하는 '질병 압축', 즉 질병이 없는 햇수가 증가한다는 증거가 쌓이고 있다.[37] 심장병과 관절염 같은 흔한 질병의 발병 시기는 점점 늦춰지고 있다. 오늘날 사람들이 만성 질병 없이 60대에 들어설 가능성은 한 세기 전의 2.5배다.[38] 노인들은 그 어느 때보다도 건강하고 활력이 넘치며, 장애와 질병 발생률도 낮다는 뜻이다.[39]

토머스 펄스는 100세 이상 노인과 그 가족을 연구하는 세계 최대의 연구 기관 뉴잉글랜드 100세 연구소의 설립자다. 그는 하버드 대학원 시절에 알게 된 내 친구이기도 하다. 당시에 우리는 내가 가장 좋아하는 식당 위의 낡은 벽돌 건물에서 같은 사무실을 썼다. 그가 노화와 연령차별에 관한 로버트 버틀러의 중요한 저서《살아서 뭐하나? 미국에서 노인으로 산다는 것》을 읽고 노인학자가 되기로 결심했다는 얘기를 듣고 나서부터 우리는 급속히 친해졌다.

토머스는 나이가 들수록 병이 많아진다는 연령차별적 인식을 반박할 획기적인 연구를 실시했다. "나이가 많은 사람일수록 그동안 건강하게 살아왔다"고 그는 설명한다. "그것이 바로 우리가 100세 노인들에게서 확인한 사실이다. 오래 산다는 것은 일정 기간 아프지 않았다는 뜻이다. 천천히 늙어야 하고 노화 관련 질병과 거리가 멀어야 한다."[40]

한 연구에서 토머스는 100대 노인의 90퍼센트가 90대에 독자적으로 생활했다고 밝혔다. 즉 어떤 도움도 받지 않고 일상을 살았다는 뜻이다.[41] "내가 만난 100대 노인은 거의 전부 90대에 건강 문제가 별로 없었다. 그들은 90대에도 직장에 다녔고 왕성한 성생활을 했으며 야외 활동과 예술 활동을 즐겼다."[42] 대부분의 초백세인(110세 이상의 노인)은 100세에 자기 힘으로 생활했으며 당뇨나 고혈압 같은 혈관 관련 질환이 있는 사람은 드물었다.[43] 마찬가지로 최근 연구에서 330명의 네덜란드 백세인은 특

나이가 든다는 착각

정 글자로 시작하는 동물을 나열하고, 목표를 수행하는 내내 집중력을 잃지 않는 등 다양한 인지 과제에서 수행 능력을 유지하고 있었다.[44]

토머스는 백세인을 연구하면 "인간이 어떻게 하면 극한의 나이까지 살 수 있을까에 대한 실마리보다는 알츠하이머병, 뇌졸중, 심장병, 암 같은 질병을 예방하거나 지연할 방법을 알 수 있을 것"이라고 본다.[45] 다시 말해 **장수하는** 사람들은 우리에게 **건강한** 삶을 사는 비결을 가르쳐줄 수 있다.

고령의 삶을 축복하는 문화

앞에서 살펴보았듯 일본에서는 이미 장수의 비밀을 찾아낸 듯하다. 일본 남성과 여성 모두 세계에서 가장 긴 기대수명을 누리고 있으며, 일본에는 다른 어떤 나라보다 많은 백세인과 초백세인이 살고 있다.[46]

세계 최고령자는 일본인 여성 다나카 가네로, 비행기가 최초로 하늘을 나는 데 성공한 해에 출생했다. 현재 118세인 그녀는 오키나와 지역의 북쪽, 규슈에 위치한 후쿠오카에 산다.(다나카 가네는 2022년 4월 19일에 119세로 사망해 세계에서 두 번째로 장수한 인물이 되었다—옮긴이)

오키나와라는 지명에 '노인' 또는 '공경'을 의미하는 한자 '오키나翁'가 포함되어 있다는 사실은 별로 놀랍지 않다. 고령은 일본 문화에서 숭배의 대상이기 때문이다. 61세, 77세, 88세, 90세, 99세, 100세, 그리고 누구나 동경하는 120세가 되면 사람들은 특별한 선물을 받는다.[47](반면 서양에서는 고령자의 생일에 음침한 농담을 하거나 암울한 생일 카드를 보낸다.) 해마다 돌아오는 노인의 날이면 정부는 모든 백세인과 초백세인에게 수표를 보내고, 현마다 최고령 주민을 위한 잔치를 벌인다.

최근에 열린 잔칫날에, 가네가 사는 도시의 시장은 그녀가 가장 좋아하는 보드게임인 오셀로 형태의 거대한 케이크를 선물했다. 가네의 오셀로 실력이 얼마나 뛰어난지 알면서도 시장은 그녀에게 한 판 붙자고 제안했다. 취재진의 관심을 끌기 위해 그들은 케이크를 게임판으로 사용했다. 시장은 그리하면 재시합을 피할 수 있으리라는 것을 알았다. 영리한 선택이었다. 가네는 지는 것을 워낙 싫어해서 이길 때까지 상대에게 몇 번이나 다시 하자고 조르기 때문이었다. 나중에 가네가 세계 최고령 생존 인물이 되었을 때도 같은 시장은 행사에 참석했다. 그는 가네가 땅에 엎드려 절하며 군중에게 지금이 그녀의 평생에서 가장 행복한 순간이라고 말하는 모습을 지켜보았다.[48]

일본에서 초백세인의 삶은 이렇다. 연예인처럼 대접받는다. 가네는 일본 TV의 단골 출연자다. 최근에는 시대극과 매주 세

나이가 든다는 착각

명의 유명인 게스트가 출연하는 리얼리티 쇼에 등장했다(가네는 유명 코미디언, 인기 모델과 함께 출연했다). 감동을 주는 실화를 주로 다루는 프로그램에 증손녀와 함께 출연한 적도 있다.

요즘 가네는 서예, 일기 쓰기, 종이접기, 보드게임을 하며 시간을 보낸다. 날마다 모여 수학 문제를 풀고 신체 활동을 하는 수학 동아리도 나간다.[49]

일본에서 장수를 그토록 우러르는 이유는 무엇일까? 일본 최고령자들의 수명을 검증하는 기관에서 일하는 야마모토 유미를 만났을 때, 그녀는 내게 자신의 증조할머니이자 역할모델인 나카치 시게요 이야기를 해주었다. 시게요는 당시에 115세로, 세계에서 다섯 번째로 나이가 많은 사람이었다. 일본의 초백세인들을 면담하면서, 유미는 모두가 증조할머니처럼 노화를 긍정적으로 보고 가족의 인정과 존경을 고맙게 생각한다고 느꼈다.

유미의 상사인 미국인 로버트 영은 지난 16년 동안 《기네스북》에 세계 최고령자로 등재할 노인들의 나이를 검증하는 일을 했다. 전 세계를 상대로 세심한 조사를 벌여야 하는 바쁜 작업이었다. 나무와 달리 인간에게는 연령을 보여주는 나이테가 없기 때문에 그는 오래된 사진으로 남은 신분증과 출생 기록, 곰팡이 슨 결혼 증명서를 찾아 수명을 검증해야 한다. 일본에서 장수를 높이 평가하는 이유가 무엇인지 로버트에게 물었더니, 그는 예상했던 질문이라는 듯 미소를 지었다. "문화죠. 문화 때문입니다." 그는 이어서 내게 그 나라의 뿌리 깊은 유교 사상에 대해 설명했다. 유교 때문에 일본에는 예로부터 최고령 구성원들을 깊이 존경하고, 그들의 훌륭한 조언과 값진 안목을 소중히 받아들이는 문화가 정착했다는 것이다.

긍정적인 연령 인식을 가진 문화에서는 이런 연령 인식이 보통 윗세대에서 아랫세대로 확산되었다. 일본에서는 나이 든 사람들만 노화에 대해 좋은 인식을 가진 것이 아니다. 어린이들도 노인들과 시간을 보내는 것을 즐기고 기대하도록 배운다. 손주들이 조부모와 함께 살거나 가까이 살며 특별한 유대감을 쌓는 경우가 많다. 아이들을 위한 이야기책에는 행복과 만족을 전파하는 노인이 자주 출현한다. 다정하고 건강한 인물로 그려지는 '지짱'과 '바짱', 곧 할아버지와 할머니가 나오는 이런 이야기들은 대개 행복한 결말을 맺는다.[50] (미국과 유럽의 유명 동화 속 노인들과는 대조적이다. 《헨젤과 그레텔》의 악당은 아이들을 잡아먹으려고 벼르는 늙은 마녀다.)

일본은 발전되고 현대화된 나라지만 비교적 폐쇄적인 사회다. 그래서 미국이나 캐나다처럼 다양한 인종이 섞인 나라에 비하면 전통문화의 요소를 많이 간직하고 있다. 이 전통문화는 일본인의 사고와 생활 방식에 지대한 영향을 미친다.

일본의 '집단주의' 문화에서 개인들은 더 큰 사회의 구성 요소로서 서로 긴밀하게 의존한다. 반면 미국 같은 '개인주의' 문

나이가 든다는 착각

화에서는 사회 구성원의 자율성과 독립성을 중시한다.[51]

문화심리학자 헤이즐 마커스와 기타야마 시노부는 부모의 양육 방식을 예로 들며 이 문화 차이를 부각한다. "자녀에게 밥을 먹일 때 미국 부모들은 이런 말을 즐겨 한다. '굶주린 에티오피아 아이들을 생각해봐. 그 애들처럼 배를 곯지 않는다는 게 얼마나 감사한 일이니.' 반면 일본 부모들은 이렇게 말한다. '너희를 위해 벼를 키우느라 고생한 농부를 생각해봐. 네가 밥을 먹지 않으면 그 노력이 헛수고가 되잖아. 농부가 얼마나 서운하겠니.'"[52] 일본과 미국 회사에서 직원들에게 동기 부여를 하는 방법도 마찬가지다. 텍사스의 한 회사는 생산성을 높이기 위해 직원들에게 매일 출근 전에 거울을 보며 "나는 아름다운 사람이야"라고 100번을 중얼거리게 한다. 반면 일본인이 소유한 뉴저지 소재 슈퍼마켓 직원들은 서로의 손을 잡고 상대에게 "당신은 아름다운 사람입니다"라고 말해주며 하루를 시작한다.[53] 한 문화는 자신을 주로 개인으로 인식하는 반면, 다른 문화에서는 자신을 더 큰 집단의 일원으로 본다.

이런 상호의존성은 긍정적 연령 인식 문화를 촉진하고 지지한다. 68개국의 100만 명을 대상으로 한 연구에서 윌리엄 초픽과 린지 애커맨은 집단주의 문화의 구성원들은 연령차별을 노골적으로 표현하지 않고, 연장자에 대해 존경심을 품는다는 사실을 발견했다.[54] 우리의 연구에서도 이런 긍정적 인식은 구성

원의 수명을 늘린다는 결과를 얻었다.[55]

희귀해지고 소중해지다

———

그렇다면 이런 문화적 특성은 장수의 비결에 대해 무엇을 알려줄까? 몇 가지 요소들 사이의 관계를 설명하는 아래의 장수 방정식을 제안한다.

$$L = f(P, E)$$

이 방정식에서 장수(L)는 성격과 유전자를 포함하는 사람(P)과, 물리적, 사회적 환경을 포함하는 환경(E)의 함수(f)다. 연령 인식은 환경에서 시작되어 사람에게 흡수된다. 즉 개인과 문화 환경의 합작품이다.[56] 노인을 존중하는 환경도 있고, 구조적인 연령차별로 노인에게 낙인을 찍는 환경도 있다.

《기네스북》의 최고 장수 전문가인 로버트 영은 플로리다에서 태어났지만, 어린 시절부터 노인을 공경하는 일본 문화의 영향을 받았다. 그가 세 살 때, 가장 좋아하던 어른인 종조부가 세상을 떠나자, 그의 어머니는 그분이 "늙어서 돌아가셨다"고 설명했다. "그 순간에, 먼저 세상을 떠날 분들이니 노인들과 먼저

나이가 든다는 착각

친해져야겠다는 생각이 들었어요." 1년 후인 네 살 때 로버트는 지역 뉴스에서 108세 여성을 보고 깊은 인상을 받았다. 그는 그 여성이 종조부보다 훨씬 오래 산 비결이 궁금했고 나중에는 전 세계인의 수명 패턴에 흥미를 느꼈다. 10대 때부터 슈퍼 에이저에 대한 기사를 스크랩했고, 세계에서 가장 오래 산 사람은 누구일까 궁금한 마음으로 《기네스북》에 기고하기 시작했다.

하지만 그것은 초백세인들의 삶을 기록하려는 열정으로 끝나지 않았다. 머잖아 로버트는 이 노인들이 점점 더 희귀해지고 소중해지는 이야기와 유머, 세상을 보는 안목을 갖춘, 역사의 산 증인이라는 사실을 깨달았다. 일례로 그는 이 일을 처음 시작할 무렵, 미시시피에서 만난 115세의 베티 윌슨 덕분에 역사를 생생히 체험할 수 있었다. 고통스럽고 비장하게, 그녀는 남부 재건 시대에 노예의 딸로서 겪은 어린 시절을 로버트에게 털어놓았다. 독학으로 읽고 쓰는 법을 배웠다는 이야기, 짐 크로Jim Crow 시대(남북전쟁 후 노예 해방을 사실상 무효화하기 위해 남부의 여러 주에서 인종분리정책을 실시했던 1876~1965년을 가리킨다 —옮긴이)의 잔인함, 자신을 한평생 지탱해준 적응력과 희망에 대해 들려주었다. 그녀는 로버트에게 자신의 지팡이를 건넸다. 100년에 걸쳐 따뜻한 손들을 거치며 손잡이가 반질반질해진 그 지팡이는 노예였던 그녀의 친척들이 깎아 만든 물건이라고 설명했다. 선조들은 지금도 날마다 그녀가 세상으로 걸어 나가는 것을 돕는다는 뜻이다.

긍정적인 연령 인식이 장수에 주는 이점은 두 가지다. 장수의 가능성을 높일 뿐 아니라, 다양한 보상을 통해 충실하고 창조적인 인생을 만든다.

나이가 든다는 착각

7

우리의 창조성은 별처럼 빛난다

객관적일 수 없는 우리

얼마 전 대학에 다니는 작은딸이 긴 주말을 보내러 집에 와서는 가족들에게 새로 선택한 학문 분야에 대해 신이 나서 이야기했다. 철학과 인지과학을 전공하기로 결심했다는 딸은 새로운 분야에 뛰어든 사람 특유의 기대감이 충만했다. 그 아이는 이 분야가 우리의 세계관에 대해 무엇을 알려주는지 설명하겠다며 저녁 식사 자리에서 마커와 냅킨을 쥐고 두 가지 형태의

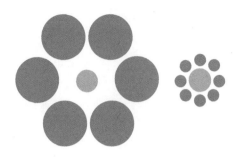

데이지를 그렸다. 하나는 큰 꽃잎 여섯 개, 다른 하나는 작은 꽃잎 여러 개를 가진 데이지였다. "가운데 동그라미 두 개 중에 어느 것이 클까요?" 딸아이가 물었다.

나는 망설임 없이 오른쪽 그림을 가리켰다. 그 중심 원이 왼쪽 그림보다 두 배는 더 커 보였기 때문이다. 내 딸은 슬며시 웃으며 냅킨을 쥐고 두 중심 원의 지름에 선을 긋더니 냅킨을 반으로 접어 두 선을 나란히 놓았다. 선의 길이는 같았다. 다시 말해 두 원은 정확히 같은 크기였다.

당신에게는 익숙한 착시 현상인지도 모른다. 이제는 나도 독일의 심리학자 헤르만 에빙하우스가 처음 증명한 이래로 200년 넘게 속아온 사람들의 대열에 합류하게 되었다. 이 착시 그림은 오늘날까지도 우리가 주변 환경에 대한 정보를 처리할 때 뇌가 빠지기 쉬운 함정을 설명하는 데 이용된다.

내가 이 착시 그림을 좋아하는 이유는 우리의 지각이 맥락에

나이가 든다는 착각

어떻게 영향을 받는지를 보여주기 때문이다. 이 경우 꽃잎의 크기는 중심에 놓인 원을 인식하는 방법에 영향을 준다. 이 착시의 흥미로운 점은 또 있다. 아이들은 대체로 착시에 빠지지 않는다는 것이다. 다시 말해 착시는 우리가 오랜 시간 세상을 살아가면서 습득하는 지각에 생긴 결함이다. 이런 현상은 상황이나 환경에 민감한 성인들에게 강하게 나타난다.[1]

사회심리학의 혁명적 하위 분야인 뉴룩New Look에서는 사물이나 사건에 대한 우리의 인식이 보이지 않는 사회 문화적 힘에 어떤 영향을 받는지를 연구한다. 이 분야의 개척자는 양쪽 눈에 백내장을 가지고 시각장애인으로 태어난 심리학자 제롬 브루너다. 두 살이 되어서도 그의 시력은 회복되지 않았다.[2] 그는 우리가 세상을 어떻게 인식하는지 이해하는 데 평생을 쏟았다. 가난한 환경의 어린이들이 부유한 환경의 어린이들보다 동전을 훨씬 크게 인식한다는 연구는 잘 알려져 있다.[3] 이 결과는 감각과 지각에 대한 기존 연구를 뒤집었다. 오랫동안, 아니 오늘날까지도 우리는 꽤 객관적인 방식으로 세상을 인식한다고 자부하기 때문이다. 하지만 우리의 믿음과 경험은 우리가 누구인지, 우리가 세상을 어떻게 보는지에 영향을 미치는 것으로 밝혀졌다.

물체의 크기와 길이에 대한 인식 또한 동료들의 압력과 우리의 순응 욕구에 영향을 받을 수 있다는 솔로몬 애시의 연구는 잘 알려져 있다. 뇌 스캔을 이용한 후속 연구에서는 사회적 압력하에서 판단을 내릴 때 사람들은 단순히 '순응하기 위해' 사물을 다르게 보는 척하는 것이 아니고, 사회적 압력에 의해 사물의 크기와 길이를 인식하는 뇌 부위에 변화가 생긴다는 사실이 밝혀졌다.[4]

나는 연령 인식이 지각에도 영향을 미칠 수 있음을 발견했다. 무의식적으로 나이 고정관념이 점화된 참가자들은 사람과 물체(구겨진 냅킨)가 동물처럼 보인다고 상상하는 가상의 73세 여성에 대한 짧은 설명을 읽었다. 부정적인 나이 고정관념에 노출된 사람들은 그녀의 몽상을 치매의 징후로 보았고, 긍정적인 나이 고정관념에 노출된 사람들은 그것을 창의성의 징후로 보았다.[5]

연령 인식이 우리의 지각뿐 아니라 청각 같은 감각기관과 창조적 과정을 사용하는 능력에 영향을 미칠 수 있을까? 이 장의 나머지 부분에서는 그 관계에 대해 살펴본다.

이스터섬의 미스터리 노인들

1980년대에 마르코스 고이콜레아라는 칠레의 이비인후과 의사는 거대한 머리를 지닌 신비한 모아이 석상으로 유명한 이스터섬으로 여행을 떠났다. 이 섬에 거주하는 노인들의 뛰어난 청력이라는 또 다른 미스터리를 조사하기 위해서였다. 그는 이 섬에서 일생을 보낸 사람들이 남미 본토에서 잠시 살았던 사람들보다 청력이 훨씬 좋다는 사실에 주목했다(칠레가 1888년에 이스터섬을 합병하면서 꽤 많은 인구가 섬에서 본토로 이주했다). 고이콜레아는 일상 소음의 큰 차이 때문에 생기는 결과라 추측했다. 이스터섬은 태평양 한가운데의 조용하고 외딴 섬이었지만, 칠레는 급속히 도시화되어 기계 소리, 자동차 경적 소리, 그 밖의 도시 소음이 가득했다.[6]

하지만 나는 그의 연구 결과를 보고 우수한 청력의 원인을 다르게 설명할 수도 있겠다고 생각했다. 혹시 연령 인식의 영향을 받은 것은 아닐까? 인류학 문헌을 샅샅이 뒤진 끝에, 나는 태평양의 주민들의 연령 인식은 옛날부터 긍정적이었지만, 남미의 연령 인식은 부정적으로 변하고 있다고 느꼈다.[7]

내 이론을 검증하기 위해 우리는 뉴헤이븐 지역의 노인 500명 이상을 면담했다.[8] 간호사들이 귓구멍 안에서 다양한 신호음(일상 언어에 사용되는 음조 범위에 해당하는 소리)을 내는 휴대용 오디오 스코프를 가지고 노인들의 집을 찾아갔다. 참가자들은 삐 소리가 나면 손을 들어달라는 요구를 받았다. 연구 시작 무렵 연령 인식이 긍정적이었던 노인은 부정적이었던 노인보다 이후 3년 동안 신호음을 더 많이 들었다. 사실 연령 인식이 가장 부정적인 사람들은 가장 긍정적인 사람들보다 3년간 청력 감소

율이 12퍼센트나 높았다. 연령 인식은 흡연처럼 잘 알려진 요인들보다 청력을 더 정확히 예측하는 변수였다. 노년기의 감각 인식 변화는 흔히 생물학적 작용으로만 결정된다고 여겼지만, 문화의 영향도 받는다는 증거가 나온 것이다.

그 이후 다른 연구자들도 비슷한 결론을 얻었다.[9] 심리학자 새러 바버는 고령의 참가자들에게 두 가지 이야기 중 무작위로 하나를 읽게 했다.[10] 첫 번째는 헤드폰으로 시끄러운 음악을 듣는 젊은이들의 청력이 손실되고 있다는 이야기였다. 두 번째 (가짜) 이야기는 노인이 되면 전부 청력을 잃는다는 내용이었다. 첫 번째 이야기를 읽은 참가자보다 두 번째 이야기를 읽은 참가자 중에 청력 문제를 보고한 사람이 많았다.

처음 만들어보는 음악

이스터섬의 폴리네시아 문화에서만 나이 고정관념과 소리의 관계가 부각되는 것은 아니다. 대중음악 역시 노화에 대한 두려움으로 가득 차 있다(롤링스톤스의 〈늙는다는 건 얼마나 끔찍한지〉, 미란다 램버트의 〈빌어먹을 중력〉, 후의 〈늙기 전에 죽고 싶어〉를 들어보자). 하지만 좀 더 긍정적인 연령 인식을 옹호하는 음악계의 하위문화도 얼마든지 있다.[11] 소니 롤린스와 앨런 투생 같은 재즈계의 거장들은 70~80대까지 무대에 섰다. 사실, 음악 분야에는 나이가 들수록 실력이 발전하는 듯한 연주자가 차고 넘친다. 82세의 싱어송라이터 메이비스 스테이플스나 아흔에 첫 오페라를 작곡하면서 다시 폭발한 창의력이 세상을 떠난 103세까지 지속되었던 작곡가 엘리엇 카터를 예로 들어보자. 내가 개인적으로 가장 좋아하는 레너드 코언이 82세에 발표한 지극히 아름다운 마지막 앨범 〈더 어두워지길 바라신다면〉은 몇 주간 차트 정상에 머물렀다.

만년의 성공 사례가 워낙 많기 때문에 음악가들은 감각과 인지능력이 갈수록 쇠퇴한다는 고정관념에 얽매이지 않는다. 노후에 그들의 청력이 음악가가 아닌 일반인보다 실제로 좋은 이유는 그 때문일 것이다. 나이 든 음악가들은 시끄러운 환경(이를테면 아주 소란스러운 식당)에서 들리는 말소리를 40퍼센트나 더 알아듣고, 보통의 70세 음악가는 음악가가 아닌 보통의 50세만큼 청력이 좋다.[12]

노년기의 우수한 청력은 연령 인식과 관계가 있을 것이다. 자신의 분야에서 역할모델이 될 만한 원로들을 많이 아는 음악가들은 나이가 들어서도 공연에 열정을 쏟을 수 있다. 음악적 경험, 또는 조류 관찰처럼 능동적인 방식으로 소리와 진지하게 상호 작용하는 활동을 하며 소리를 해석하고 의미를 만드는 데 뇌의 관련 부위를 집중시키면, 청력이 향상되고[13] 결국 다시 긍정적인 연령 인식이 강화된다. 그렇게 보면 많은 노인 음악가들이 죽는 날까지 영민한 정신을 유지하고 곡을 술술 써내는 것도 별로 놀랍지 않다.

노스웨스턴대학교의 청각신경과학 연구소를 이끌고 여가 시간에 전자기타를 연주하는 니나 크라우스는 음악과 함께하는 삶이 청력에만 영향을 주는 것은 아님을 깨달았다. 작곡은 우리의 감각과 인지 기관뿐 아니라 뇌, 주의력, 기억력과도 관계가 있다. 그 결과 꾸준히 음악을 만드는 사람들의 뇌에는 더 심오한 변화가 생긴다. 니나에 따르면 악기의 종류, 음악 장르(노래 포함), 전문 지식의 수준은 관계없다. 그녀는 시카고의 블루스 전문 음악가들과 아마추어 하모니카 연주자들의 두뇌에서도 같은 능력을 발견했다. 노년기에 처음으로 음악을 만들기 시작해도 뇌와 청력 발달에 도움이 되었다. 니나에 따르면 고령의 음악가들은 음악에 더 민감한 귀와 다양한 유형의 소리를 더 효과적으로 처리하는 뇌를 갖는다.[14] 시끄러운 배경에서 특정한 소리를 분리하는 능력처럼 음악가들이 평생을 단련해야 하는 기술은 6주간의 컴퓨터 기반 음향 훈련만으로도 익힐 수 있었다. 이런 개입은 노인들의 청력을 크게 개선한다.[15]

니나가 연령 인식이나 그것이 청각뇌에 미치는 영향을 연구한 것은 아니지만, 그녀의 발견에 따르면 주위 환경에서 긍정적 연령 인식을 받아들이는 경우 노년에 청력 등의 감각이 개선될

나이가 든다는 착각

수 있다고 한다. 만약 그런 인식이 스트레스를 줄이고 음악과 친해지는 데 기여한다면 개선될 가능성은 더 커진다.

여러 세대가 함께 음악을 만드는 것 같은 의미 있는 활동도 긍정적 연령 인식을 강화할 수 있다.[16] 내 남편은 다른 세대의 사람들과 어울려 동네 관현악단에서 바이올린을 연주한다. 내 딸들은 여러 세대가 섞인 실내악단에서 연주를 하며 성장했다. 전문 음악가인 딸들의 할머니와 할아버지도 같은 악단에서 활동 중이다. (내 음악 실력은 어릴 때 배운 아주 간단한 피아노곡을 몇 곡 연주하는 수준에 불과하지만, 내 가족이 함께 연습하고 연주하는 음악을 듣는 것은 행복하다.) 젊은 음악가와 고령의 음악가가 함께 연주하는 집단에서, 많은 경험과 지식을 쌓은 구성원들이 존경을 받는 것은 당연하다.

금빛 찬란한 마지막 10년

서양에는 어린아이들은 새로운 정보를 잘 받아들이고 생각이 유연한 반면 나이를 먹을수록 엄격해지고 완고해지고 무감각해진다는 문화적 인식이 널리 퍼져 있다. 하지만 부커상을 수상한 영국 작가 퍼넬러피 라이블리는 87세의 나이에 이런 글을 썼다.

나는 지금 그 어느 때보다 세상을 민감하게 느낀다. 내가 보고 듣고 감지하는 모든 것이 더없이 생생하다. 봄 햇살을 만끽하고, 정원에 핀 크림색과 보라색의 헬레보어 꽃을 감상한다. 라디오에서 선택적 낙태의 윤리성을 두고 벌어지는 토론을 들으며 간혹 끼어들기도 한다. 전화로 듣는 사랑하는 이의 목소리는 큰 기쁨을 안겨준다. 나이가 들면서 커다란 변화, 감성의 변신을 겪는다. …… 봄이 이토록 강렬했던 적도, 가을이 이토록 금빛 찬란했던 적도 없었다.[17]

자신의 이름에 걸맞게 라이블리는 관능과 촉각을 한껏 동원하여 화사한 세상을 묘사한다. 그녀는 40권 이상의 책을 발표했는데, 그중 네 권은 생애 마지막 10년 사이에 집필했다. 두 권의 회고록은 그녀의 노년이 감각으로 가득할 뿐 아니라 풍부한 성찰과 생산으로 채워진 시기였음을 드러낸다.

존 에릭슨이 88세에 발표한 《지혜와 감각: 창의성의 길》에서 주장하듯이 노년의 창조성은 감각을 먹이 삼아 다시 감각을 살찌운다. 빈에서 장차 남편이 될 에릭을 만난 당시 전문 무용수였던 그녀는 성인기 내내 예술과 창의력, 그것들이 인간의 발달에 미치는 영향을 깊이 고민했다.

어떻게 하면 일평생 생생하고 날카로운 감각을 채우고 지키고 다질 수 있을까? 필요한 몰입을 유도하고 삶을 널리 풍요롭게 하는, 보편적이고 전통적인 활동은 무엇일까? 그 답은 당연히 창작 활동이다. 특히 예술을 지향하는 창조 행위를 평생 꾸준히 이어가면 이런 성취감을 얻을 수 있다.[18]

퍼넬러피 라이블리와 존 에릭슨의 견해를 근거로, 나는 노년의 삶에서 긍정적인 연령 인식, 창의력, 감각적 경험 사이에 선순환이 존재할 수 있다고 믿는다. 낸시 리지를 만나보면 내 말이 무슨 뜻인지 알게 된다.

미로의 중심 찾기

낸시 리지는 마치 옛날이야기 속의 지명 같은 버몬트 노스웨스트 킹덤에 사는 63세의 예술가다. 그녀를 만난 때는 2월이었다. 미국 북동부 전역에 두꺼운 눈이 쌓여 있을 시기였다. 하지만 낸시는 눈 오는 날 학교를 마치고 집으로 돌아오는 어린아이처럼 행복해 보였다. 겨울은 그녀가 가장 좋아하는 계절이다. 고요해서 명상에 빠지기 좋고 싸늘해서 활력을 되찾기 좋다. 그녀는 지난 30년 동안 해마다 명상을 할 수 있는 원형 산책로 형태의 미로를 만들었다.

보행자들이 평온을 누리고 정적에 귀 기울이고 중심을 찾도록 도와주는 통로는 현대 사회에서 채우기 어려운 욕구를 만족시킨다. 겨울이면 낸시는 눈 위에다 '눈신 두 짝 너비'의 미로를 만든다. 그 정도 공간이면 누구든 지나갈 수 있다고 그녀는 설명한다. 여름에는 그곳의 풀을 깎고 통로에 칠면조 깃털을 뿌린다.

우리가 만났을 때 낸시는 그린즈버러 사람들을 위해 다섯 개의 미로를 완성한 상태였다. 그렇게 많은 미로를 한꺼번에 만들기는 처음이었다. 가장 최근에는 동네 학교 앞에 미로를 세웠다. 이 마을의 5, 6학년 학생들은 교실 창문에서 그녀가 한 주 내내 미로를 만드는 모습을 지켜보다가 다양한 연령대의 사람들과 함께 그 안에서 산책을 즐겼다. (우리는 이 책의 '후기'에서 다시 그린즈버러의 미로로 돌아갈 예정이다.)

수천 년 동안 미로는 자바, 호주, 네팔 등 다양한 지역에서 동전, 암각화, 들판, 화분, 바구니 등을 장식했다. 여러 전통 문화에서 미로는 조상들과의 강한 유대감, 조상들이 돌아간 곳으로 이어주는 상징적인 길을 의미했다.[19]

낸시가 자신의 작품을 묘사할 때, 나는 색색의 모래 알갱이를 조심스레 떨어뜨려 복잡한 기하학적 무늬를 그리는 티베트의 승려들을 떠올렸다. 3년이 걸릴 수도 있는 만다라가 마침내 완성되면 스님들은 인생의 무상함을 일깨우기 위해 그것을 뭉개버린다. 낸시도 같은 이유로 미로를 세우는 작업에 매력을 느

나이가 든다는 착각

낀다. 겨우 몇 주, 길어야 한 철만 지속되는 미로를 만들면서 그녀는 현재에 충실할 수 있다. 묵직한 돌로 미로를 만드는 사람들도 있지만, 눈을 파서 만든 미로는 눈보라 한 번으로도 무너질 수 있기에 더 마음이 간다.

낸시는 중심이라는 개념에 매료되었다. 그녀는 인근 지역을 둘러보며 미로의 중심을 가장 먼저 결정한다. "그저 눈을 감고 중심이 어디에 있는지를 몸으로 느낍니다." 다음으로 "땅, 지형, 경사와 바람, 인근의 소리, 외부 경계를 느끼기 위해" 주위를 둘러본다. 조금 더 걸으며 이따금 눈을 감고 통로의 방향과 크기, 모퉁이를 선택한다. 그녀는 자신의 창조적 과정을 매우 직관적이라고 표현한다.

낸시와 한참 대화를 나누다가 어린 시절에 대해 질문했더니 그녀는 자신의 조부모님 이야기를 들려주었다. "할머니, 할아버지는 균형, 고요, 그냥 **존재**하는 것 등 저를 매료시킨 품성, 제게 필요했던 성향을 풍부하게 지닌 분들이었어요." 낸시는 부모님을 사랑했지만 두 분이 조금 여유를 갖고 "다람쥐 쳇바퀴 돌 듯 하는 삶에서 벗어나기를" 바랐다. "생계를 꾸려야 했기 때문"이라는 건 인정하지만, 인생을 대하는 부모님의 태도는 가까이 사시는 조부모님과는 달라도 너무 달랐다. 할머니와 할아버지 역시 바쁜 분들이었지만(인근 고아원에서 봉사하는 단체를 운영하셨다), "너무 많은 일을 해내려고 정신없이 움직이는 것이 아니라,

가만히 있어도 편안해하는 분들이셨죠." 그녀는 뿌듯하게도 갈수록 그분들을 닮아가고 있었다.

나이가 들면서 낸시는 대칭과 균형에 관심을 갖게 되었다(다닥다닥 붙은 원 사이에 구불구불 이어진 길로 구성되는 미로에서는 중요하게 고려해야 할 사항이었다). 그러자 그녀의 미로는 한층 더 훌륭해졌다. 낸시는 그것이 자신이 되고 싶은 인간형, 즉 지역 사회에 기여할 방법을 찾고 "그저 조금 더 생기 있게 존재하며" 집밖에서 많은 시간을 보내는, 조부모님 같은 사람이 되는 것과 비슷하다고 느꼈다.

우리의 첫 만남 이후 낸시는 내게 최근에 만든 미로 사진과 더불어 그녀가 노인들을 존경하는 이유를 설명하는 메시지를 보내왔다. "노인들은 우리가 세상을 살면서 따라야 한다고 배우는 경계나 벽, 다시 말해 '규칙'을 뛰어넘을 수 있지요. 노인들을 보면서 우리의 진정한 자아, 우리의 진정한 존재로부터 멀어지게 하는 암묵적인 규칙들을 잊을 수 있다는 희망을 발견합니다." 그녀는 베네딕트 수도회의 연로한 수사 데이비드 스타인들-라스트David Steindl-Rast의 말을 인용하며 편지를 맺었다. "그대가 공중에 흩날리는 눈송이의 움직임을 들을 만큼 고요해져 내면의 침묵을 평온한 기대로 바꾸기를."

경험이라는 깊은 우물

68세의 헨리 롱펠로는 보든 칼리지 50회 동창회에서 연설을 요청받고, 이 행사를 위해 지은 시를 낭독했다.

너무 늦었다! 아니, 너무 늦은 건 아무것도 없지

지친 심장이 멎을 때까지는……

초서는 우드스톡에서 꾀꼬리를 곁에 두고

예순에 캔터베리 이야기를 썼지.

괴테는 바이마르에서 뼈를 깎는 노력으로

여든에 《파우스트》를 완성했거늘……

그래서 어쩌라고? 그저 가만히 앉아서 빈둥거리며

밤이 찾아왔으니 더 이상 낮이 아니라고 푸념이나 하리?……

우리에겐 아직 할 일이 남아 있네

늙디늙은 나무도 열매를 맺듯이……

나이는 비록 다른 옷으로 갈아입었지만

젊음에 못지않은 기회이기에

저녁에 황혼이 걷히면

낮에는 보이지 않던 별들이 총총하기에.

150년 전에 쓰인 시인데도 그 안에 담긴 주장과 우려는 오늘날과 다르지 않다. 노년은 어떤 기회도 주어지지 않는 시기라는 인식을 롱펠로는 온화하지만 단호하게 반박한다. 오히려 그는 기회가 처음으로, 새로운 형태로 찾아올 수 있다고 주장한다.

노년기의 창의성을 연구하는 캘리포니아의 심리학자 딘 사이먼턴은 여러 시대와 문화 집단에 속하는 '창조적인 사람들'을 조사한 결과 "총 사격 횟수와 명중률은 나이가 들어도 변하지 않는다"는 사실을 밝혔다.[20] 다시 말해, 창작물의 품질은 우리의 평생에 걸쳐 일정하게 유지된다는 뜻이다. 게다가 '대기만성형 인간'[21]이나 만년에 정점에 오르는 '창조적 인간'의 예는 얼마든지 찾을 수 있다. 어느 분야를 선택하느냐에 따라 조금씩 달라지는데, 이론물리학이나 순수 수학 같은 영역은 절정이 일찍 찾아오는 반면, 역사나 철학처럼 축적된 지식을 기반으로 하는 분야는 최고 수준에 달하는 시기가 대체로 늦다. 철학자 이마누엘 칸트Immanuel Kant의 경우 50대 후반부터 60대에 가장 중요한 저작물을 다수 집필했다.

나이가 많을 때의 뚜렷한 장점 한 가지는 경험이다. 바이올리니스트 아놀드 스타인하트Arnold Steinhardt는 그가 속한 과르네리 사중주단의 동료 연주자들이 나이가 들면서 작곡가의 감정에 더 민감해졌다고 느꼈다. 이는 과학자들이 발견한 사실과도 일치한다. 즉 우리는 나이가 들수록 타인의 감정을 더 잘 읽게 된다.[22] 연주자로 활동하면서 이 사중주단은 유난히 잊히지 않는 인상적인 작품 한 곡을 수백 번 연주했다. 그 곡은 바로 슈베르트가 사망한 해인 1824년에 작곡한 〈죽음과 소녀〉였다. 20년의 간격을 두고 녹음된 두 개의 음반을 듣다가 스타인하트는 이 악단의 연주 방식이 눈에 띄게 발전했다고 느꼈다. 세월이 흐르는 동안 사중주단은 죽음을 앞둔 작곡가의 의도를 더 정확히 표현하기 위해 3악장과 마지막 악장에서 박자를 차츰 늦추었다. 스타인하트는 이런 의문을 품었다. "그토록 여러 번 연주를 했는데도 우리의 실력이 아직 늘고 있다는 것에 반가워해야 할까, 아니면 오랫동안 적절한 박자조차 정하지 못하고 연주를 했다는 것에 실망해야 할까? 어쩌면 지금의 박자는 그 전에 거쳐온 모든 과정의 결과물인지도 모른다."[23]

예술사학자와 창조성을 연구하는 학자들은 노년의 양식, '알터스틸Alterstil'이 실제로 찾아온다는 증거를 발견했다. 예술가가 노년에 이르면 작품의 기법, 정서적 분위기, 주제 등에 급격한 변화가 나타난다는 뜻이다.[24] 그들은 극적인 효과의 증가, 육감에 따르는 노련한 접근, 폭넓은 시야, 직관과 무의식에 기대는 경향을 알터스틸의 특성으로 보았다. 화가 벤 샨Ben Shahn이 66세에 설명했듯, 창조적 과정이라는 정신적 삶에 대한 인식도 갈수록 깊어진다. 그는 점점 더 많은 것을 "의식의 가장 까마득하고 깊숙한 공간에서 끌어냈다. 우리가 고유하고, 자주적이며, 가장 온전한 인식을 간직하는 곳이 바로 그곳이기 때문이다."[25]

미켈란젤로가 50년의 간격을 두고 조각한 두 점의 〈피에타〉
는 이런 '노년의 양식', 그리고 나이와 함께 성장하는 창의성을
잘 드러낸다. 그가 23살 때 조각한 성경의 한 장면은 현재 성 베
드로 대성당 입구에 전시되어 있다. 젊은 마리아가 죽은 아들
예수를 무릎에 누인 채 팔로 끌어안고 있는 모습이다.

노련한 예술가가 된 미켈란젤로는 연령 인식에서 힘을 얻었
다. 그는 만년에 "나는 아직도 배우고 있다Ancora imparo"라는 말을
남겼다.[26] 72살에도 그는 같은 장면을 조각했지만 스타일은 전
혀 달랐다. 〈피렌체의 피에타〉는 예수, 마리아, 마리아 막달레나
라는 세 인물이 서로 얽혀 있는 모습을 묘사한다. 뒤에 서서 나
머지 세 명을 받쳐주는 노인은 미켈란젤로 자신이었다. 이 예술
가는 자신의 무덤을 장식할 의도로 이 조각품을 제작했다. 첫
번째 〈피에타〉에서 마리아는 얼굴에 전혀 슬픈 기색 없이 예수
를 내려다본다. 두 번째 피에타 속 그녀는 괴로운 얼굴로 예수
를 들어 올리고 있다. 하지만 그녀 혼자서는 할 수 없다. 노인이
그녀를 돕고 있다. 그녀 혼자만의 고통도 아니다. 그들의 형체는
육체적으로나 감정적으로나 서로 얽혀 있다. 사랑과 슬픔을 훨
씬 따뜻하고 인간적으로 해석한 것이다.

바다와 빛에 대한 극적인 묘사로 유명한 19세기 영국의 풍
경화가 조지프 터너Joseph Turner도 말년에 이렇게 관점을 확대한
좋은 예다. 그의 전기 작가에 따르면, 터너는 60대에 접어들면

서 "시야가 넓어지고 구체성은 줄었다." 터너가 "사소한 세부 사항은 점점 무시하다가" 결국 "말년에는 웅장한 작품을 창작했기" 때문이었다.[27]

사진작가 조 스펜스Jo Spence는 결혼사진을 비롯한 상업사진을 주로 찍다가 50대에 의료계의 편견처럼 거대한 사회문제에 맞서는 획기적인 다큐멘터리 사진으로 전향했다. 회고록 《사진에 나를 담아》에서 그녀는 나이 든 여성으로서 병원에서의 경험을 표현한다.[28] 시끌시끌한 의대생들을 이끌고 스펜스의 침대 앞으로 다가온 의사가 그녀의 차트를 훑어보았다. 학생들에게 암이라고 선고하더니 그는 제거해야 한다는 뜻으로 그녀의 왼쪽 가슴 위에 말없이 X자를 그렸다. 스펜스는 카메라를 이용해 자신을 인간 취급하지 않은 의사의 태도에 응수하고 항의했다. 그녀가 찍은 누드 자화상 시리즈 중에는 가슴에 X자가 그려지거나 몸에 "조 스펜스의 소유물인가?"라는 의문문이 적힌 사진도 있다.

심리학자 제임스 페니베이커는 영어를 쓰는 시인, 극작가, 소설가 10인이 지난 500년 사이에 남긴 창작물을 언어학적으로 분석한 획기적인 연구를 통해 작가들은 나이가 들수록 인지 복잡성이 증가한다는 사실을 밝혔다. 그는 작가들이 '깨닫다'처럼 '메타인지'나 생각에 대한 생각을 나타내는 단어를 어떻게 사용하는지 분석하며 연구를 진행했다. 페니베이커가 보기에 작가들의 언어 사용은 노화와 "매우 인상적인" 관계가 있었다. 나이가 들면서 인지 복잡성이 증가한 예로, 그는 미국의 시인 에드나 세인트 빈센트 밀레이Edna St. Vincent Millay와 영국의 소설가 조지 엘리엇George Eliot을 지목했다. 이 여성들은 "장르, 국적, 활동한 시대"가 달랐지만 나이가 들면서 발전하는 모습을 뚜렷하게 보여주었다.[29]

마찬가지로 심리학자 캐럴린 애덤스-프라이스는 고령의 작가들의 경우 감정적 의미를 전달하는 데 좀 더 공을 들이지만 젊은 작가들은 다소 건조하게 표현하는 경향이 있다고 보았다.[30] 그녀는 같은 수의 젊은이와 노인으로 구성된 집단을 대상으로, 나이를 밝히지 않은 작가 12명의 작품을 평가하라고 요구했다. 연령과 관계없이 독자들은 고령의 작가들이 쓴 글이 더 고급스럽고 심오하고 "감정 공명"을 더 많이 일으킨다고 평가했다. 애덤스 프라이스는 이렇게 결론을 내렸다. "노년기에 쓴 글에는 노년기 사고의 긍정적인 측면인 통합, 성찰, 지혜가 반영된 듯하다."[31]

만년 예술가들의 전성기

나이 든 예술가가 만년에 자신을 재창조하여 대성공을 거

나이가 든다는 착각

두는 사례도 적지 않다. 피아니스트 아르투르 루빈슈타인Arthur Rubinstein은 과거처럼 손가락을 건반 위에서 빨리 움직일 수 없다는 사실을 깨닫고 음악에 접근하는 방식을 바꾸었다. 그는 악구의 구분을 바꾸어 극적인 순간에 이르기 전에는 속도를 늦추었다가, 절정부에서 속도를 높이는 식으로 연주했다.[32] '모지스 할머니'로 널리 알려진 미국의 민속화가 애나 메리 로버트슨 모지스Anna Mary Robertson Moses는 70대 후반까지 수를 놓다가 손가락에 관절염이 생기면서 그림을 시작했다. 그녀는 101번째 생일을 맞을 때까지 하루도 빠짐없이 그림을 그렸다. 비록 늦은 나이에 시작했지만 오래도록 작가 생활을 하면서 1,000편이 넘는 작품을 남겼다.[33] 앙리 마티스Henri Matisse는 수술 후 이젤 앞에 서 있기가 힘들어지자, 인생의 마지막 10년 동안은 가위를 이용해 화사하고 역동적인 종이 오리기를 했다. 그는 이런 재창조 시기를 '나의 두 번째 인생'이라 불렀다.[34] 비평가들은 이 무렵을 그의 예술성이 가장 빛났던 시기로 본다.[35]

하워드 가드너Howard Gardner는 "금세기의 방향을 바꾼" 창조적인 노인 7인의 삶을 분석해 그들이 어떻게 노년에 심오한 변화를 만들었는지 설명한다.[36] 이를테면 프로이트는 의학 사례 연구에 대한 글을 쓰다가 문화와 문명의 개념을 폭넓게 탐구하는 방향으로 전환했다. 미국 무용을 재건하고 현대 무용에 풍성한 감정 표현을 더한 마사 그레이엄Martha Graham은 75세에 무용수를 은퇴했다. 그 후 79세에 무용단의 감독이자 안무가로 돌아와 이 예술 분야에 심오한 유산을 남겼다.

예술가들은 은퇴 시기가 다가오면 더 회춘하는 경향이 있는 데, 이런 현상을 '백조의 노래'라 부른다.[37] 미국 작가 헨리 로스Henry Roth는 28세에 첫 소설 《잠이라 부르자》로 큰 성공을 경험했지만 그 후 45년간 아무것도 쓰지 못하다가 70~80대에 **여섯** 권의 소설을 맹렬하게 써냈다. 그는 글을 쓰면서 자신의 과거와 미래를 생각하다가 이제는 지난날의 회한과 앞으로 다가올 죽음을 순순히 받아들일 수 있겠다고 느꼈다. 만년의 글쓰기는 그의 소설 《굴레로부터》 속 주인공의 말마따나, "나의 남은 미래…… 나의 생존과 참회로 통하는 창문이 되었다"[38]

정신건강에 대한 논의에서도 지적했듯이, 인생에서 의미를 찾으려는 의지와 정서 지능은 나이가 들면서 발달한다. 이는 우리의 창작열을 부추길 강한 연료가 된다. 만년에 인생의 의미를 찾으려는 욕구는 새롭고 놀라운 창작물로 나타날 수 있다.

관계를 바꾸고 넓혀라

69세가 되었을 때 무용가이자 안무가인 리즈 러먼Liz Lerman은 창작 환경을 바꿀 방법을 찾고 있었다. 그녀는 남편에게 이런

나이가 든다는 착각

우스갯소리를 했다. "직업을 바꿔야겠어. 집도 바꾸고, 남편도 바꿀 테야." 남편은 그대로 두었지만 나머지 둘은 결국 바꾸었다. 볼티모어, 메릴랜드, 피닉스, 애리조나 등지를 옮겨 다니다가 그녀는 애리조나주립대학의 무용 교수가 되었다. 그때부터 리즈는 사람들의 창조성을 회복시킬 방법을 고민하다가 실제로 도움을 줄 방법을 찾았다. 창의력을 자극하기 위해 인생을 완전히 갈아엎을 필요는 없다고 리즈는 설명한다. 사람들과의 관계를 바꾸거나 넓히는 것으로 충분하다.

대학원에서 나는 리즈와 함께 매우 혁신적이고 열정적인 댄스 워크숍을 개최한 적이 있다. 30대인 리즈가 다른 고령의 댄서 세 명과 함께 춤추는 사진을 그때부터 내 책상 위에 쭉 간직하고 있다. 그래서인지 그녀의 창조적 과정에 대해 들으면서, 나는 글을 쓸 때마다 내 곁에 있어주는 오랜 친구와 대화를 나누는 기분이었다.

"춤이 어디서 발생하는지, 누가 춤을 출 수 있는지를 재정의"한 공로로 맥아더 '천재상'을 받은 리즈는 긍정적 연령 인식과 창작 활동의 시너지를 보여주는 좋은 예다. 그녀는 베닝턴대학을 졸업하자마자 노인들과 함께 춤을 추기 시작했고, 어머니를 여읜 후 지독한 상실감에 빠져 있던 시절에 고령의 무용수들을 위한 작품을 처음으로 창작했다. 그녀는 슬픔을 춤에 쏟아부으며 늙은 천사들이 어머니를 천국으로 맞이하는 광경을 상상했다. 천사 역할은 고령의 무용수들에게 맡겼다. "그 작품이 그토록 성공할 줄은 몰랐어요. 꼭 만들어야 할 작품이라는 생각, 고령자들을 출연시켜야 한다는 생각뿐이었죠." 하지만 노인들을 위한 안무를 시작한 후에는 도저히 멈출 수 없었다. 그녀는 워싱턴에서 댄스 익스체인지라는 무용단을 창단했다. 이 무용단은 공감할 수 있는 이야기와 대중의 참여, 다양한 세대에 속하는 무용수들 덕분에 세계적으로 유명해졌다. 한편 서양의 전문 무용수는 연령차별의 부담 때문에 서른다섯이면 대부분 은퇴한다.[39]

그 이후로 리즈는 여러 연령대의 많은 이들을 춤으로 이끌었다. 한 번도 춤을 춰본 적 없는 노인도 있고 춤을 그만둔 적 없는 사람도 있었다. 그녀는 완벽한 기술을 가르치기보다 춤이 사람들의 몸과 자기 인식에 미치는 느슨하고 원초적이며 즐거운 영향을 알리고 싶어 한다. "이런 반응이 종종 나온답니다. '오, 이럴 수가. 나 좀 잘하는 거 같은데!'" 리즈는 이렇게 말하며 즐거운 함성을 질렀다. 전문가와 아마추어를 가리지 않고 여러 세대가 함께 춤을 추면, 노인들도 사회에 의미 있는 기여를 할 수 있다는 연령 인식을 강화하는 데도 도움이 된다고 그녀는 믿는다.

"고령의 무용수들은 각자의 나이대에 따라 독특한 동작을 표현합니다." 리즈가 설명한다. "누구든지 자신의 몸에 어울리는 동작의 언어로 생각이나 감정이 이끄는 대로 움직이면 놀랄 만큼 아름다운 결과가 나온답니다."

토머스 드와이어는 지난 30년간 리즈의 무용단에서 활동한 85세의 무용수다. 그는 한평생 보수적인 공화당원이었고, 은퇴한 해군 참전용사였다(군 생활 내내 군함에서 모스 부호 교환원으로 일했다). 자신을 "근육 없는 말라깽이"라 부르는 키 180센티미터의 이 남자는 자신이 춤과는 도저히 어울리지 않는 사람이라고 했다. "내가 춤추는 모습을 보면 춤은 누구나 출 수 있겠다는 생각이 들 걸요." 그는 댄스 수업에 참여한 적 있는 동생의 권유로 운동 수업인 줄 알고 춤을 접했다가 머잖아 푹 빠져들었다.

토머스가 가장 좋아하는 '스틸 크로싱Still Crossing'은 이민에 관한 춤이다. 리즈가 "선조의 유령들, 우리의 상상 속에 존재하는 모든 이민자들"이라 설명하는 노인들이 무대 위로 천천히 이동하는 장면으로 시작해, 노인 12명을 포함한 모든 연령대의 무용수가 무대에 오르면서 끝이 난다. 이 작품은 자유의 여신상에서 초연되었다. 다른 작품에서 토머스는 의자에 두 발을 올려놓은 채 속옷 차림으로 팔굽혀펴기 60개를 한다. 공연이 끝날 때마다 관객들이 그에게 다가와 그 나이에 어떻게 그런 공연을 할 수 있냐며 감탄한다.[40]

리즈는 도쿄에서 젊은 전문 댄서들과 춤을 처음 추는 일본 노인들이 어우러지는 프로그램에 참가한 적이 있다. 스튜디오에 들어서자마자 움츠러들던 미국 노인들과 달리 그곳 노인 무용수들은 전혀 주눅 들지 않았다. "미국에는 어딜 가든 노인을 깎아내리는 분위기가 역력해요. 노인들은 나뭇잎이 오그라들 듯 안으로 웅크릴 수밖에 없죠." 그녀는 손을 들어 올려 안쪽으로 말더니 오그라드는 나뭇잎처럼 몸을 재빨리 움츠렸다. "하지만 일단 춤을 추게 하면 노인들은 부정적인 메시지 따위는 잊고 변화를 일으킨답니다." 그녀는 다시 손을 들었다. "잠시 나뭇잎을 상상해보세요. 금방이라도 바스러질 것 같은 마른 잎이 아니라 촉촉하게 물기를 머금은 이파리를요. 나긋나긋해진 잎이 바깥으로 활짝 펼쳐지는 모습을 떠올려보세요."

하지만 춤이 고령의 무용수들을 변화시키는 이유는 단순히 몸과의 관계를 다시 생각할 기회를 주기 때문만은 아니다. 자신의 잠재력에 대한 노인 무용수들의 인식을 변화시키는 것은 여러 세대 간의 관계다. 다양한 세대가 어우러진 무용이 더 아름다운 이유는 60대와 20대 사이에 실제로 공통점이 꽤 많기 때문이라고 리즈는 말한다. "어찌 보면 양쪽 다 인생에서 큰 변화를 겪는 단계잖아요. '나는 어디로 가고 있을까? 남은 인생을 어떻게 보내야 할까?' 같은 중요한 문제를 생각하는 단계죠. 개인에게는 큰 고민거리일 수밖에 없지요." 젊은 사람들은 고등학교나 대학교를 졸업하고, 나이 든 사람들은 경력을 전향하거나 생활 방식을 변화시키는 시기다. "함께 춤을 추다 보면 아주 가까워진답니다." 그러다 보면 노년에 대한 부정적인 고정관념도 무

나이가 든다는 착각

너진다.

사람들은 대개 "다세대라 하면 유치원생과 조부모"를 떠올리지만, 리즈는 젊은 성인과 늙은 성인 간에도 서로에게 끌릴 이유가 충분하다고 본다. 많은 젊은이들이 사랑과 지지를 갈구하는 반면, 많은 노인들은 사랑과 지지를 베풀 방법을 찾는다. 리즈에 따르면 젊은이들은 노인들과 함께 시간을 보내면서 "간절히 바라던 사랑을 받고 있다고 느끼기 때문에" 실제로 변화된 모습을 보인다. 리즈는 여러 세대가 참여하는 창작 활동의 묘미는 다양한 연령대를 포용하여 함께 어울릴 수 있는 틀을 만들어주는 것이라고 믿는다.

이제 73세가 된 리즈는 지금이 인생에서 가장 생산적인 시기라고 느낀다. 가르치는 일을 계속하면서 그녀는 최근에 무료 온라인 창의성 도구('창의성의 지도책')를 설계했고, 여성의 몸을 바라보는 고정관념에 대한 춤을 창작했으며, 아프리카계 미국인 전문 댄스 그룹인 어번 부시 우먼Urban Bush Women과 함께 '변화의 유산Legacy of Change'이라는 프로젝트를 진행하고 있다. 수십 년간 경험이 쌓이면서 그녀의 숙련도와 독창성은 더욱 깊어졌다. 교육, 공연, 협력을 통해 리즈는 춤을 춰본 적 없는 사람들에게 춤의 재미를 알리고 싶다. 나이가 들수록 그녀는 다음 세대를 도울 방법을 끊임없이 고민하게 된다. "유산은 뒤를 돌아보는 동시에 앞을 내다보는 것이어야 합니다."

앞으로 나아가기 위해서는 노인들이 창의력과 생산성을 마음껏 발휘하는 데 방해가 되는 장벽이 무엇인지 따져봐야 한다. 다음 장에서 다룰 내용이 그것이다. 작가이자 사회 비평가인 제임스 볼드윈James Baldwin은 이렇게 말했다. "직면하는 것을 전부 바꿀 수는 없지만, 직면하지 않으면 아무것도 바꿀 수 없다."

나이가 든다는 착각

사악한 연령차별의 언어

왜 나이로 차별하는가

리처드 닉슨Richard Nixon 대통령의 사임으로 이어질 워터게이트 사건을 터뜨리기 3년 전, 25세의 기자 칼 번스타인Carl Bernstein은 다른 스캔들을 들추는 데 기여했다. 1969년 3월의 어느 바람 부는 날 아침, 젊은 기자는 인근 아파트를 노인주택으로 개조하는 사업에 대해 워싱턴 DC 교외 거주자들의 적대감이 커지는 현상을 주제로 정신과 의사 로버트 버틀러를 인터뷰했다. 지역

고령화 자문위원회를 이끄는 버틀러는 인터뷰하기 얼마 전에 이 지역이 예전과 달라질까 봐 노심초사하고 있는 이웃들을 만났다. 그는 번스타인에게 주민들의 정서에 대해 이렇게 전했다. "거동도 불편하고 잘 먹지도 못하고, 도로변에 멍하니 앉아 있거나 지팡이를 짚고 다니며 동네를 소란스럽게 하는 사람들을 보고 싶지 않은 겁니다."[1]

같은 동네에 살던 버틀러는 이렇게 추악한 부정적 고정관념은 인종차별이나 성차별적 고정관념과 다를 바 없다고 보았다. 이 두 가지 편견이 유색인종과 여성에 부정적인 낙인을 찍어 기회와 권력을 박탈하듯이 버틀러가 '노인차별'이라 칭한 고령자에 대한 편견도 그들이 지닌 평등한 권리를 박탈했다. 그 현상에 처음으로 이름이 붙는 순간이었다.

훗날 버틀러는 주요 저서《살아서 뭐하나? 미국에서 노인으로 산다는 것》에서 연령차별을 "노인이라는 이유로 누군가에게 조직적 고정관념이나 차별을 덮어씌우는 과정"으로 정의했다. 그는 연령차별의 두 가지 요소가 서로 힘을 싣는다고 느꼈다. 부정적인 연령 고정관념이 연령차별을 초래하면, 고정관념은 활성화되고 강화된다. 결국 그는 이렇게 정리했다. "연령차별 때문에 젊은 세대는 노인들을 자신과 다른 존재로 바라본다. 자꾸 그러다 보면 어느새 노인들을 인간으로 인식하지 않게 된다."[2]

인터뷰 중에 번스타인은 버틀러와의 만남을 깨달음의 순간

나이가 든다는 착각

으로 떠올렸다. 그는 이전에도 나이 든 친척들을 푸대접하는 연령차별과 맞닥뜨린 적이 있지만, 그것이 차별적이거나 조직적이라고 생각한 적은 없다. 하지만 버틀러와 만난 이후에는 생각이 달라졌다. 번스타인이 회상하듯이, "이웃에 노인들이 사는 것을 원하지 않는 시민들의 이야기에서 연령차별 현상을 조명하는 기사가 탄생했습니다. 그 사건 이후로 저는 연령차별이 무척 신경 쓰이기 시작했죠. 그것은 한때 유대인, 아프리카계 미국인, 가톨릭 신자에게 향했던, 타자에 대한 두려움의 일종이었어요. 차별이 틀림없죠. 차별은 두려움과 고정관념에서 나옵니다." 로버트 버틀러 덕분에 연령차별 현상은 마침내 세상의 관심을 받게 되었다. 하지만 50년이 지난 지금, 불행히도 연령차별은 점점 심해지고 있다.

우리는 지금까지 연령 인식이 건강에 미치는 엄청난 영향을 살펴보았다. 이제 부정적인 연령 인식이 사회적 차원에서 문어다리처럼 얽히고설킨 채 조용하고 복잡하고 위험하게 작용하는 방식을 알아보자.

누가 노인을 무시하는가

연령차별의 해악은 흔히 경시되거나 은폐된다. 내가 무슨 일을 하는지 밝히면, 내게 연령차별은 심각하지 않거나 존재하지 않는다고 반응하는 사람이 간혹 있다. 최근에는 연령차별이 노인들 탓이라는 말까지 들었다. "연령차별은 시들어가는 노인들 앞에 걸린 거울일 뿐이죠." 연령차별을 대수롭지 않게 취급하고 노인들에게 쏟아지는 편견과 차별을 노인 탓으로 돌리는 경향 때문에 문제는 더 복잡해진다.

강연 중에 청중에게 연령차별을 직접 경험하거나 목격한 사람이 있는지 물어보면 대부분 손을 든다. 오늘날 미국 노인의 82퍼센트는 연령차별을 심심찮게 경험한다고 보고한다.[3] 나 역시 연구 대상으로 삼은 모든 나라에서 연령차별의 예를 발견했다.

그렇게 많은 사람들이 연령차별을 경험했는데도 그것이 문제가 안 된다는 의견이 존재하는 이유는 뭘까? 최근의 세계보건기구 보고서는 이렇게 결론 내린다. "사람들은 제도적 연령차별의 존재를 인정하지 않는다. 왜냐하면 제도화된 규칙, 규범, 관행이 워낙 오래되고 의례적이어서 '정상'으로 보이기 때문이다."[4]

가장 은밀한 연령차별 방식은 고령자들을 무시하는 것이다. 가만히 눈여겨보면 영화, 광고, TV 프로그램, 긴급한 공공 정책 문제를 둘러싼 국민적 토론, 연구 실험 등 현대 생활의 많은 영역에서 노인을 찾아보기 어렵다.

위기가 닥치면 이런 현상이 더욱 두드러져 노인들이 뒷전으

나이가 든다는 착각

로 밀리기 십상이다. 허리케인 카트리나가 지나간 후 개와 고양이는 동물 활동가들에 의해 24시간 안에 구조되었지만, 많은 노인들은 최장 7일 후 의료팀이 구조하러 도착할 때까지 물이 차오른 집에 방치되기도 했다.[5] 코로나19 대유행 초기 단계에 미국 사망자의 40퍼센트는 요양원의 노인(요양원에 거주하는 인구가 1퍼센트 미만인데도)이었다. 지방정부와 요양원은 노인들에게 적절한 보호 장비, 코로나 검사, 격리 장소를 제공하지 않았지만, 대부분의 대학은 저위험군인 젊은이들에게 이런 자원을 제공했다.[6]

학교에서 있었던 일

편견은 좀처럼 눈에 띄지 않는다. 인종 편견이 심한 사람들도 자신이 인종차별주의자라고는 인정하지 않거나 인종차별이 아직 엄연히 존재한다는 사실을 받아들이지 않는다. 성차별주의자는 여성이 더 이상 편견에 부딪힐 일이 없다고 주장한다. 나의 경우 반유대주의를 부정하는 사례를 경험한 적이 있다.

부모님이 보스턴을 떠나 브리티시컬럼비아대학교로 자리를 옮길 무렵에는 밴쿠버에 사는 유대인이 많지 않았다. 새 2학년 학급에는 유대인이 나 혼자였다. 선생님은 내게 교실 앞으로 나와 우리 가족이 크리스마스를 쇠지 않는 이유를 설명하라고 요구했다. 반 친구 하나는 내가 유대인이라서 자기랑 놀 수 없다고 했다. 남자아이들은 바닥에 동전을 던지고 나더러 주우라고 했다.

학교에서 그런 일이 있었다고 털어놨더니, 어머니는 나를 위로하고 선생님과 반 친구의 부모에게 항의했다. 하지만 그들은 그런 행동이 유대인 차별이 아니라 문화적 오해에 불과하다고 주장했다. 나로서는 처음 당하는 이상한 차별이었는데, 사람들이 그것을 실제보다 대단치 않은 일로 치부하려는 것 같았다.

어린 시절에 나는 어두운 숲속에서 요란하게 짖어대는 도베르만 핀셔를 앞세운 나치에게 쫓기는 악몽을 꿨다. 내가 겪은 유대인 차별은 유럽에서 살아남은 증조부모님과 조부모님이 **몸소** 체험한 악몽에 비하면 새 발의 피였지만, 지금도 내 꿈을 종종 습격하는 공포는 불과 두 세대 전에 실제로 있었던 일이었다. 아버지의 할아버지는 리투아니아에 있던 유대인 마을이 코사크 기병들에 의해 잿더미가 되었을 때 살아남은 몇 안 되는 생존자였다. 외할머니는 10살 때 옷장에 숨어서 러시아 군인들의 손에 죽는 것을 간신히 피할 수 있었다.

유대인 차별은 내게 개인적인 경험이었지만 학교에서의 경험과 유럽에서 가족들이 겪은 수난은 권력자들이 지닌 구조적 편견에서 비롯되었다. 어린 시절의 그런 경험 때문에 나는 편견

나이가 든다는 착각

의 원인과 표출에 예민하게 반응하면서도 한편으로는 호기심을 품었다. 첫 직장의 노인병동에서 일하다가 처음으로 제도화된 환경 속의 연령차별을 마주했을 때, 나는 어린 시절과 달리 편견과 싸울 기회를 얻은 것만 같았다.

많아지는 노인, 커지는 차별

연령차별은 현실과 완전히 모순되는 경향이 있다. 이 말이 무슨 뜻인지 설명하기 위해 다음과 같은 사고실험을 제안한다.

200년 전인 1820년대로 거슬러 올라가보자. 얼마 전 사진술이 발명되었고, 새로운 기계 장치인 증기 기관차를 운행할 철로가 세계 곳곳에 설치되고 있다. 이제, 이 빛바랜 사진 속 풍경에서 미래로 눈을 돌려 앞으로 연령 인식이 개선될지, 그대로 유지될지, 더 나빠질지 추측해보자. 답을 맞히는 데 도움이 되도록, 그때부터 200년 후에 일어날 몇 가지 경향을 소개한다. 노인의 수명은 늘고, 전반적인 건강 상태도 훨씬 나아진다. 인구에서 노인의 비율이 높아지는데, 이는 세대 간 교류 기회도 많아진다는 뜻이다. 차별을 금지하는 법률이 통과된다. 무엇보다 사람들은 과거에 소외받던 집단들을 훨씬 긍정적으로 대한다.

자, 이제 답을 알겠는가? 앞으로 200년 동안, 연령 인식은 나아질까, 그대로 머무를까, 더 나빠질까?

대부분 연령 인식이 긍정적으로 바뀔 거라 추정할 것이다. 이런 추세를 보면 그렇게 결론 내릴 수밖에 없다. 하지만 실제로는 정반대 현상이 일어났다. 미국에서는 노인에 대한 인식이 처음에는 긍정적이었다가 꾸준히 부정적으로 변했다.[7] 우리 팀이 컴퓨터 기반 언어학적 연구 방법을 개발해 200년여 년에 걸친 연령 인식 변화 추이를 체계적으로 조사한 결과다. (과거의 체계적 분석은 조사 기간이 기껏해야 20년이었다.) 분석을 위해 우리는 역사 속 미국 영어 말뭉치Corpus of Historical American English라는 새 데이터베이스에 포함된 인쇄된 문헌에서 4억 개의 단어를 조사했다. 부정적인 연령 인식은 어디서 밀려오는 것일까? 그리고 이렇게 진보한 세상에서도 연령차별이 전혀 줄어들지 않은 이유는 무엇일까?

누가 어떤 이익을 얻는가

부정적인 연령 인식이 고질적으로 이어지는 데는 개인적 원인과 구조적 원인이 있다. 둘은 전혀 다르지만 양쪽 다 뿌리가 깊다. 개인적 차원이란 연령차별을 별생각 없이 쉽게 드러내는 수많은 심리 과정을 가리킨다. 구조적으로 연령차별은 제도와

나이가 든다는 착각

권력자들에 의해 우리에게 전달된다.

개인적 차원의 연령차별은 우리가 어린 시절에 나이 고정관념을 흡수하면서 시작된다. 우리는 자기 관련성이 생기기 훨씬 전부터 그런 고정관념에 노출되는 것이다. 이 단계에서 우리는 아무 저항 없이 연령차별을 받아들인다. 그리고 이런 고정관념은 대개 우리가 신뢰하는 권위자들(교사, 작가, 부모)에 의해 주입되므로 쉽게 진실로 받아들여져 평생 동안 노인을 바라보는 시각에 영향을 준다.[8]

부정적인 연령 인식은 연령차별이 만연한 문화에서 늙지 않은 사람들이 나이 든 사람들과 거리를 두려는, 사회적으로 형성된 심리적 욕구를 충족시킨다. 이런 거리두기는 노인들이 주로 찾는 공간을 기피하는 물리적 형태와, 고정관념에 따라 노인을 깎아내리는 심리적 형태를 취한다. 일부 젊은이는 노인을 꺼림칙한 미래의 자신으로 여기기 때문에 그들과 거리를 두어야 한다고 느낀다.[9] 자신이 점점 쇠약해지고 있다고 생각되면 부정적인 연령 인식 때문에 노년기의 암울한 모습이 눈에 들어오고, 그 결과 다시 노인들과 거리를 두겠다는 생각이 강해져 부정적인 연령 인식이 더욱 짙어지는 악순환이 일어난다.

개인 차원에서 연령차별이 일어나는 또 다른 원인은 우리가 종종 의식하지 못하는 상태로 차별을 드러내는 데 있다. 자신이 편향되지 않았다고 생각하는 사람도 알고 보면 연령차별에 동조하고 있을 수 있다.

부정적인 연령 인식은 경험에 위배될 때조차 쉽게 수용되고 표출되기에 문제는 더 심각해진다. 이를테면 우리는 어떤 노인의 총기가 예전 못지않다는 것을 알면서도 그가 정신이 오락가락하거나 행동이 엉성해졌다는 식으로 우스갯소리를 한다.

한편 연령차별의 구조적 동기는 부정적 연령 인식이 경제적으로 이익을 얻거나 권력을 보존하는 수단으로 꽤 유용하다는 데 있다. 나의 은사인 인류학자 로버트 러바인Robert LeVine은 문화 현상을 조사할 때 처음으로 던지기에 좋은 질문은 "이 현상에서 누가 이익을 얻는가?"라고 했다.

많은 영리기업은 부정적인 연령 인식을 조장하여 막대한 이익을 얻는다. 노화에 대한 공포와 쇠약해지는 노인의 이미지를 먹고 사는 안티에이징 산업, 소셜미디어, 광고 대행사, 기업 등이 모두 여기에 해당한다. 이들 업계는 연간 1조 달러 이상을 벌어들이고, 별다른 규제를 받지 않은 채 꾸준히 성장하고 있다.[10]

동화에서 그리는 노화

최근에 비행기를 타고 가다가 기내에서 볼 만한 영화가 있나 찾아보니 이미 봤거나 상황에 적절치 않은 영화(예고편에 비행기가 폭발하는 장면이 나온다든지)밖에 없었다. 그래서 나는 동화《라푼젤》을 개작한 최신 디즈니 애니메이션을 보기로 했다. 극 중에서 늙은 여성으로 묘사되는 마녀가 라푼젤의 머리카락에 담긴 마법의 안티에이징 효과를 노리고 그녀를 탑에 가둔다. 그러다 영화 끝부분에서, 라푼젤의 머리카락과 영원한 젊음을 손에 넣지 못한 마녀는 폭삭 늙어버린다. 몸이 쪼그라들고, 검은 머리는 회색으로 변하고, 눈이 움푹 패고, 손은 앙상해진다. "무슨 짓을 한 거야?" 마녀가 라푼젤을 구한 사람에게 외치고는 죽는다. 그림Grimm 형제의 원작에는 아예 다루지 않은 안티에이징이라는 주제를 디즈니는 멋대로 추가했다. 디즈니는 영화에 나이 고정관념을 더하여, 아이가 있는 가정을 상대로 티켓 판매를 늘릴 작정이었던 모양이다. 늙은 사람을 폄하하면서, 고령은 두려워하고 피해야 할 대상이라고 주장하는 서사로 관객을 결집시킬 요량이었는지도 모른다.

내가 유치원에서 처음 배운 노래에는 이런 후렴구가 있었다. "파리를 삼킨 할머니가 있었네. 파리를 왜 삼켰는지 나도 몰라. 할머니가 돌아가시면 어떡해!" 노래가 진행될수록 할머니는 점점 더 큰 곤충과 짐승을 삼키다가 결국 개와 말까지 먹는다. 이 이상한 할머니가 등장하는 동요를 처음 배울 때, 우리 반 친구들과 나는 엄청 웃긴 노래라고 생각했다.

어린 시절, 우리는 노래, 동요, 동화에서 처음으로 노인들을 만난다. 많은 서구 국가에서 이런 노인 캐릭터들은 대개 악당으로 등장하거나 연민과 조롱의 대상이다.[11] 그렇다 보니 이런 나라의 어린이들이 나이 드는 것을 두려워하는 것도 당연하다.[12] 학생들에게 인생의 네 가지 단계에 있는 한 남자의 얼굴을 보여주었더니, 80퍼센트는 젊은 단계의 남자와 시간을 보내고 싶다고 했다. 가장 늙은 단계의 남자와 함께 어떤 활동을 하고 싶은지 물었더니, "남자를 파묻는다" 따위의 대답까지 나왔다.[13] 세 살밖에 안 된 아이들도 노인을 보면 움츠러드는 등 명백한 연령차별 인식을 드러낸다.[14] 어릴 때 형성된 연령 인식은 우리가 훗날에 갖게 될 연령 인식의 기초가 된다.[15] 어린 시절에 받아들인 믿음의 기초 위에 인식이 한 층 한 층 쌓여가는 것이다. 연령차별에 자기 관련성이 없는 아이들은 특히 평소에 선망하는 존재가 부추기는 인식에 대해 저항할 이유가 없다.

한 친구에게 들기로, 최근에 그 집 아이가 다니는 초등학교 교장이 개학 후 100일째 되는 날을 기념하기 위해 '100살처럼 꾸미기' 행사를 연다는 가정통신문을 보냈다고 한다. 교장은 아이들에게 백발 가발, 커다란 플라스틱 안경, 조그만 장난감 지팡이, 보행 보조기를 (모두 동네 파티용품 가게에서 구할 수 있다며) 착용시켜 학교에 보내라고 전했다. 알고 보니 이 행사는 학교의 인기 있는 전통이었다. 인터넷에는 아이들에게 더 칙칙해 보이는 의상을 입히는 요령, 지팡이를 짚고 "보통 노인보다 더 우스꽝

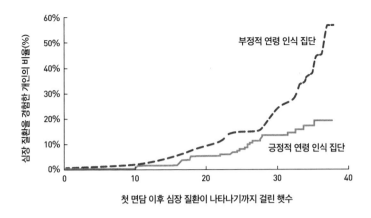

그림 5: 젊은 사람들의 부정적 연령 인식은 60세 이후 심혈관계 질환의 위험을 높인다.

스럽게 절름거리는" 법을 가르치는 요령에 대한 조언이 넘친다.[16]

어린 시절에 접한 이런 전통은 장기적으로 나쁜 영향을 준다. 그림 5에서 확인할 수 있듯이, 볼티모어 노화 종단 연구에서 우리는 부정적인 나이 고정관념을 받아들인 젊은이는 긍정적인 나이 고정관념을 받아들인 사람들보다 60세 이후에 심장마비나 심혈관계 질환을 겪을 가능성이 두 배나 높다는 사실을 알게 되었다.[17] 타인을 대하는 태도뿐만 아니라 본인의 건강을 위해서라도 우리는 아이들에게 노화에 대해 제대로 가르쳐야 한다.

보톡스와 안티에이징

급성장 중인 전 세계의 안티에이징 산업은 알약, 크림, 세럼, 영양제, 호르몬 보충제, '테스토스테론 강화제', 그리고 노화를 멈추거나 심지어 되돌린다는 거짓 주장을 하는 시술을 판매하여 연간 5조 달러를 벌어들인다.[18] 이 업계는 노화를 두려워하고 피해야 할 대상으로 선전하여 이윤을 얻는다.

얼마 전, 나와 같이 점심을 먹던 동료가 17살 난 딸에게서 온 문자를 보며 눈썹을 치켜올렸다. 동료가 내게 읽어준 메시지 내용은 이랬다. "맙소사, 내 얼굴에 처음으로 주름이 발견됐어. 내 생일선물로 주름 예방 보톡스 안 될까?"

잠재 고객들에게 노화의 온갖 신체 징후에 대한 두려움을 심어주면 보톡스와 크림을 팔기가 쉬워진다. 최근에 정기검진 차 의사를 만나려고 병원 대기실에 기다리고 있었더니 대형 화면에 보톡스를 비롯한 각종 안티에이징 시술 광고가 쏟아졌다. "어머, 얼굴이 쭈글쭈글하시네요!" 한 광고에서 토크쇼 진행자인 코미디언 엘런 디제너러스Ellen Degeneres가 소리쳤다. 그녀는 말린 자두처럼 보이기 싫다면 뭔가 조치를 취해야 한다고 설명했다. 말린 자두가 맛있기는 해도, "자두처럼 보이고 싶지는 않잖아요!"라고 그녀는 덧붙였다. 주름 방지 제품과 시술의 대량 마케팅은 이제 어디서나 쉽게 접할 수 있다.[19]

나이가 든다는 착각

노화는 피할 수 있고 피해야 하며, 주름이 있으면 아름다울 수 없고, 늙은 사람은 가치가 떨어진다는 메시지를 주입받으면서 17살 소녀들은 자연스럽고 보편적인 현상인 주름을 두려워하게 된다. 그렇다 보니 지난 20년 동안 젊은 성인들 사이에서 보톡스 주사가 세 배 이상 증가한 것은 놀랄 일이 아니다.[20] 덕분에 주름살을 겨냥한 안티에이징 업계는 2,000억 달러에 가까운 수익을 창출했다.[21]

20~30대 미국 여성들 사이에는 미래의 주름을 예방하기 위한 보톡스 주사가 일상화되었다. 최근 〈뉴욕 타임스〉의 한 기사는 젊은 성인들을 겨냥한 '베이비 보톡스' 주사가 "오명을 벗고 있다"고 설명하지만, 이런 관행이 노화에 낙인을 찍는 경향에서 비롯됐다는 사실은 간과한다.[22]

노화에 대한 두려움을 이용해 주름과 노화 방지 업계에서 막대한 돈을 챙기는 현상이 주로 여성에게 해당하는 문제라는 인식을 주기 싫어서인지, 탈모를 헐뜯는 광고도 증가하고 있다. 남성들의 모발이식 수술 비율은 지난 5년 사이 60퍼센트나 늘었다. 이제 우리 사회는 사실상 거의 모든 노화 징후를 꺼린다.[23]

전형적인 안티에이징 광고에서는 자사 제품이 올해의 "안티에이징 부문 소비자 대상"을 수상했다며 그 제품이 "머리카락 노화의 다섯 가지 징후를 없애는 데 어떤 도움을 주는지" 설명한다.[24] 안티에이징 제품을 판매하는 웹사이트를 100군데 가까이 검토해보니 '우리는 노화와의 전쟁을 치르는 중인데, 안티에이징 제품을 구매하지 않는 소비자는 이 싸움을 포기한 것이나 다름없다'는 식의 접근 방식이 많았다.[25] 이런 사이트들은 엄청난 돈을 받고 별 효과가 없거나 오히려 해로울 수도 있는 '치료'를 제공한다. 예를 들어 인간 성장호르몬은 "급격한 노화를 원하지 않고 언제나 젊음과 아름다움, 건강을 유지하고픈" 사람들을 위한 궁극의 (값비싼) 영약으로 광고된다.[26] 하지만 동네 상점에서 흔히 판매되는 이 호르몬은 당뇨병과 암의 위험을 높일 수 있다.[27] 안티에이징 업계의 로비스트들은 이윤을 극대화하기 위해 일부 제품과 마케팅이 연방정부의 규제를 피해 갈 장치를 만들었다.[28]

안티에이징 산업은 노화의 과정뿐만 아니라 노인 자체에도 낙인을 찍어 아름다움의 개념을 왜곡한다. 노인학자 톰 펄스Tom Perls가 지적했듯이, "장사꾼들은 노인들을 요양원 벽만 바라보고 있는 쇠잔하고 허약한 사람들로 묘사한다. 이런 선정적인 이미지는 가뜩이나 젊음을 지향하는 우리 사회에 노화에 대한 부정확한 편견을 강화한다. 안티에이징은 노인 반대와 동의어가 되었다."[29]

나이가 든다는 착각

노인을 위한 TV는 없다

매사추세츠에서 대학원을 다니던 시절에 나는 다세대 연령차별 반대 활동 단체인 그레이 팬서스의 지역 지부에 가입해 '언론 감시' 팀에서 활동했다. 우리는 신문, 잡지, 영화, 라디오의 연령차별 사례를 탐색했다.

어느 달은 몇몇 기자가 노인을 "욕심쟁이 늙은이들"이라 부른 뉴스 기사를 집중 분석했다. 노인에 대한 두려움을 일으키는 표현으로 관심을 얻으려는 기사였다.[30] 이런 예는 끝이 없었다. 하지만 이런 인식을 정면으로 반박하기 위해 내가 나중에 수행한 연구에 따르면, 노인들은 젊은 층보다 자신들의 연령대에 혜택을 주는 제도(사회보장, 식사 배달 서비스, 노인 의료보험)에 더 반대하는 경향이 있었다.[31] 또 노인들은 젊은 사람들에 비해 자원봉사를 하거나 비영리단체에 돈을 기부할 가능성이 높았으며, 가족과 친구들에게 수십억 달러에 상당하는 무급 돌봄을 제공하고 있었다.[32]

TV 역시 연령차별을 퍼뜨리는 주된 매개체다. 노인들은 다른 어떤 연령대보다 TV를 많이 시청하지만 TV에 나오는 인물 중 노인은 2.8퍼센트에 불과하며 대개 단역이나 비호감 역할을 맡는다.[33] 비중 있는 역할이 부족한 이유는 방송이나 스튜디오가 의지하는 광고주들이 50세 이하만이 새 제품을 살 것이라는 잘못된 믿음을 갖고 고령의 작가들을 배제하거나 소위 '핵심 인구층'(18~49세)만을 중시하기 때문이다.[34]

TV와 영화 산업은 동성애자와 여성에게 주연을 맡기는 방향으로 개선되었지만,[35] 노인은 여전히 홀대받고 있다. 할리우드 영화에 노인 인물이 등장한다 쳐도 인지적, 육체적 능력 저하(〈아이리스〉와 〈더 파더〉), 심술궂음(〈그럼피 올드 맨〉과 그 속편 〈그럼피어 올드 맨〉), 공포의 전형으로 묘사된다(〈더 비지트〉는 손자 손녀를 살해하려는 조부모를 그리고, 〈올드〉는 한 가족이 급속도로 늙어가면서 휴가가 엉망이 되고 공포가 밀어닥치는 과정을 그린다). 미국의 TV 프로그램 〈그레이스 앤 프랭키〉, 영국의 TV 프로그램 〈라스트 탱고 인 할리팩스〉처럼 노화를 복잡 미묘하고 열정 가득한 시기로 표현하는 몇몇 예외가 있기는 하지만, 나이 든 등장인물들은 대체로 소외된다. 2016년에 흥행 수익 100위까지의 영화 속 등장인물 가운데 대사가 있는 60세 이상은 고작 11퍼센트였고, 노인이 등장하는 영화의 44퍼센트는 연령차별적 대사를 포함한다.[36]

아직까지도 할리우드에 연령차별이 얼마나 심한지는 널리 알려지지 않았다. 아카데미 수상자를 투표로 선정하는 단체인 영화예술과학아카데미의 지도부는 최근, 영화에 잘 등장하지 않는 인종 집단이나 소외된 배경(여성, LGBTQ, 장애인)의 배우들을 포함해야 오스카 수상 자격을 주기로 결정했다.[37] 그런 조치를 발표하며 아카데미 회장은 영화에 "세계 인구의 다양성을 반영할" 때가 되었다고 설명했다.[38] 하지만 노인 배우를 출연시켜야 한다는 말은 없었다.

아카데미상을 두 차례 수상한 배우 지나 데이비스Geena Davis는 20년 전, 스크린에서 성평등을 구현하기 위해 연구소를 설립했다.[39] 그녀는 이렇게 말한다. "딸을 낳고서야 아이들이 보는 영화와 TV에 성 불평등이 얼마나 심각한지를 깨달았습니다. 21세기에는 우리 자녀에게 남자아이들과 여자아이들이 놀이터를 공평하게 차지해야 한다는 것을 보여줘야 합니다." 15년 동안 여성 작가, 감독과 연대하고, 여성이 각본과 연출에서 배제되는 현실에 대한 인식을 개선하면서, 데이비스는 자신이 원하던 결과를 성취하는 데 조금은 기여했다고 느꼈다. 적어도 스크린에는 이제 남녀 주인공이 엇비슷하게 등장하지만 각본과 연출 분야는 아직 갈 길이 멀다.[40]

이제 데이비스는 연령차별을 폭로하는 쪽으로 관심을 돌렸다. "나이 앞에 '4'가 붙은 순간부터 저는 추락하기 시작했어요. 갑자기 좋은 배역이 들어오지 않더군요. 제 처지가 그토록 달라질 줄은 몰랐어요."[41] 2019년에 지나 데이비스의 연구소가 미국, 영국, 프랑스, 독일에서 가장 흥행한 영화 30편을 대상으로 실시한 조사에서는 50세 이상의 여성이 주연을 맡은 영화가 한 편도 없었다. "상황이 나쁘다는 건 알았지만, 그 결과를 보니 현실이 정말 암울하더군요."[42]

우리의 TV와 영화 문화는 고령과 노인의 현실에 대한 인식을 왜곡한다. 우리 팀은 평생 TV를 많이 시청하는 사람일수록 나이 고정관념이 부정적이라는 사실을 발견했다.[43] 소외된 집단의 구성원들이 TV, 책, 광고, 인터넷 등의 매체에서 자신을 대변하는 존재를 만나지 못하면 자아 존중감이 더욱 낮아질 수 있다.[44]

고령자를 배제하는 경향은 패션계에서 더 심각하다. 대개 모델은 중년보다 유년에 가까운 나이다. 의류 디자이너들이 뉴욕시 전역에서 최신 컬렉션을 선보이는 최근의 패션위크 기간에, 〈뉴욕 타임스〉 기자 3인은 이 업계에 만연한 몇 가지 문제를 조명했다.[45] 그들이 취재한 모델 12명 가운데 10명은 20대였고, 32세 이상은 한 명도 없었다. 심지어 이렇게 젊은 모델들조차도 연령차별을 경험했다. 겨우 14살 때 내슈빌의 한 쇼핑몰에서 모델 에이전시의 눈에 띄어 발탁된 28세의 르네 피터스Renee Peters는 이렇게 한탄한다. "어제 오디션을 봤어요. 주위를 둘러보니 나이가 전부 열여섯, 열일곱, 열여덟밖에 안 보이더군요. 스물다섯이 넘은 저는 회의가 들기 시작했어요. 내가 아직도 예쁠까? 내가 아직 쓸 만할까?"[46]

노인을 모욕하는 SNS

트위터, 페이스북, 유튜브, 인스타그램 등의 소셜미디어는 이제 역사상 가장 큰 이윤을 창출하는 산업이 되었다. 페이스북 사용자만 해도 전 세계 인구의 3분의 1에 가까운 20억 명에 달한다. 소셜미디어에서 가장 선망받는 화폐인 '관심'은 이른바 주목경제라는 개념을 탄생시켰다. 그중 가장 주목을 받는 것은 폭력적이고 독단적이며 편파적인 콘텐츠('클릭유도미끼clickbait')다.[47] 소외 집단을 부정적으로 묘사하는 클릭유도미끼가 많을수록 주목 효과가 커져(클릭을 많이 받아) 광고주들이 광고에 더 많은 돈을 쓰게 할 수 있다.[48]

페이스북에서 연령 인식이 어떻게 작용하는지 밝히기 위해, 우리 팀은 공개된 노인 관련 그룹을 전부 분석했다. 그 결과 이들 그룹의 74퍼센트가 노인을 비방했고, 27퍼센트는 어린아이 취급했으며, 37퍼센트는 노인에게 운전이나 쇼핑 같은 활동을 금지해야 한다고 주장했다.[49] 영국의 어느 단체는 다음과 같은 이유로 노인들이 상점에 얼씬 못하게 해야 한다고 강조했다. "지린내를 풍기고, 차도 제대로 대지 못해 가뜩이나 부족한 주차 공간이 낭비된다. 상점 출입에 나이 제한을 두거나 자발적 안락사 제도를 시행할 필요가 있다. 나는 기꺼이 노인 한 명을 제거할 용의가 있다." 우리는 페이스북에서 가장 모욕적인 사이트 10곳을 혐오 발언으로 신고했다. 하지만 1년이 지난 지금도 그 사이트들은 없어지지 않았다.

그 연구를 진행하던 당시 페이스북에서는 성적 지향, 성별, 인종, 종교를 이유로 하는 혐오 발언을 금지했지만 연령차별은 예외였다. 페이스북의 최근 커뮤니티 규정은 노인을 혐오 발언에서 보호한다지만, 노인이 **다른** 보호 집단에도 속할 때만 적용된다. 예를 들어, '늙은 여자'에 대한 모욕은 금지할 수 있지만, 위에 든 영국의 사례처럼 노인을 싸잡아 헐뜯는 경우에는 적용할 수 없다.[50] 다른 종류의 편견과 달리 연령차별 자체는 묵인되는 것이다.

코로나19 팬데믹의 첫 3개월 동안 트위터에서는 코로나로 죽는 노인들을 조롱하는 '부머 리무버boomer remover'라는 표현이 포함된 트윗을 100여 개국의 140만 명 이상이 좋아하거나 공유했다.[51] 다른 연구에서 심리학자 캐런 후커Karen Hooker 연구팀은 컴퓨터를 이용한 정교한 연구 방법으로, 알츠하이머병을 언급한 트윗의 33퍼센트가 나이 든 사람들을 조롱했음을 밝혔다.[52]

소셜미디어 사이트는 사용자들이 연령차별적 고정관념을 퍼뜨리기에 더없이 좋은 매체다. SNS가 주는 익명성은 결과에 대한 두려움을 없애고 극단적이고 도발적이며 혐오가 가득한 발언을 부추긴다.

소셜미디어에서 억제되지 않고 쏟아져 나오는 것은 연령 편견이 담긴 혐오 발언에 그치지 않는다. 노골적인 (그리고 불법적인) 연령차별 또한 흔하다. 소셜미디어 기업들은 사용자에 대한 각종 데이터를 수집해 누가 광고를 보는지 알아내는 데 활용한다. 이런 데이터를 바탕으로 사용자 가운데 누가 노인인지를 밝혀 주택 광고, 신용 대출, 구인 광고 등의 대상에서 제외시킨다. 노년들의 면전에서 문을 쾅 닫아버리는 것이다.[53]

어느 주택 감시단체는 50년 전 로버트 버틀러가 처음으로 연령차별을 확인했던 워싱턴 지역에서 잠재적 노인 임차인을 배제하는 광고를 페이스북이 허용하고 있음을 적발했다. 연령차별이 더 은밀하고 구조적인 방식으로 이루어지는 것이다. 이 공정한 주택 거래 운동가들에 따르면 워싱턴 지역의 연령차별은 "디지털 도구를 무심히 오용한 한두 업체의 농간이 아니라, 전국에 수십만 채의 아파트를 관리 중인 대기업이 주도하고 있다. 노인들에게 광고가 노출되는 것을 철저히 막기 위해 그들은 페이스북에 거액을 지불했다."[54]

페이스북은 2019년에만 다섯 건의 연령차별 관련 소송에 휘말렸지만, 주거와 고용 분야에서 디지털 연령차별의 관행은 지속되고 있다.[55] 노인들에게 온라인 구인 광고를 노출하지 않는 방식으로 고령자들을 의도적으로 배제하는 데 비용을 지불하는 업체는 대부분 우리가 잘 아는 기업들이다. 타겟Target, UPS, 스테이트 팜State Farm, 아마존Amazon, 그리고 직원 연령의 중위값이

28세인 페이스북이 여기에 속한다.[56]

공간 분리가 유발하는 것

지난 100년에 걸쳐 미국의 노인 인구 비율은 꾸준히 증가했지만, 세대 간의 접촉은 꾸준히 감소했다. 세계에서 여러 세대를 가장 잘 통합하는 국가였던 미국은 이 기간 동안 연령 분리가 가장 심한 나라가 되었다.[57] 각 가구의 연령 구성은 단순해지고 있다. 1850년에는 미국 노인의 70퍼센트가 성인 자녀와 동거하고 11퍼센트는 배우자와 함께 살거나 혼자 살았다. 1990년에는 노인의 16퍼센트만이 성인 자녀와 함께 살고 70퍼센트는 배우자와 함께 살거나 혼자 살았다.[58] 사실 인종 분리가 심각하던 지역은 이제 인종 분리만큼이나 연령 분리도 심각해졌다.[59] 미국에만 국한되는 문제가 아니다. 1991년에 영국의 어린이가 65세 이상인 사람 가까이에 살 확률은 15퍼센트였지만, 현재는 5퍼센트로 떨어졌다.[60]

연령 분리의 원인 가운데 하나는 젊은 사람들을 나이 든 사람들로부터 떨어뜨리는 것이 유익하거나 자연스럽다는 그릇된 사회 인식이다. 하지만 인종이나 성별 등을 기준으로 사람들을 분리하는 조치는 정책 입안자, 학자, 일반 대중 모두 해로운 것

나이가 든다는 착각

으로 본다.[61] 내가 일하는 뉴헤이븐에서는 도시 계획자들이 주민들을 격리시키려는 듯 고속도로나 수로로 분리된 구역에 노인주택을 건설했다. 이런 형태의 물리적 격리는 젊은이와 노인들이 길모퉁이나 공원에서 일상적으로 교류할 가능성을 사실상 없앤다.

이렇게 세대 간의 접촉이 부족해지면 지역사회의 젊은 구성원과 나이 든 구성원 모두 헤아릴 수 없는 손해를 본다. 젊은이와 노인 사이의 공감과 사회적 유대가 약화되고, 젊은이가 노인에게 갖는 부정적인 고정관념을 줄일 기회가 사라진다.

직장에서의 연령차별

이런 상황을 생각해보자. 대기업의 마케팅 책임자인 당신은 오랫동안 창의적인 전략 사업을 이끌며 좋은 평가를 받았다. 그러나 어느 날 회사의 다른 동료들은 지지하지만 상사는 동의하지 않는 결정을 내린다. 당신이 그런 결정을 한 이유를 설명하자 상사는 당신에게 회사를 그만두는 게 좋겠다고 말한다. 당신을 해고하는 것은 아니지만 당신의 생각이 '구시대적'이므로 '은퇴할 때'가 되었다고 주장한다.

61세의 그레이 홀릿Gray Hollett은 실제로 이런 일을 겪었다. 그는 이런 연령차별 경험으로 엄청난 충격을 받았다.[62] 하지만 홀 릿 혼자만의 경험은 아니다. 인터넷에서 "직장 내 연령차별"을 검색해보면 이 비슷한 사연이 수백 건쯤 쏟아진다. 사람들은 나 이가 많다는 이유로 회사에서 밀려나곤 한다.[63] 미국은퇴자협회 AARP 조사에 따르면 미국 근로자의 3분의 2가 직장 내 연령차별 을 목격했거나 경험한 적이 있다.[64]

미국의 직장에서는 나이 때문에 누군가를 차별하는 행위가 불법이다. 1967년에 통과된 고용자 연령차별금지법ADEA은 그 렇게 정한다. 하지만 이 법의 존재 이유는 규제보다 명목에 가 깝다.[65] ADEA는 보상적 또는 징벌적 손해배상을 허용하지 않는 다. 그렇다면 변호사들은 연령차별 관련 사건을 맡을 실익이 없 고, 부당한 대우를 받은 노인들이 이런 소송을 제기하려면 돈이 아주 많이 든다는 뜻이다. 뿐만 아니라 ADEA는 구직자가 아니 라 이미 직장을 가진 사람에게만 적용된다.[66] 따라서 '너무 늙었 다'는 이유로 직장에서 채용을 거부당했다면 이 법의 도움을 받 을 수 없다.

이 모든 상황에 따라오는 아이러니는, 나이가 들면서 쌓인 직무 경험이 노년기 취업에 성공하는 데 가장 큰 보탬이 된다는 점이다.[67] 토양 건강 전문 식물학자 벤 더거는 70세에 위스콘신 대학 교수직에서 은퇴할 수밖에 없었지만, 그 후 레덜리연구소 에 채용되었다. 73세의 나이에 그는 세계에서 가장 널리 처방되

나이가 든다는 착각

는 항생제가 된, 테트라사이클린이라는 화합물을 분리했다.[68]

고령의 근로자들은 놀랄 만한 해결책을 찾아낼 수 있을뿐더러, 훨씬 믿음직하고 이직률·결근율·사고율도 낮다.[69] 그런데도 연령차별은 고용 주기의 전 단계에 만연하다. 우리 연구팀이 45 개국의 직장 내 연령차별(화이트칼라와 블루칼라 모두)을 조사해 보니, 나이 든 근로자가 젊은 구직자보다 채용될 가능성이 현저히 낮았고, 채용되어도 직무교육을 받거나 승진을 하기 어려웠다.[70]

최근에 하버드 경영대학원이 독일의 BMW 공장에서 실시한 연구는 고령의 근로자를 보유할 때의 이점을 보여준다. 여러 연령대가 섞인 조립라인은 생산성이 높아지고 결근이 줄었으며 생산된 자동차의 불량이 적었다. 그밖에 장점이 있다면? 연구가 끝난 후에도 다세대 팀을 떠나고 싶어 하는 사람이 없었다.[71] 55 세에 에어비앤비에서 비슷한 연령 혼합팀 조직에 기여했던 칩 콘리는 이런 팀의 성공 비결을 이렇게 평가했다. "고령의 근로자들은 문제를 파악하고 결과에 책임을 질 줄 알기 때문이다."[72]

의학이 노화를 보는 태도

의료계에서는 마땅히 환자들을 돕고 치료해야 하지만 늘 그렇지는 않은 모양이다. 내가 의사들에게 편견을 가진 것은 아니며(내 남편도 훌륭한 의사다) 백신과 수술은 나와 우리 가족의 생명, 당신의 생명을 구했을 가능성이 크다. 하지만 인지적·신체적 노화에 대한 의학적·과학적 접근법에서는 노년기를 경험을 비롯한 다양한 요인이 긍정적인 변화를 일으키는 시기라기보다 여러 생물학적 기능이 점차 악화되는 시기로 보는 경우가 많다.[73]

서양 의학이 부정적인 연령 고정관념에 크게 기대는 한 가지 이유는 노년기를 쇠약해질 수밖에 없는 과정이라고 주장할 때 생기는 실익 때문이다. 캐럴 에스티스Carol Estes가 말하는 수십억 달러 규모의 '의료 장애 콤플렉스'는 값비싼 시술, 장치, 의약품에 의존하는 산업으로, 운동 같은 예방 조치나, 애초에 장애와 질병을 일으키는 사회적 원인을 해결하려는 힘들지만 꼭 필요한 노력보다 훨씬 수익성이 높다.[74]

노화를 철저하게 생물의학적 현상으로만 보고, 노화에 중요한 영향을 주는 연령차별 등의 사회적 결정요인을 무시할 때, 의사들은 치료가 가능한 상태도 노년의 일반적인 특징(이를테면 요통이나 우울증)으로 치부하기 쉽다.[75] 노화를 질병과 혼동하는 의사가 많을수록 노인 환자는 과소 치료를 받게 된다. 노인 환자의 건강이 나빠질 거라 예상되어도 의사들은 회복을 도우려는 노력을 충분히 기울이지 않을 것이다.

　　　　　　　　　　　나이가 든다는 착각

어느 날 아침에 일어났더니 허리가 욱신거리고 걷기가 힘들어졌다고 상상해보자. 의사를 찾아갔지만 이런 소리를 듣게 된다. "뭘 바라는 겁니까? 늙어서 그런 걸." 노인학자 캐리 리드Cary Reid가 노인들이 요통 치료를 받지 않는 이유를 찾기 위해 실시한 연구에서 한 참가자가 실제로 겪었다는 상황이다.[76]

많은 의사가 노인들의 정상적인 건강에 대해 마땅히 알아야 할 수준만큼 알지 못하고, 그나마 아는 것도 부정적인 연령 고정관념에 쉽게 영향을 받는다. 예를 들어 의사의 35퍼센트는 노인의 고혈압이 정상이라고 생각하고(사실은 그렇지 않다),[77] 65세 이상 연령 집단에서 HIV와 AIDS 감염자가 가장 빠르게 증가하고 있는데도 많은 의사가 노인 환자들의 성생활 이력을 수집하지 못한다.[78] 결국 의사들은 성병, 발기부전, 성욕감퇴를 제대로 진단할 수 없다.

의사들이 노인 환자에 대해 부정적이고 그릇된 인식을 주로 얻는 곳은 어디일까? 불행히도 그런 인식은 종종 의과대학에서 비롯된다. 의대생들이 처음 접하는 고령의 '환자'는 주로 해부학 실습에 쓰이는 노인의 시체다.[79] 모든 의대생은 소아과 수련을 받아야 하지만 노인의학과 수련은 필수가 아니다.[80] 수련을 거쳐 실력이 향상될수록 나이 든 환자에 대한 의대생들의 인식이 더욱 부정적으로 바뀐다는 연구도 있다.[81]

로버트 버틀러가 수련을 받던 시절에 병원에서는 노인 환자들을 'GOMER Get Out My Emergency Room'라 불렀다지만 이 호칭은 지금까지도 쓰이고 있다. 영국 보건부의 환자와 공중보건 담당 국장은 의료진이 "노인 환자들을 '쭈글이', '늙다리', '침대 죽돌이'라 부르며 멸시한다"고 밝혔다.[82] 버틀러는 "의료계에 잔인하고 경멸적인 노인 관련 은어가 너무 많다는 데 충격을 받았다."[83] 그래서 그는 노인의학 분야를 선택하기로 결심했다. 그가 의과대학에서 접한 부정적인 연령 인식은 그를 키워준 씩씩하고 강인한 할머니의 이미지와는 정반대였다.

일부 의과대학은 학생들에게 시력을 흐리게 하는 특수 안경, 다리의 움직임을 거북하게 하는 모래주머니, 청력을 방해하는 헤드셋을 착용시켜 미래의 의사들에게 노인 환자를 이해할 기회를 준다. '노인 체험' 훈련 과정에서 학생들은 다양한 '활동 구역'을 거친다.[84] 그중에는 디너파티에서 대화에서 배제되는 식으로 사회적 고립을 경험하는 구역도 있다. 이 훈련의 목표는 공감 능력을 심어주는 것이지만, 만약 의대생들이 미래의 노인 환자들이 디너파티의 분위기를 띄우는 활기 넘치고 재치 있는 사람들이 아니라 허약하고 무력한 사람들이라는 인식을 갖게 된다면, 오히려 부정적인 고정관념을 강화하는 효과가 생긴다.[85]

의료계는 노인병 전문의에게 다른 분야에 비해 적은 급여를 지급해 노인 환자들은 가치가 떨어진다는 암시를 준다.[86] 많은 나라에서 노인의학 분야의 전문가가 턱없이 부족한 것도 무리

나이가 든다는 착각

가 아니다. 한편, 조사에 따르면 노인병 전문의들은 고령의 환자들과 교류하면서 얻는 만족감 때문에 다른 전문가들보다 자신의 일을 더 즐기는 경향이 있다.[87]

부정적인 나이 고정관념 탓에 많은 의사들이 고령의 환자들에게 인내심과 열정을 보이지 않으며 정확한 상태나 치료 방법을 상세히 설명해주지도 않는다. 그 결과 노인들은 질병에서 회복하기 위해 필요한 정보를 제대로 얻지 못한다.[88] 또 이런 고정관념 때문에 노인 환자들은 치료도 충분히 받지 못한다.

연령차별이 노인의 건강에 미치는 영향을 조사한 연구들을 체계적으로 검토한 결과, 의료 서비스 이용에 관한 연구의 85퍼센트에서 의료인들은 나이를 제외하고는 모든 면에서 동일한 젊은 환자에 비해 노인 환자에게 유독 특정 치료를 단념시키거나 아예 거부하는 경향을 보였다. 연구에 포함된 45개국에서 연령차별은 노인들의 건강을 예외 없이 악화시켰다.[89]

그럼에도 의료서비스에서의 연령차별은 아직 공중보건 분야에 만연한 인권 문제로 인식되지 않는다. 정책 입안자들이 그 영향을 구체적으로 이해하는 데 도움을 주기 위해, 나는 경제학자이자 통계학자인 동료와 힘을 모아 연령차별이 유발하는 건강 비용에 가격표를 붙였다.[90] 그 비용은 연간 총 630억 달러로,[91] 미국에서 가장 비싼 만성질환인 고도비만보다 더 큰 액수였다.[92] 그것은 우리가 예방을 통해 절약할 수 있는 의료비이기도 하다. 사실 그 정도는 보수적인 추정치다. 여덟 가지 질병만을 고려했을 뿐 임금 손실에 따르는 비용은 포함하지 않았기 때문이다.

마틴 루서 킹 주니어는 이렇게 말했다. "모든 형태의 불평등 중에서, 의료서비스의 불평등이 가장 충격적이고 비인간적이다."[93]

교차성과 고난의 연속

나는 연령차별이 존재하는 수많은 영역 가운데 일부만을 설명했지만, 연령차별의 촉수가 항상 우리 삶의 독립된 영역에 깔끔하게 뻗치는 것은 아니다. 이 영역들은 겹치고 촉수들은 얽힌다. 우리는 모두 연령차별을 희화화한 노래와 이야기에 노출된다. 우리는 모두 노인을 환자 취급하는 의료 시스템을 이용한다. 우리는 모두 연령차별이 넘쳐나는 대중문화의 바다에 표류한다. 대부분은 여러 영역에 누적된 연령차별을 경험한다. 그리고 우리는 연구를 통해 반복적이고 예측하기 어려운 스트레스가 건강에 가장 심각한 영향을 미치는 유형이라는 것을 안다. 연령차별 경험 역시 반복적이고 예측하기 어렵다.[94]

연령차별은 성차별, 인종차별, 동성애 혐오 등 사람들이 평생에 걸쳐 노출되는 다른 편견과 섞이면 더욱 악화된다. 미국에서 유색인종과 여성은 건강에 부정적인 영향을 주는 저임금 업무 환경에서 일할 공산이 크다. 그들이 노년기에 접어들면 건강 문제는 더 많고 모아놓은 돈은 적어서 의료 혜택을 누리기가 어려울 수밖에 없다. 노화조차 불평등에서 자유롭지 않은 것이다.[95]

2021년에 미국 전역에서는 아시아인을 대상으로 한 끔찍한 증오 범죄가 급증했다. 아시아 출신들은 거리에서, 자신의 집 앞에서, 교회로 가는 길목에서 폭행을 당했다. 그 피해자의 상당수가 고령의 여성이었지만, 잇따른 폭력에 반대하여 목소리를 높이는 사람들이 등장했을 때도 나이 또는 연령차별은 거의 언급되지 않았다. 뉴욕 차이나타운의 지역사회운동가 칼린 찬Karlin Chan은 예외였다. "아무래도 우리 어르신들과 여성들이 더 걱정이죠. 노인만 골라서 괴롭히는 것 같거든요. 가해자들은 기회주의자가 틀림없어요. 건강한 젊은 남자는 못 건드리잖아요."[96]

이런 사건들은 연령차별이 다른 종류의 차별로 악화될 수 있음을 보여주는 예다. '교차성intersectionality'이란 연령차별이 다른 형태의 차별과 결합되면 불이익이 커지고 그 영향도 커지는 현상을 의미한다. 미국에서 먹거리를 충분히 구입할 여유가 안 되는 노인의 비율은 유색인종에서 월등히 높다. 흑인 노인의 64퍼센트와 라틴계 노인의 74퍼센트는 빈곤선을 가까스로 넘는다.[97]

고령의 미국 원주민들도 건강 문제와 극심한 가난을 겪고 있다. 이 집단은 의료 서비스를 이용하지 못해 코로나19로 사망한 비율이 유난히 높았다.[98]

60세 시인으로, 추마시 부족의 일원인 데버라 미란다Deborah Miranda는 원주민 노인에게 찍힌 낙인의 복잡한 효과를 이렇게 묘사한다. "끝없는 고난의 연속이다. 한시도 편한 시기가 없다. 트라우마, 스트레스가 어마어마하다." 그녀에 따르면 구조적 차별로 인해 충분한 임금과 적절한 의료 서비스를 받지 못하는 탓에 노령이 되도록 살아남는 부족원의 수가 적을뿐더러, 노인이 된다 해도 인종차별과 연령차별, 여성의 경우 성차별이라는 복합적인 고통에 시달린다.

미란다의 할머니는 중년에 돌아가셨다. 한편 75세까지 살았던 할아버지 톰Tom은 평생을 인종차별에 부대꼈다. 노년에는 이런 차별에 그가 흡수한 백인 문화의 부정적인 나이 고정관념까지 더해졌다. 노인이나 아메리카 원주민으로서 손자들을 위해 해줄 것이 거의 없다고 생각하고 부족의 관습이나 춤, 언어에 대한 지식을 전수하지도 않았다. 데버라는 나중에야 할아버지가 남몰래 "직접 예복을 만들어 입고 산에 올라가 춤을 추었다는" 사실을 알게 되었다. 그녀는 할아버지가 부족의 언어를 할 줄 안다는 것도 몰랐다. 할아버지가 말하는 추마시 언어를 데버라가 처음 들은 것은 "그분의 임종 때"였다.

앞으로 가야 할 길

뿌리 깊은 연령차별이 만연하다는 것은 두 가지 차원에서 극복하려는 노력이 필요하다는 뜻이다. 우선, 연령차별을 만나면 개인적 차원에서 부정적인 연령 인식에 맞서야 한다. 둘째, 그런 인식을 바탕으로 돌아가는 사회제도에 맞서야 한다. 연령차별이 없는 정의로운 사회를 만드는 데 보탬이 될 지침은 다음 장에서 살펴본다. 부록 1~3에서는 연령차별에 대처하는 법을 좀 더 자세히 소개한다.

9

나이에서 해방된다는 것

　연령 인식은 우리의 평생에 걸쳐 흡수되고 강화되지만 바뀔 여지도 있다. 절대 고정불변이 아니다. 나는 실험실에서도 연령 인식을 바꾼 적이 있다. 연령 인식은 시대가 흐르면서 변화하며 문화 집단에 따른 차이도 크다.

　이번 장에서는 나이가 들수록 쇠퇴한다는 사고방식에서 나이가 들수록 발전한다는 사고방식으로 전환하는 방법을 다룬다. 이를 위해 내가 과학적 연구와 관찰을 바탕으로 이 책을 위해 개발한 ABC 요령을 소개한다. 그 방법은 세 단계로 구성된다. **인식**Awareness 개선하기, 비판받아 마땅한 것을 **비판**Blame하기, 부정적인 연령 인식에 **도전**Challenging하기. 이 방법은 부정적인 나이 고정관념이 난공불락의 요새로 둘러싸이지 않았음을 증명한다. 이런 전략은 부정적인 인식을 조금씩 깨트리고 긍정적인 인식을 다지는 데 도움이 된다. 그것이 바로 이번 장과 부록 1에 제시된 연습의 목표다.

연령 해방의 ABC

A: 인식 개선하기

인식은 내부에서 시작된다

부정적인 연령 인식을 바꾸려면 일단 그것을 찾아낼 줄 알아야 한다. 우리의 연령 인식을 점검하지 않고서는 개선할 수가 없다. 자신이 고령자들을 부정적인 고정관념으로 표현하지 않는지 잘 살펴보자. 자신이 쓰는 표현 중에서 부정적인 것을 가려보자. 운전석에 앉았을 때 앞차의 노인 운전자를 보며 투덜대고 있다면, 고령의 운전자들이 젊은 운전자들보다 사고를 덜 내고 운전 중에 문자메시지를 보내는 경우도 적다는 사실을 되새기자.[1] 78세에 미국스톡자동차경주협회NASCAR의 대회에 참가한 모건 셰퍼드Morgan Shepherd처럼 뛰어난 노인 운전자들을 떠올려도 좋다.

그렇게 하면 우리가 노인들에게 어떻게 말을 하는지 인식하는 데도 도움이 된다. 미국과 유럽에서 노인들, 특히 치료를 받는 환자들에게 이야기할 때는 쉬운 단어, 단조로운 억양, 평소보다 큰 목소리를 특징으로 하는 '노인 언어elderspeak'를 쓰는 사람이 많다.[2] 또 우리는 노인들을 '순둥이', '우리 애기', '예쁜이'처럼 어린아이와 강아지에게나 적합한 호칭으로 부르기도 한다. 이런 언어는 듣는 사람의 자존감을 떨어뜨리기 쉽다.[3] 최근에 나 역시 백세인과 이야기를 나눌 일이 있었는데, 나도 모르게 상대에게 목소리를 높이고 단음절 단어를 주로 쓰게 되었다. 하지만 그분이 내 말을 듣고 이해하는 데 아무 문제가 없다는 것을 금방 알 수 있었다. 그분은 내가 왜 그러는지 알 만하다는 듯 짓궂은 미소까지 지었다. 그래서 나는 일부러 내 또래의 친한 친구와 대화할 때의 말투로 바꾸었다. 그러다 보니 어느새 평소에 쓰는 일상 언어를 쓰고 있었다.

노화의 긍정적 이미지를 통해 인식을 개선한다

우리가 노화의 긍정적인 모델을 이해하고 수용할수록 연령 차별 환경에서 의식적, 무의식적으로 전염된 부정적인 연령 인식은 무너지게 마련이다.[4] 부모, 이웃, 대학 시절의 역사 교수, 도서관 사서, 우정 벤치에서 대화 치료를 하는 짐바브웨의 쿠시

나이가 든다는 착각

할머니, 사회 현안에 대해 우스갯소리를 하는 60대 바리스타 등 당신이 긍정적인 연령 모델이라고 생각하는 특정 인물을 떠올려보자. 그 사람의 어떤 행동이 부정적인 고정관념을 약화하거나 긍정적인 고정관념을 강화할까?

긍정적인 역할모델은 우리를 기분 좋게 하는 데 그치지 않는다. 우리의 행동을 실제로 바꾸는 데도 도움이 된다. 〈X파일〉에서 나온 '스컬리 효과'를 생각해보자. 질리언 앤더슨이 연기한 FBI 과학자 데이나 스컬리를 꾸준히 보면서 자란 소녀들은 과학을 공부하고 과학 분야에 진출할 가능성이 높았다.[5]

긍정적인 노화 모델을 갖는 데 도움을 얻는 방법은 또 있다. 내 연구에서 4주 동안 매주 한 번씩 건강하고 활동적인 가상의 노인에 대해 짤막한 일기를 쓴 노인들은 부정적 연령 인식이 현저히 줄었다.[6] 다른 학자들의 연구 결과도 비슷했다. **두 살** 이전에 노인 역할모델과 한집에 산 사람들은 그런 역할모델 없이 어린 시절을 보낸 동년배에 비해 대체로 건강한 노년을 보냈다.[7] 테레사 수녀나 알베르트 아인슈타인 같은 인물들을 노인 역할모델로 삼은 대학생들은 그렇지 않은 대학생들보다 암묵적 연령차별 점수가 훨씬 낮았다.[8]

어릴 때 내 곁에는 호티Horty 할머니 외에도 존경하고 사랑하는 다른 할머니, 할아버지가 계셨고, 부모님은 노인이 되어서도 내게 끊임없이 영감을 주셨다. 이 글을 쓰는 현재 78세인 내

어머니 엘리너Elinor는 혁신적인 의학 연구소를 운영한 열정적인 면역학자로, '다 함께 투표를' 캠페인을 진행하는 단체인 '행동하는 할머니들Grandmothers in Action'의 한 분과를 이끌고 있다. 내 아버지 찰스Charles는 베트남 참전용사들을 대상으로 한 연구로 외상 후 스트레스장애 진단의 기초를 닦은 사회학자로, 85세의 나이에도 나를 비롯한 젊은 연구자들을 지도하며 쉴 새 없이 일하고 있다.

노화의 긍정적인 이미지를 다양하고 섬세하게 보여주는 포트폴리오를 구축하는 것은 무척이나 중요하다. 그런 작업을 통해 갖가지 훌륭한 특질을 노화와 연결 지을 수 있다.

예를 들어 77세에 우주로 돌아간 우주비행사 출신의 상원의원 존 글렌이나, 80대 후반까지 훌륭한 법률 의견서를 썼던 루스 베이더 긴즈버그 대법관 같은 인물은 우리의 역할모델로 삼기에는 너무 특별한 예외로 보일 수 있다.[9] 결국 우리 가운데 두 가지 직종에서 크게 성공할 사람이나 법원의 최고위직에 오를 사람이 몇이나 될까? 그렇다 해도 우리가 존경하는 노인 역할모델의 구체적 자질(이를테면 긴즈버그 판사의 직업윤리나 성평등을 위한 노력)에 관심을 갖는 것은 큰 도움이 된다. 이런 미덕을 강화하는 것은 대부분의 사람들에게 좀 더 달성하기 쉬운 높은 목표이기 때문이다.

연령 다양성과 연령맹 문제의 인식

노화는 유난히 이질적인 과정이다. 사실 나이가 들수록 사람들 사이의 차이는 더 커진다.[10] 이 과정에는 사회적 요인과 개인적 요인이 동시에 영향을 준다. 60세 이상 인구를 전부 같은 부류로 엮는 것은 20세에서 50세 사이를 몽땅 하나의 범주로 묶는 것과 같다.[11] 안타깝게도 미국과 전 세계의 뉴스 기사와 건강 관련 연구에서는 고령자를 빼거나 같은 인구통계 집단으로 뭉뚱그린다. 그 결과 이 연령 집단을 자세히 분석하거나, 이들에게 직접 혜택을 줄 정책과 사업을 설계하는 것이 불가능해진다. 노화 과정의 놀라운 다양성을 고려하는 것도 어려워진다.

색맹이 인종의 중요성을 놓치듯이, 연령맹은 연령의 중요성을 놓친다. 잘 살펴보면 연령맹이 얼마나 흔한지 알 수 있다. 우리 동네 슈퍼마켓에서 생선을 파는 남자는 좋은 뜻에서 손님들을 '아가씨', '청년'이라 부른다. 미국에서는 여러 해 못 보다가 만난 성인들에게 흔히 "하루도 더 늙지 않았다"고 입에 발린 인사를 한다. 비록 나쁜 의도는 아니지만, 누군가의 나이를 무시하거나 깎는 것은 그 사람의 나이 정체성을 줄여야 한다는 뜻이므로 모욕이 될 수 있다.[12] 따라서 노화가 일어나지 않았다는 듯이 구는 것은 좋지 않다. 나이를 진지하게 받아들이고 소중하게 생각해야 한다. 노인이라는 것을 눈치채지 못한 척하는 것은 고령의 장점뿐 아니라 고령에 따라올 수 있는 차별을 외면하게 되므로 해결책이 될 수 없다.

일상 속 보이지 않는 연령 고정관념

자신의 내면을 들여다보고 다른 사람들의 모습을 살펴보는 것 외에도, 나이 고정관념이 있을 만한 곳이 어디인지 찾아보자. 다음 이야기에서처럼 처음에는 보이지 않는 것을 찾는 듯이 느껴진다. 어린 물고기 두 마리가 헤엄을 치다가 늙은 물고기를 만났다. "얘들아, 여기 물 어떠니?" 늙은 물고기가 이렇게 물었지만 어린 물고기 둘은 멈추지 않고 늙은 물고기를 지나쳤다. 얼마 후 헤엄을 치다가 한 마리가 다른 한 마리에게 물었다. "물이 대체 뭐야?" [13]

일단 물에 신경을 쓰기 시작하면 어디에나 젖은 것이 보인다. 예일대학교의 '건강과 노화' 수업이 시작될 무렵에 학생들은 연령차별에 대한 인식이 거의 없다. 석 달이 지나면 신문을 펼치거나, 소셜미디어를 보거나, 사람들과 이야기를 나눌 때마다 도처에 도사린 부정적 나이 고정관념이 눈에 들어온다.

한 학생은 과거에도 여러 번 본 적 있는 "12세 이하나 65세 이상은 신을 벗지 않아도 됩니다"라는 공항 보안검색대의 안내 문구가 갑자기 충격적으로 느껴졌다. 그녀는 정부기관인 교통안전국이 두 연령대를 똑같이 취급하는 이유가 무엇인지, 이런 어린애 취급이 노인에게 어떤 영향을 미칠지 과거에는 별로 생각해본 적이 없었다.

바더-마인호프 효과Baader-Meinhof effect[14]는 우리가 어떤 현상에 특별히 관심을 기울이기 시작할 때 나타난다. 예를 들어 스바루 스테이션왜건 같은 새 차를 사기로 마음을 먹었다고 가정해보자. 갑자기 어딜 가나 그 차가 보이기 시작한다. 고속도로에도, 공항 주차장에도, 골목에도 스바루가 있다. 친구의 동생도 그 차를 몬다. 알고 보니 아버지의 첫 차도 스바루였다. 다들 작당이라도 한 것 같지만 사실은 그렇지 않다. 스바루가 머릿속에 있다 보니 자주 눈에 띄는 것이다. 연령차별도 마찬가지다. 일단 신경 쓰기 시작하면, 어디를 가든 모든 것과 모든 이에게서 연령차별이 보인다.

쉽게 발견되는 연령차별도 있다. 우리 동네 파티용품 가게에 따로 마련된 고령자 생일 코너가 그렇다. 아직 본 적이 없다면 '노땅용'이라 표시된 진열대를 찾아보자. 그곳에 가면 묘비가 붙은 검은 풍선들과 "말 같았으면 진작에 총 맞아 죽었지" 따위의 암울한 경고문이 인쇄된 식탁보를 볼 수 있다.

연령차별의 다른 예들은 노인의 부재와 관계되기 때문에 더 알아차리기 어렵다. 환자의 나이 때문에 필요한 치료를 거부하는 병원, 다양한 인구 구성의 필요성을 강조하면서도 나이는 논의에서 쏙 빼는 미디어·마케팅·직장, 개선된 치료로 이어질 수 있지만 노인은 그 대상에 포함하지 않는 임상시험 등이 그 예다.

이런 차별은 못 보고 넘기기 쉽지만 노인에게 평등한 기회를 제공하는지, 노인을 배제하는지는 항상 유심히 감시해야 한다.

미래의 우리 자신에 대한 인식

나이가 별로 많지 않은 우리는 자신을 노인과 근본적으로 다른 사람으로 여기기보다, **노인 훈련을 받는 사람**쯤으로 생각하면 도움이 된다. 별일이 없으면, 우리는 노인이 될 것이다. 그렇게 따지면 우리의 부정적 연령 인식은 미래의 자신에 대한 편견이 된다.

젊을 때는, 나이 많은 사람과 접촉할 기회가 별로 없으면 늙는다는 것이 어떤지 상상하기 어렵다. 나이 드는 것을 기피하고 노인을 회피하는 것은 연령차별 사회에서 많은 젊은이들이 무의식적으로 학습하는 행동이다. 노화를 대하는 올바른 방법은 여러 세대가 적극적으로 접촉하는 것이다. 그러면 모두에게 유익하다. 다양한 나이대가 섞인 요가 수업이나 인터넷 독서회, 모든 연령에게 열려 있는 공공장소, '활동하는 늙음과 젊음'을 모토로 하는 그레이 팬서스 같은 연령 정의 단체에서 노인들을 찾아보자. 나이 많은 동료나 이웃과 친해지자. 고령의 친척과 함께할 만한 활동을 계획하자. 전 세계를 대상으로 다양한 사업에 다양한 연령대의 성인을 참여시킬 때 어떤 효과가 있는지를 조사한 최근 연구에 따르면, 이 경우 노인을 바라보는 젊은이의 인식과 그 반대의 인식이 모두 개선된다.[15] 직접 경험이 어렵다면 노인들이 만든 영화, 책, 블로그, 팟캐스트 등의 매체를 자주 접할 기회를 찾아보자.

B: 비판받아 마땅한 것을 비판한다

노화가 아닌 연령차별을 탓하라

자신의 연령 인식과 자신이 속한 문화에 퍼져 있는 연령 인식이 어떤지 파악했다면, ABC 요령의 B 단계로 넘어가 노화에 대해 새롭게 이해할 준비를 갖춘 것이다. 이 단계에서는 부정적인 나이 고정관념을 포함한 연령차별의 표적이 되었을 때, 자신에게 향하는 비난의 화살을 마땅히 비난받아야 할 대상인 연령차별과 그 사회적 원인으로 돌리는 법을 이해한다. 그렇게 하려면 나쁜 사건이 발생하는 폭넓은 배경을 살펴 문제의 진정한 원인을 찾아야 한다. 일단, 노화를 힘들게 만드는 것은 노화 과정 자체가 아니라 연령차별이라는 사실부터 인식해야 한다.

최근에 한 의사에게서 들은 이야기다. 85세 노인이 무릎에 뭉근한 통증을 느끼고 의사를 찾아갔다가 이런 말을 들었다고 한다. "영감님, 이 무릎은 85년이나 됐잖아요. 뭘 어쩌겠어요?" "맞아요, 의사 선생." 환자가 대답했다. "그런데 역시 85년이나 된 다른 쪽 무릎은 하나도 안 아픈데요."

환자가 늙었다는 이유로 환자의 우려를 외면하는 의사는 다른 원인이 작용할 수 있는 상황에서도 나이를 탓한다는 뜻이다. 문제의 원인을 찾을 생각은 않고 만년에는 신체 기능이 떨어질 수밖에 없다는 연령차별적 추정(대개 유치원 때 심어져 의대를 다니는 내내 다져졌을 연령 인식)에만 기대어 치료의 책임을 게을리 하는 것이다. 환자가 최근에 집 앞에 쌓인 눈을 치우려고 삽질을 하느라 근육을 무리하게 써서 무릎이 아플 수도 있는데 말이다. 하지만 '늙은 무릎'이기 때문에, 이 의사는 자신이 해결할 문제가 아니라고 생각한다. 늙으면 반드시 나타날 수밖에 없는 문제라서 도움을 줄 수 없다고 단정한다.

우리에게는 누군가에게 문제가 생기면 그 사람에게 닥친 상황보다 사람 자체를 비난하는 경향이 있다. 이를 '기본적 귀인 오류'라 한다.[16] 계산대 앞에 줄을 서서 기다리는데 누가 끼어들면, 집에 있는 아픈 아이에게 먹일 약을 사지 못해 어쩔 줄 모르는 부모라고 추측하기보다 원래 개념이 없는 사람이라고 판단한다.

청중 앞에서 내 연구를 발표하면 나중에 다가와서 이런 말을 하는 사람이 종종 있다. "물론 부정적인 나이 고정관념은 어디에나 있어요. 하지만 고정관념이란 나이가 들면 쇠약해질 수밖에 없는 현실을 반영했을 뿐이잖아요." 이런 생각의 가장 큰 문제는 노년기가 정신적, 육체적 쇠락을 피할 수 없는 시기라는 일반적인 관념이 부정확하다는 것이다. 70대에도 버섯에 대한

나이가 든다는 착각

지식을 꾸준히 넓힌 패트릭이나 90대에 뛰어난 수영선수가 된 모린을 떠올려보자. 두 번째 문제는 이런 사고방식에 원인과 결과가 뒤섞여 있다는 것이다. 이 책 앞부분에서 설명했듯이, 사회에서 받아들인 연령 인식은 우리의 건강과 노화의 생체표지에 영향을 미친다. 우리의 노화에서, 흔히 사회는 원인이 되고 신체는 결과가 된다.

그렇다면 이런 인과관계의 틀을 바꾸는 최선의 방법은 무엇일까? 바로 책임의 소재를 돌리는 것이다.

근본 원인 비판하기: 물에 빠진 사람 구하기

건강을 개선하려면 구체적인 건강 습관을 바꾸기보다 연령 인식을 바꾸라는 나의 제안이 의아하게 느껴질 수도 있다. 결국 노화에 관한 책은 대부분 잘 먹고 스트레스를 줄이고 운동에 힘쓰라고 권하고 있으니까. 모두 건강과 장수에 도움이 되는 습관이지만, 이런 행동에만 주력하는 것은 장기적으로 큰 효과가 없으며 오히려 역효과를 낳기도 한다.[17] 왜일까? 해로운 식생활, 높은 스트레스 수준, 운동 부족에서만 원인을 찾는 것은 **상류** 요인보다 **하류** 요인에만 매달리는 것이기 때문이다. 의학 사회학자 어빙 졸라Irving Zola의 비유를 생각해보자.

당신은 급류가 흐르는 강기슭에 서 있다가 물속에서 허우적대는 사람을 발견한다. 그가 당장이라도 빠져 죽을 수 있는 상황이라 당신은 목숨을 걸고 얼음장 같은 위험한 물속에 뛰어들어 그 사람을 간신히 강가로 끌어낸다. 그에게 심폐소생술을 하고 있는데 비명 소리가 들린다. 물에 빠져 허우적거리는 사람이 또 있다. 당신은 다시 한번 뛰어들어 그 사람을 안전한 곳으로 옮기고 심폐소생을 시작하지만 알고 보니 강물에 빠진 사람은 한둘이 아니다. 당신은 무슨 상황인지를 문득 깨닫고 공포에 사로잡힌다. 그들은 모두 저 멀리 상류에서 빠진 사람들이었다. 당신은 문제의 원인을 살펴 사람들이 물에 빠지는 것을 막고 싶다. 하지만 이미 빠진 사람들을 구하기 바빠 원인을 조사하거나 다른 조치를 취할 겨를이 없다.[18]

이는 공중보건 분야에 흔히 나타나는 문제다. 절박하고 시급한 하류의 문제(물에 빠진 사람들)와 위험하고 구조적인 상류의 원인(사람들이 물에 빠지는 원인)을 이중으로 해결해야 한다. 연령 인식은 건강과 복지의 상류 쪽 예측 변수다. 연령 인식을 개선하면 건강 습관에만 집중할 때보다 오히려 건강 습관을 쉽게 바꿀 수 있다. 인식에 바탕을 둔 습관은 내면에서 외부로의 변화를 낳는다.

이 비유에서 부정적 연령 인식을 비롯한 연령차별의 상류 요인은 사람들을 강물 속으로 밀어 넣는 악당으로 볼 수 있다. 우리는 악당을 막을 필요가 있다. 이상적인 해결책은 연령차별을 완전히 없앨 사회 개혁의 물결을 일으키는 것이다. 하지만 그

나이가 든다는 착각

전에는 이번 장에 요약되어 있고 부록 1에 자세히 설명된 ABC 훈련으로 세찬 급류에서 우리 자신을 보호하자.

C: 부정적인 연령 인식에 도전하라

ABC 요령에서 C는 연령 인식에 대한 도전을 의미한다. 우리 연구에 따르면 연령차별을 무시하기보다 적극적으로 직시하는 노인들이 우울증과 불안감을 덜 느낀다.[19]

목소리를 내라

연령차별에 맞선다는 것은 차별이 눈에 띌 때 목소리를 내는 것을 의미한다. 사적인 관계에서도, 공적인 토론의 장에서도 마찬가지다.

예를 들어 64세의 연령차별 반대 운동가 애슈턴 애플화이트는 '저기, 이거 연령차별인가요?'라는 온라인 칼럼을 시작했다. 독자들은 다양한 말과 행동을 예로 가져와 연령차별에 해당하느냐고 그녀에게 묻는다. 애플화이트는 온화하고 신중하게 연령차별을 비판하고 독자들에게도 비판하라고 권한다. 최근에 한 독자는 이런 질문을 던졌다. "'마음만은 청춘인 사람들을 위해'라는 표현에 대해 어떻게 생각하세요?" 애플화이트의 답변은 이랬다. "'마음만은 청춘'이 어떤 의미일까요? 장난기가 많다? 낭만적이다? 모험을 꺼리지 않는다? 이런 성향, 또는 그 반대의 성향은 인생의 어느 시점에든 나타날 수 있죠. 하지만 '마음만은 청춘' 같은 젊은이 중심의 언어는 그렇지 않다는 암시를 주기 때문에 연령차별적입니다."[20]

연령차별에 반대 목소리를 내는 유명인사도 하나둘 늘고 있다. 슈퍼스타 마돈나는 최근에 이렇게 불평했다. "사람들은 항상 이런저런 이유로 내 입을 닫으려 했어요. …… 지금 나는 별로 젊지 않죠. 이제는 연령차별과 싸워야 해요. 60이 되었다는 이유로 벌을 받고 있는 기분이네요."[21] 72세의 로버트 드니로도 영화 산업을 비판했다. "영화계에서는 젊음이 아주 중요한 미덕이에요. 다른 분야와 달리 나이는 존경받지 못하죠. …… 영화에 출연하려면 젊고 예쁘거나 젊고 잘생겨야 해요."[22]

그보다 덜 유명한 사람들도 문제 해결에 동참하고 있다. 83세인 내 시아버지는 대중음악 교수이자 줄리아드 출신 피아니스트로, 고용주인 펜실베이니아대학을 상대로 나이 차별 소송을 제기했다. 학교 측이 하루하루를 버티기 힘들게 만드는 수법으로 그를 강제 은퇴시키려 했기 때문이었다.

도전은 일찍부터 시작할 수 있다. 딸들을 기를 때 나는 매력적이고 흥미로운 노인들이 등장하는 책을 읽어주며 아이들에게 긍정적인 연령 인식을 심어주려 노력했다. 다양한 연령대가 등장하는 TV 프로그램도 선택했다. 그리고 아이들에게 부정적 연령 인식이 슬그머니 파고든다 싶으면 연령차별의 예를 찾아

나이가 든다는 착각

보게 하는 식으로 내 딸들을 부정적인 연령 인식에서 보호했다. 로알드 달Roald Dahl의 소설 《조지, 마법의 약을 만들다》는 다소 유감스러운 묘사로 시작하여 아이들을 당황하게 했다. "그 할망구의 머리는 희끗희끗하고 이빨은 누리끼리했으며 작은 입은 개 똥구멍마냥 튀어나와 있었다." 우리가 이 부분을 읽을 때 한 아이는 얼굴을 찌푸렸다. 다른 아이는 이렇게 말했다. "뭐야, 할머니한테 너무하잖아."

딸들이 초등학교에 다닐 때도 도전은 계속되었다. 초등학교에서 노인들을 조롱하는 100일 기념행사가 열리기 전에 내 아이들은 두 명의 사회자가 진행하는 장기자랑에 참가했다. 사회자는 학생들 사이에서 인기가 많은 4학년들로, 흰머리 가발을 쓰고 너덜너덜한 슬리퍼를 신고 지팡이를 짚은 채 몸을 과장되게 구부리고 심술을 부리는 시늉을 하며 무대를 누비고 다녔다. 사회자들은 다음 순서를 소개하다가 무슨 말을 해야 하는지 잊었다는 듯 문장을 중간에서 얼버무리곤 했다. 교사들을 포함한 청중들은 깔깔대며 환호했다.

사회자들의 연령차별적 노인 희화화에 도전하기 위해 나와 딸들은 연령차별 반대 워크숍을 기획하고 진행했다. 그날 무대에서 본 나이 고정관념과, 그런 고정관념과는 전혀 다른 노인들의 모습에 대해 아이들끼리 이야기를 나눴다. 내 딸들은 반 친구들을 여러 조로 나누어 잡지 더미나 각자의 경험에서 고른 사진들로 콜라주를 만드는 활동도 준비했다. 아이들 절반은 연령 차별을 보여주는 콜라주를, 절반은 노인을 긍정적으로 묘사하는 콜라주를 만들었다.

버몬트주 그린마운틴에 사는 내 부모님의 이웃인 99세의 아이린 트렌홈Irene Trenholme은 연령차별에 도전하기를 주저하지 않는 노인이다. 그녀는 '세컨드핸드 프로즈Secondhand Prose'라는 중고 서점을 운영해 그 수익금을 지역 도서관에 기부한다. 아이린은 서점 직원들의 교대 근무 시간을 짜고 기부받은 책을 분류하는 작업을 한다. 최근의 어느 날 오후, 아이린은 언덕 꼭대기에 자리 잡은 자신의 빅토리아풍 주택에서 커피를 마시자고 나를 초대했다. 우리 둘 사이의 탁자에는 그녀가 조금 전에 완성한 1000조각짜리 구스타프 클림트 그림 퍼즐이 놓여 있었다. 그녀는 머리와 손가락을 풀기 위해 매주 새 퍼즐을 맞춘다고 한다.

아이린은 연령차별적 발언이나 행동을 맞닥뜨리면 그것이 적절하지 않다고 정중하지만 단호하게 지적한다. 최근에 병원에 갔더니 의사가 청력에 아무 문제도 없는 아이린에게 큰 소리를 내고, 그마저도 대부분은 그녀의 아들에게 이야기했다고 한다. 아이린은 그 자리에서 이렇게 지적할 필요가 있다고 느꼈다. "고맙지만 나는 듣는 데 이상이 없어요. 그리고 당신 환자는 내 아들이 아니라 나예요." 당황한 의사는 자신이 그녀에게 어떻게 행동하고 있었는지 몰랐다고 정중히 사과했다.

아이린은 친구들이 연령차별적 농담이나 행동의 대상이 될 때도 가만히 있지 않는다. "사람들이 늙은이를 항상 친절하게 대하는 건 아니에요." 그래서 그녀는 그런 행태를 바꾸기 위해 할 수 있는 일을 한다. 그런 용기는 자신의 할머니에게서 배웠다고 아이린은 말한다. 할머니는 아이린이 살고 있는 작은 마을 변두리의 젖소농장에서 그녀를 길러주셨다. "무슨 일을 하든 항상 당당해야 해." 할머니는 입버릇처럼 그렇게 말씀하셨다.

부록 1에는 긍정적인 연령 인식을 강화할 ABC 요령을 실천하는 방법이 실려 있다. ABC 요령이 실생활에 어떻게 적용되는지를 보여주는 수전의 예를 소개한다.

파푸아뉴기니에서 변화의 주역으로

당시 시카고대학의 박사과정 학생이던 수전 지아니노Susan Gianinno는 고민에 빠졌다. 지역사회의 역학관계에 대해 폭넓은 현장 연구를 실시할 목적으로 파푸아뉴기니로 떠날 준비를 하던 중에 어린 딸이 만성편도염 진단을 받은 것이다. 아기에게는 의사의 철저한 관리와 항생제가 필요했지만, 둘 다 당시의 남태평양 섬에서는 쉽게 구하기 어려운 것들이었다.

지구 반대편으로 이동하는 대신, 수전은 미국에서 논문을 완성할 방법을 찾기로 했다. 논문 주제를 조정할 방법을 궁리하던 중, 그녀는 어느 대형 광고 대행사의 리서치 팀장으로부터 전화를 받았다. 그는 모 교수를 통해 수전의 번호를 알아냈다며, 회사의 경쟁력을 높여줄 사회과학자를 구하는 중이라고 밝혔다. 수전은 여러 날을 고민하다가 결단을 내렸다. 그녀는 광고회사의 제안을 수락했다.

"저는 맥도날드 담당자가 되었어요." 그녀가 웃으며 말했다. 남태평양의 한 섬에서 사회적 지지라는 요인이 행복에 미치는 영향을 연구할 계획이었던 그녀는 단 몇 주 만에 '버거킹의 와퍼가 갑자기 맥도날드의 빅맥보다 많이 팔리는 이유'를 밝히는 조사를 시작했다. 계획의 전면 수정이었다. 그녀의 새 동료들은 옷차림이 근사하고 자기표현에 공을 많이 들였다. (그녀는 농담처럼 이렇게 말했다. "학계에서는 셔츠만 바지에 넣어 입어도 다들 멋 좀 부렸다고 생각하거든요.") 이곳에서는 업무의 진행 속도도 훨씬 빨랐다. 프로젝트는 몇 주 만에 완성되었다(시카고대학에서는 하나의 프로젝트를 10년씩 붙잡고 있기도 했다). 수전은 새로 발을 들인 세계가 아찔하고 짜릿하다고 느꼈다.

광고업계의 연령차별을 수전은 일찌감치 생생하게 **인식**했다. 그녀의 첫 고객은 피부 관리 브랜드 올레이Olay였다. 수전이 회사에서 처음 본 올레이 광고에는 아직 올레이의 고객이 아닌 듯한 젊은 여성이 등장했다. 그녀가 욕실 거울에 자신을 비추자 나이 든 여성이 그녀를 마주 본다. "내가 엄마랑 똑같다니!" 젊은 여성은 비명을 지른다.

나이가 든다는 착각

이 회사의 광고에서는 노인이 배제되는 경우가 많고, 포함된다 처도 여성은 온순한 할머니로, 남성은 권위적인 꼰대로 표현되는 경향이 있었다. 그리고 노인들은 대개 최신 기술과 동떨어진 사람들로 묘사되었다. 55~73세 인구의 70퍼센트가 스마트폰을 소유하고 있음에도, 전자기기를 다루는 노인이 등장하는 광고는 5퍼센트 미만이었다.[23]

더구나 수전은 광고업계에서 그리는 고령자들의 이미지가 점점 더 나빠지고 있음을 체감한다. 70대는 미국 노동시장에서 가장 빠르게 증가하고 있는 연령대지만, 직장에서 일하는 사람들을 보여주는 광고에는 거의 등장하지 않는다. 대신에 의료 혜택의 수혜자로 흔히 묘사된다.

지난 10년 동안 광고계는 노인들을 겨냥한 광고를 공중파에 내보냈다. 이 현상은 다소 아이러니하다고 수전은 지적한다. "고령자들을 구매력을 지닌 소비자 집단으로 여기는 것은 인식 개선의 신호로 보일 수 있으니까요. 다만 이런 광고에서 노년기를 병들고 약해지고 이런저런 문제가 생기는 시기인 것처럼 그리는 현실이 안타까워요. 문제는 만년에 외로움이나 당뇨를 겪지 않는다는 것이 아니라, 그것과 반대되는 노인의 모습이 전혀 표현되지 않는다는 거예요. 노인들은 이렇게 부정적인 메시지로 공격을 받을 뿐입니다. 노화의 다른 측면, 폭넓은 관점, 다차원적 시각은 다루어지지 않아요."

수전은 이런 인식을 드러내는 광고업계를 **비판**한다. 이런 나이 고정관념은 수전이 본능적으로 알고 있는 노화의 다양성이나 강점과 일치하지 않기 때문이다. 그녀는 여덟 명의 형제자매, 활동적인 직장 여성이었던 어머니, 아주 가깝게 지낸 삼촌, 고모, 조부모, 그리고 90대가 될 때까지 의사로 일했던 아버지 등 여러 세대가 어우러진 대가족에서 성장했다. 그리고 시카고 대학에서 수전은 사회노인학의 창시자인 버니스 노이가튼Bernice Neugarten의 가르침을 받았다. 그는 이를테면 성장한 아이들이 집을 떠나는 '빈 둥지' 현상을 대중문화에서는 슬프거나 충격적인 경험으로 묘사하지만 오히려 아이와 부모 양쪽에게 성장의 기회가 될 수 있음을 증명하는 등 노화에 대한 오해를 하나하나 깨뜨렸다.

광고는 광고회사에 채용되어 광고를 만드는 사람들의 인식을 반영한다. 광고회사 직원의 평균 연령은 38세다.[24] 수전의 회사에서도 간부들은 고객을 상대하는 팀에 젊어 보이는 직원을 배치하고, 나이 든 직원은 광고 제작에서 소외시키는 경우가 많았다. 설 자리가 없었기에 그들의 목소리도 배제되었다.

만약 광고업계에 쭉 머물러야 한다면, 상황을 바꾸어 사람들의 인식에 **도전**해야겠다고 수전은 판단했다. 그녀는 경쟁이 지극히 치열한 이 업계에서 차츰 높은 자리로 승진하면서, 광고에서도 회의실에서도 노화의 다양성을 포용하겠다는 목표를 가지

나이가 든다는 착각

고 업계의 관행을 바꾸는 데 힘을 쏟았다.

현재 수전은 세계 최대 광고회사 가운데 하나인 퍼블리시스 노스 아메리카의 회장이다. 이제 70대가 된 그녀는 이 업계에서 최고령이자 가장 영향력 있는 CEO다. 광고 산업을 내부로부터 조용히 변화시키는 한편, 수전은 비영리 세계로도 눈을 돌렸다. 각종 제약은 적지만 이윤추구로 동기를 유발할 수도 없기 때문에 노화에 대한 긍정적인 이미지가 새롭게 제시되기 어려운 영역이었다.

현재 수전은 비영리단체인 광고 위원회의 운영을 돕고 있다. 잘 알려진 갓밀크 광고처럼 공익 목적의 광고를 제작하는 곳이다. 그녀는 자신이 주도한 '사랑에는 라벨이 없다' 캠페인에 특히 자부심을 느낀다. 노인, 젊은이, 동성애자, 이성애자, 흑인, 황인, 백인 등 다양한 사람들의 애정 관계를 보여주면서 온갖 종류의 편견에 맞서는 캠페인이다.[25] 그중에는 산책로에 설치된 대형 X선 스크린 뒤에서 다양한 커플이 누가 누군지 구분할 수 없게 골격만 드러낸 채 포옹을 나누는 광고도 있다. 이 커플들은 차례로 각자의 정체성을 드러낸다. 마지막은 남녀 노인이다. 스크린 뒤에서 나오면서 노인 여성은 선언한다. "사랑에는 연령 제한이 없어요." 6,000만 명 이상이 이 광고를 시청했다.

개인 차원에서 수전은 끈끈한 다세대 대가족의 "전형적이지 않은 관계" 속에서 부정적인 나이 고정관념에 도전해왔다. 이를테면 그녀의 가족은 최근에 다 같이 패들보드를 타는 법을 배웠다. 수전의 젊은 손자는 그녀의 회사 광고에 새 기술을 적용하는 방법을 조언했다. 수전은 젊은 손녀에게 이사회 소집하는 법을 알려주고 직접 소집하게 했다.

수전은 변화가 목전에 다가왔음을 확신한다. "결국 정의로운 세상을 위해 싸우는 열정적이고 건강하고 행복하고 적극적인 노인의 수가 많아지면 변화를 이룰 수 있겠죠." 수전은 '규범 변혁가'들이 기폭제가 되리라 기대한다. "그들은 기존 활동가와 다릅니다. 지금은 선동가처럼 보이지만 그 수가 조금씩 늘다가 갑자기 눈덩이처럼 불어나 가속이 붙기 시작하면 잡음처럼 들리던 것이 주류 문화로 파고들 거예요."

나이가 든다는 착각

10

새로운 사회의 나이 문화

누구도 나를 돌아서게 하지 못해

계절에 어울리지 않게 을씨년스럽던 최근의 어느 4월 오후, 나는 대학원생 제자인 서맨사, 이기와 함께 뉴욕행 기차를 탔다. 센트럴파크 바로 앞에서 우리는 빽빽이 모인 군중 틈에 섞였다. 유모차를 탄 아기부터 90대 운동가까지, 온갖 연령, 인종, 배경을 지닌 사람들이 모인 최초의 연령차별 반대 집회에 참가하러 온 것이었다. 집회는 그 자리의 모든 참가자가 이미 아는 사실에 대해 더 큰 확신을 주었다. 사회는 상호의존성으로 얽힌 거미줄이며, 한 집단에 미친 영향은 다른 모든 집단으로 확산된다. 고령은 늘 우리 머릿속을 떠나지 않았고 연령차별의 부당함은 항상 우리 마음을 짓눌렀지만, 사회의 각계각층이 연대하고 항의하는 뿌듯한 광경은 오래도록 잊기 힘들 것 같았다.

오후에는 열정 넘치는 연설과 구호가 메아리쳤다. 지방의회 의원 마거릿 친은 노인의 권리 수호에 관한 가슴 쩡한 연설을 했다. "우리는 고령자를 사회의 짐짝처럼 취급하는 위험한 인식부터 바꿔야 합니다. 방향을 완전히 전환해야 합니다!" 나이 때문에 의사, 임대인, 고용주에게 차별을 당한 적 있는 뉴욕 시민 몇몇이 경험담을 들려주었다. 집에서 만들어 온 피켓들이 우리 머리 위로 앞다투어 올라갔다(나는 알베르트 아인슈타인의 사진을 넣고 그 밑에 "이 남자를 채용하겠습니까?"라고 적은 피켓을 들었다). 나이 정의 문제를 옹호하는 노인들로 구성된 치어리더 팀 '실버 사이렌'의 신나는 춤 공연과, 흑인 가스펠 가수 다이애나 솔로먼-글로버의 가슴 뭉클한 독창이 이어졌다. 그녀는 시민권 가요 〈누구도 나를 돌아서게 하지 못해〉를 오늘의 주제에 맞게 개사했다. "누구도 나를 돌아서게 하지 못해 / 누구도 나를 돌아서게 하지 못해 / 나는 계속 나아갈 거야, 계속 소리칠 거야 / 자유의 땅으로 나아가면서." 후렴구가 돌아오자 온 군중이 그녀를 따라 열창했다.

　　　　　　　　나이가 든다는 착각

순둥순둥한 늙은이는 없다

1970년, 매기 쿤이라는 65세 여성이 필라델피아 교회에서 해고되었다. 그녀는 그곳에서 저소득자용 주택 확대 같은 사회 지원 사업을 운영하고 있었다.

강제 퇴직을 당한 후, 매기는 역시 65세라는 이유로 직장에서 쫓겨난 친구 몇 명을 한자리에 모았다. 처음에는 만나서 다들 불평만 늘어놓았지만 불평은 이내 각오로 바뀌었다. 이후 수십 년간 민권 운동과 베트남전 반대 운동에 참여하면서 매기는 풀뿌리 집단이 사회 변화에 미치는 영향을 몸소 깨달았다. 변화에는 시간이 걸리지만, 불가능해 보이던 것도 충분한 열정과 노력을 쏟으면 반드시 변화한다고 그녀는 믿었다.

1년 안에 매기와 친구들은 그들의 대의에 수천 명을 끌어들였다. 그 대의란 "아무도 달가워하지 않는 비참한 질환"이었던 고령을 축하해야 할 승리로 바꾸는 것이었다. 당시로서는 급진적인 인식이었다고 그녀는 설명했다.[1]

1970년대 중반 무렵, 매기의 작은 모임은 전국적인 관심을 끌기에 충분할 만큼 화제를 낳고 있었다. 어느 날 저녁, 재치 있는 TV 기자가 그들을 '그레이 팬서스'(블랙 팬서 운동을 본땄다)라 부르면서 그것은 단체의 이름이 되었다.

연령차별과 싸우기 위해, 그레이 팬서스는 법정 소송과 요란한 거리 시위를 벌이고 그곳에서 유머를 이용해 사람들의 관심을 끌면서 분위기를 뒤흔드는 전략을 주로 사용했다. 활동 첫해의 크리스마스 전날, 그들은 정년퇴직 정책에 항의하기 위해 산타복을 입고 백화점에서 피켓 시위를 했다. 그곳에서 일하기엔 산타가 너무 늙었음을 풍자하는 내용이었다. 미국 노인들의 건강 문제에 미국의사협회가 충분히 관심을 기울이지 않는 데 실망한 그들은 의사와 간호사 복장을 하고 의사협회를 '왕진'한 다음 '심장이 없다'는 진단을 내렸다.[2] 백악관 앞에서는 대통령 협의회에 노화라는 주제를 포함할 것을 요구하는 시위를 했다. 매기 쿤은 높은 시청률을 자랑하는 〈투나잇 쇼〉에 출연해 진행자 조니 카슨과 재담을 나누기도 했다. 단 하루 만에 그녀는 민중의 영웅이 되었다.[3]

1995년에 세상을 떠날 때까지, 매기는 그레이 팬서스와 함께 의회를 설득해 노인의료보험 예산 삭감안을 거부하고 대부분의 업종에서 정년을 폐지하는 법을 통과시키는 데 기여했다.[4] 이 과정에서 그들은 노년이 자기결정과 해방의 시기임을 입증했다. 매기는 동료 미국인들이 이렇게 깨닫기를 바랐다. "우리는 물렁물렁하고 순둥순둥한 늙은이가 아니다. 우리는 변화를 일으켜야 하고, 잃을 게 없다."[5]

매기가 단체를 이끌던 시절부터 이어온 그레이 팬서스의 유산은 '컵cub'이었다. 컵은 매기가 젊은 회원들에게 붙인 애칭이다. 고령화 정치경제학의 창시자인 캐럴 에스티스와 미국 상원의원 론 와이든을 비롯한 많은 회원들이 학계와 정치계의 영향력 있는 자리로 옮겨 갔다. 28세에 론 와이든은 82세의 은퇴한 사회복지사와 공동으로 오리건주의 그레이 팬서스 지부를 이끌었으며, 지금은 의회에서 친연령 정책 마련에 앞장서고 있다.[6]

현재 66세인 잭 커퍼먼이 약 10년 전 뉴욕의 그레이 팬서스를 이어받았을 무렵, 매기 쿤이 설립한 이 조직은 무기력에 빠진 상태였다. "카리스마 넘치는 지도자가 죽고 기반이 제대로 갖춰지지 않으면 그리되기 십상이죠. 같은 수준의 관심을 유지하기가 쉽지 않아요." 잭이 예산도 없이 헌신적인 자원봉사자 수십 명의 도움으로 그리니치빌리지에 있는 자신의 아파트에서 풀뿌리 단체를 운영하는 고충을 설명했다.

잭은 오랫동안 뉴욕시 노인 담당 부서에서 변호사로 일하다가 그레이 팬서스에서 역할을 맡게 되었다. 그는 성인기 내내 어떤 방식으로든 노인들의 존엄성을 위해 투쟁했다. 성장기에 잭의 부모는 뉴욕 변두리의 낡은 농가를 개조해 오늘날의 요양 시설 같은 곳을 운영했다. 그에게 음계를 가르쳐준 은퇴한 오페라 가수를 비롯해, 그곳 거주자들은 가족이나 다름없었다.

대학에 진학한 잭은 노인들을 존경하기는 해도, 그들을 어떻게 자신의 삶과 연결할지 알지 못했다. 어느 날 그는 우연히 TV에서 열정적으로 연설하는 백발의 매기 쿤을 보았다. "참 대단한 분이다 싶었어요. 그분이 '이것 보세요, 정년퇴직이 왜 있는 겁니까?'라고 따지더군요. 연령차별은 노인들만의 문제가 아니라 사회정의의 문제죠. 우리는 단순히 함께 어울리기 좋은 세상이 아니라 더 나은 세상을 만들기 위해 변화를 일으켜야 해요." 그래서 잭은 로스쿨에 들어갔다.

그 이후로 그는 네팔의 노인들을 위한 문맹 퇴치 프로그램과 파키스탄의 여성 노인들을 위한 소액 금융 기금을 마련했다. 작게는 뉴욕주 감사관이 평판 나쁜 요양원을 조사하게 하는 데 기여했고, 허리케인 샌디가 뉴욕시를 휩쓸고 지나간 후에는 뉴욕 노인들의 요구를 긴급구호 대상에 포함시키는 태스크포스를 운영했다. 그런 노력은 그가 브루클린에 있는 대피소를 찾아갔다가 체육관에 널브러져 있던 수백 명의 장애 노인을 보면서 시작되었다. 그들은 허리케인으로 파괴된 생활 지원 시설의 주민들이었다. 잭은 시설 운영자들이 거주자들의 안부를 묻는 전화조차 하지 않았음을 알게 되었다. 대피소에서는 비누나 충분한 음식도 제공되지 않았다. 잭은 분노했다. 코로나19 대유행의 시작 무렵에 노인들을 방치하는 사례가 또 나타나자 그는 또다시 분노했다.

나이가 든다는 착각

낙인 찍기에서 인지 해방으로

연령 해방운동의 가능성을 상상하기 위해 나는 미국의 문화 규범을 형성하는 데 성공한 다른 사회운동들을 검토했다. 이를테면 LGBTQ 운동은 동성 관계를 바라보는 미국인의 태도를 짧은 시간 내에 바꾸었다. 2004년에만 해도 미국인의 3분의 2가 동성결혼에 반대했다. 지금은 3분의 2가 그것을 지지한다. 동성결혼을 지지하는 인구는 세대와 종교, 정치적 성향을 가리지 않고 증가했다.[7]

사회운동 전략을 고민하던 나는 조언을 좀 얻고 싶은 마음에 사회학자인 아버지에게 전화를 걸었다. 이 분야에 첫발을 들일 무렵, 아버지는 남부로 이주해 평등권 운동을 지원하는 한편 앨라배마 소재의 옛 흑인 대학인 터스키기기술학교에서 학생들을 가르쳤다. 내 오빠와 나도 생애 첫 몇 년을 그곳에서 보냈다. 당시에 아버지는 조사 보고와 기금 모금으로 평등권 운동에 기여했다.

나는 또 나의 연구 결과를 바탕으로 유익한 변화를 일으킬 최선의 전략을 마련했다. 이렇게 다양한 자료를 검토하면서 연령 해방운동을 일으키고 노인의 권리를 보호하는 사회를 앞당길 수 있는 세 가지 단계가 **집단 인식**, **동원**, **항의**라는 확신을 갖게 되었다.(구조적 연령차별과 싸우는 구체적인 전략은 부록 3 참고.)

연령 해방운동 1단계: 집단 인식

집단 인식은 구성원들에게 그들 역시 연령차별의 표적이 될 수 있고, 그런 차별을 일으킨 사회 세력은 바뀔 수 있다고 인식시켜 집단에 대한 소속감을 형성하는 것이다. 이 단계의 목표는 사회학자 앨든 모리스Aldon Morris가 '인지 해방'[8]이라 부른 개념을 주입하는 것이다. 인지 해방은 구성원들이 낙인찍기에 단체로 저항하기로 결심할 때 일어난다.

집단 인식의 핵심은 구성원들의 고충이 무엇인지 분명히 밝히고, 이런 고충을 그 문제가 사회에 광범위한 피해를 가져왔다는 증거와 결합하는 것이다. 그 증거는 연구로 뒷받침되어야 한다. 이는 '흑인의 생명도 소중하다Black Lives Matter'와 '미투Me Too' 운동의 중요한 요소가 되기도 했다. 덕분에 인종차별이나 성폭력에 얽힌 강력하고 충격적인 개인의 경험담이 풍부해지면서, 인종주의와 성차별주의라는 근본적인 문제가 사회에 깊이 뿌리박혀 있다는 확실한 데이터가 제시되어 영향력은 훨씬 더 강해졌다.

집단 인식은 사람들의 의식 수준을 높여 여성 해방운동을 탄생시키는 데 주요한 역할을 했다. 이 운동은 베티 프리던의 1963년 베스트셀러 《여성의 신비》에서 시작되었다. 이 책은 그녀가 15주년 동창회를 앞두고 옛 스미스대학 학우들을 대상으로 실시한 설문조사에서 발전했다. 그녀와 같은 세대의 여성들 사이에 불행이 널리 퍼져 있다는 것을 알게 된 프리던은 '이름 없는 문제'의 구조적, 문화적 기반을 조사하기 시작했다. 수백 개의 인식 제고 집단에서 그녀는 여성들이 서로의 고충을 나누게 했다. 그들은 보편적인 경험에서 공통성과 결속력을 찾았다.

최근에는 연령차별에 대한 인식을 높이려는 조직적 노력이 증가하는 추세다. 이런 노력을 주도하는 영국의 헬프에이지 인터내셔널은 노인이 차별에 도전하고 가난을 극복하도록 적극 지원하고 있다. 이 연령차별 반대 단체의 대표 제마 스토벨은 그녀가 만난 많은 노인들이 연령차별이라는 개념을 들어본 적도 없다는 것이 문제라고 했다. 그런 용어 자체가 없는 언어도 있어서 연령에 낙인을 찍고 노인에게 부당한 대우를 하는 행위를 식별하는 것조차 익숙하지 않은 사람들이 있다. 제마는 사람들이 노인에 대한 부당한 대우를 가리키는 용어를 접하면서 깨달음을 얻는 순간을 자주 목격한다. 키르기스스탄의 한 노인은 그녀에게 시장에서 한 무리의 젊은이가 물건을 파는 할머니를 조롱하고 괴롭히더라는 이야기를 했다. '연령차별'이라는 용어를 배우기 전에는 그런 괴롭힘을 단순히 '비열한 행동'으로만 생각했다. 새로운 인식 덕분에 그는 젊은이들의 공격이 연령차별에서 나왔음을 깨달았다.

헬프에이지 인터내셔널은 전 세계 국가의 속담을 인식 개선의 수단으로 이용한다. 워크숍이 열리는 지역에서 쓰이는 노인 관련 속담을 살펴보면 문화에 연령차별이 어떻게 뿌리박혀 있는지 알 수 있다. "코코넛 껍데기처럼 쓸모없다"(태국), "늙은 바보만큼 멍청한 바보는 없다"(러시아), "낡은 빗자루는 불 속에 던져야 한다"(독일) 등이 그런 속담의 예다.

인식 개선은 인터넷에서도 진행 중이다. 한국에서 연령차별에 반대하는 운동가들은 우산을 들고 있는 한 젊은이의 사진을 게시했다. 그 우산에는 젊은이가 누리는 많은 권리가 붙어 있다. 그 옆에는 뼈대만 남은 우산을 든 노인이 서 있다. 노인이 누리지 못하는 권리를 열거한 종이쪽지들은 바닥에 흩어져 있다. 이 이미지는 큰 화제를 낳았다. 다른 여러 나라에서도 많은 사람들이 이런 사진을 공유했다.

연령 해방운동 2단계: 동원

다음 단계인 운동 조직 형성, 동원은 낙인과 불공정한 대우 줄이기 등의 공동 목표를 중심으로 집단의 구성원을 결집시키는 것을 뜻한다. 로자 파크스는 민권 운동의 기폭제가 된 몽고메리 버스 보이콧을 주도한 여성으로 알려져 있다. 버스에서 백인 남성에게 자리를 양보하는 것을 거부하기 넉 달 전에 그녀가 애팔래치아산맥에 위치한 사회정의 리더십 훈련 학교인 하일랜더민속학교에서 워크숍을 이수했다는 사실은 잘 알려지지 않았다.[9] 설립자 마일스 호턴에 따르면 "문제 해결에 필요한 지식을 충분히 갖춘 것은 개인이 아닌 집단 전체다"라는 것이 하일랜더 민속학교의 정신이다.[10] 비록 그의 관심은 시민의 평등권과 노동 문제에 집중되었지만, 이런 통찰력은 연령차별과 싸울 때도 똑같이 적용된다.

인터넷은 과거에는 상상하기 어렵던 방식으로 동원에 도움을 주었다. 일례로, 노인 단체인 패스 잇 온 네트워크는 현재 40개국에서 연령차별에서 비롯된 사회 문제 등에 대한 정보를 퍼뜨리는 온라인 플랫폼으로 운영되고 있다.

예술 역시 동원 수단이 될 수 있다. 캐나다의 한 단체는 쇼핑몰 등의 공공장소에 서서히 모여든 14~92세의 참가자들과 떼춤을 선보이는 다세대 댄스 플래시몹을 기획했다. 참가자에 따르면 그들의 목표는 댄서들을 하나로 결집해 "노화에 대한 고정관념을 깨부수는" 댄스 공연을 창조하는 것이다.[11] 브라질의 활동가 아우구스토 보알이 개척한 '억압받는 자의 극장'도 있다. 관객들이 배우가 되어 먼저 과거의 편견 사례를 표현하는 연기를 지켜본 다음 무대 위에서 그 문제를 해결하는 데 참여한다. 〈펑계〉라는 공연에서, 관객은 너무 늙었다는 이유로 보험회사에게 긴급한 치과 치료를 거부당하는 노인을 보고 나서, 의료제도의 연령 불평등에 도전할 것을 권유받는다.[12]

풍자 역시 사람들을 동원하는 효과적인 방법이다. 내가 가장 좋아하는 책《걸리버 여행기》에서 조너선 스위프트는 연령차별을 포함해 영국 사회의 많은 측면을 풍자했다. 그는 가공의 존재인 스트럴드브러그가 사는 나라를 창조했다. 그들은 절대 죽지 않지만 80세가 되는 순간 권리와 재산, 존엄성을 빼앗긴다. 스위프트가 《걸리버 여행기》를 쓴 지 300년이 지났지만, 나는 매년 학생들과 이 책을 읽으면서 그의 메시지가 오늘날까지 많은 공감을 준다는 데 감탄한다.

좀 더 최근에 나온 연령차별 풍자의 예를 이번에는 영화계에서 찾아보자. 당시 30대였던 코미디언 에이미 슈머가 줄리아 루이스 드레이퍼스를 위한 야외 파티에 우연히 참석하게 되었다. 50대인 줄리아 루이스 드레이퍼스는 배에 태워져 바다에 버려지기 전에 성적 매력을 지닌 마지막 날을 기념하고 있었다.[13] 그녀는 에이미에게 이렇게 설명했다. "여배우가 마침내 섹스를 할 수 없는 시점에 이르렀는지 아닌지는 미디어가 결정하죠." 에이미가 기겁하며 물었다. "그걸 어떻게 아세요? 누가 말해주는 건가요?" 티나 페이Tina Fey가 끼어들었다. "대놓고 말해주는 사람은 아무도 없지만 조짐이 나타나거든요." 줄리아가 말을 이었다. "영화 세트장에 가보면 당신을 위해 준비된 의상은 긴 스웨터뿐이에요. 머리부터 발끝까지 다 가리는 옷 말이죠." 이 여배우들은 5분짜리 촌극으로 할리우드와 패션 산업, 나이 든 사람들의 여성성을 지우려는 문화에 맞서는 데 성공했다. 온라인에서 이 영상의 조회 수는 700만 회가 넘는다.

나이가 든다는 착각

연령 해방운동 3단계: 항의

성공한 사회운동의 마지막 단계인 항의는 참여자들이 자신들을 소외시키는 구조적 원인으로 에너지를 집중하여 사회 변화를 일으키는 것이다.

연령 해방운동의 성공은 노인 유권자들이 지닌 어마어마한 힘으로 뒷받침된다. 노인들은 미국의 인구 집단에서 갈수록 중요한 비중을 차지하고 있으며 투표율도 가장 높다.[14]

그런 정치적 영향력을 이용해 연령 해방운동은 이를테면, 연령차별에 대한 공공 인식 개선 캠페인에 정부의 지원을 요구할 수 있다. 처음 시작된 미국뿐만 아니라 네덜란드, 뉴질랜드 등에서도 상당한 성공을 거둔 흡연 반대 운동을 참고해도 좋다.[15] 금연 캠페인이 "흡연은 건강에 위험합니다"를 핵심 구호로 내세웠듯이, 새로운 공공 인식 개선 캠페인은 "연령차별은 건강에 위험합니다"라고 경고할 수 있다. 우리 팀의 연구에서 밝혔듯이 이 구호는 연령차별이 인지능력, 신체 능력에 미치는 유해한 영향을 가리킨다. 소셜미디어, TV, 인쇄물 등 광범위한 수단이 활용될 수 있다.

연령 해방운동은 민간 부문에도 힘을 발휘할 수 있다. 미국에서는 50세 이상의 인구가 소비지출의 대부분을 차지하고 있으며, 이런 추세는 전 세계로 확산되고 있다.[16] 예컨대 영국에서는 2018년에 이 연령대의 소비지출이 전체의 54퍼센트를 차지

했는데, 2040년에는 이 수치가 63퍼센트로 증가할 것이라 예측된다.[17]

항의 대상의 범위가 지나치게 넓지만, 광고업계는 전통 매체와 소셜미디어에 엄청난 돈을 투입한다는 점에서 연령차별을 조장하는 데 가장 큰 역할을 한다. 구체적인 목표는 노인을 비하하는 표현을 중단하고 고령자들의 긍정적인 이미지를 다양하게 노출하라고 요구하는 것이다.

TV와 소셜미디어도 항의의 대상이다. TV의 문제는 이중적이다. 광고 자체가 연령차별적이고, 프로그램에 출연하는 인물들이 부정적인 연령 고정관념을 드러내는 경향이 있다.[18] 우리 연구에서 밝혔듯 소셜미디어 사이트 역시 노인을 비하하는 공간이 될 수 있다.[19]

이 문제를 해결하는 첫 단계는 부정적 연령 인식을 조장하는 관행이 건강에 미치는 해로운 영향에 대해 광고주들과 논의하는 것이다. 논의가 변화로 이어지지 않으면 관련 미디어 플랫폼과 그 광고주를 상대로 불매운동을 할 수 있다.

2020년 7월, 1,000개 이상의 기업이 '이익을 좇는 증오의 중단Stop Hate for Profit' 캠페인에 참여해, 페이스북에게 보이콧을 예고했다. 이 거대 소셜미디어 기업이 인종차별이나 유권자를 상대로 한 가짜 뉴스 등 증오나 위험 주제에 대한 게시물을 금지하도록 압박한 것이다. 케이티 페리Katy Perry와 사샤 배런 코언

Sacha Baron Cohen 같은 유명인들도 보이콧을 지지했다. 이 캠페인은 어느 정도 성공을 거두었다. 페이스북은 인종 편향의 알고리듬을 연구하고 예방하는 팀을 만들겠다고 발표했다.[20] 그러나 연령차별에 대한 요구는 전혀 없었다. 이것은 노인들 스스로가 사회운동에 참여해야 할 또 다른 이유다.

국제적인 차원에서 연령 해방운동은 "노인의 권리와 존엄성을 증진하고 보호할 법적 수단 마련"이라는 유엔 사업에 다시 힘을 실을 수 있다. 불행히도, 유엔 회원국의 대다수는 이 사업을 거부했다.[21]

몇 해 전, 나는 194개 유엔 회원국이 참여한 실무 그룹에서 노인의 권리에 관한 협약을 제정하고 그 협약에 집행 능력을 부여할 방안을 논의하다가 긴급구호의 필요성에 대한 노인들의 간절한 증언을 들었다. 나는 저소득, 중간소득 국가의 노인 60퍼센트가 나이 때문에 필요한 의료 서비스를 받지 못하는 현실을 알게 되었다. 133개국을 대상으로 한 조사에 따르면 노인에 대한 폭력, 학대, 방치를 예방하는 법률이 있는 나라는 41개국에 불과했다. 미국을 포함한 많은 나라에서 노인들은 약품과 식품 중 무엇을 구매할지 고민해야 한다는 이야기도 들었다. 미국 고령자의 빈곤율은 65~69세에 7.9퍼센트였다가 70~74세에 8.6퍼센트, 75~79세에는 9.5퍼센트, 80세 이상은 11.6퍼센트로 증가한다.[22]

그럼에도 미국 대표단은 유엔 협약 비준을 거부했다. 점심때 나는 미국 대표로 나온 외교관의 옆자리에 앉아 내가 그녀의 연설을 제대로 들은 게 맞는지 직접 확인했다. 내가 들은 그대로였다. 그녀는 구운 감자를 우물거리면서, 노인들은 이미 기존 장애인 협약으로 보호받기 때문에 노인 보호 협약은 따로 필요치 않다는 관료적 인식만 거듭 내비쳤다. 나는 경악했다. 노인의 권리를 장애인의 권리와 합치는 것은 가당치 않았다. 국내외의 참담한 통계자료를 외면하는 것도 마찬가지였다. 장애 노인의 보호는 반드시 필요하지만, 노인의 권리 자체를 보호하는 것도 그에 못지않게 중요하다.

세대를 뛰어넘는 우정

연령 해방운동의 성공을 위해서는 연령차별에 가장 많은 피해를 보는 집단, 즉 노인들이 적극적으로 나서야 한다. 장애인 권리 운동은 "우리가 없으면 우리를 위해 아무것도 할 수 없다"라는 슬로건으로 유명하다. 이 말은 장애인의 소외를 뒤집으려는 열망을 표현하는 동시에 자기결정권의 필요성을 강조한다.[23]

연령 해방운동에는 여러 세대가 참여하는 것이 이상적이다. 노인 차별을 쉽게 인식하지 못하는 젊은이들은 그것을 심각한 문제로 여기지 않을 수도 있다. 하지만 동원 과정에서는 연령차별의 피해자가 부모나 조부모뿐만 아니라 미래의 자신임을 젊은 세대에게 납득시켜야 한다. 다행히 사회정의의 중요성에 대한 젊은이들의 인식은 점점 높아지고 있다. 기후변화를 겨냥한 선라이즈Sunrise처럼, 다양한 연령대를 하나로 묶는 활동에 많은 젊은이가 동참하고 있다. 이런 배경 덕분에 젊은 세대는 훌륭한 잠재적 동지가 되었다.

다세대 접근법의 장점은 해결되어야 할 연령차별 분야를 찾는 데 젊은이들이 유용한 관점을 제시할 수 있다는 점이다. 어느 해 여름 잭 커퍼먼이 그레이 팬서스 운영에 도움을 받기 위해 채용한 대학생 인턴 레이첼라 퍼스트Rachella Ferst가 그랬다. 싱가포르에서 성장한 레이첼라는 미국으로 건너와 고등학교를 다니면서 많은 사람들이 노인에 대해 부정적으로 이야기하는 것을 보고 깜짝 놀랐다. 새 고향에서는 교육과정에 노인이 배제되었기 때문이라고 그녀는 짐작했다.

레이첼라는 노인 정의에 대한 자신의 열정이 어릴 때 할머니와 함께 생활한 경험(싱가포르에는 3대가 함께 사는 가정이 많다)과 노인들을 의미 있게 참여시키는 모국의 교육과정에서 나왔다고 보았다. 13~16세 때 그녀의 학급은 학교 근처에 사는 노인들을 정기적으로 방문했다. 노인들과 함께 역사를 배우고 다양한 언어를 익힐 수 있는 기회였다. 대부분의 젊은 싱가포르인은 영어를 주로 사용하지만 학교에서 말레이어, 중국어, 타밀어도 배운다. 하지만 고령의 싱가포르인은 이런 언어를 제1언어로 쓴다. 레이첼라의 학교는 학생들에게 역사 속 사건들에 대한 생각을 노인들과 나누게 했다. 여름 내내 그레이 팬서스에서 일한 후에, 그녀는 노인들의 필요와 경험을 반영한 교육 콘텐츠와 정책을 개발하겠다는 꿈을 갖게 되었다.

다세대 연령 해방운동은 젊은이뿐만 아니라 노인에게도 유익하다. 콜게이트대학교 풋볼 선수인 21세의 퀸은 그레이 팬서스에서 인턴을 하기 전에는 연령차별이라는 용어 자체를 들어본 적이 없었다. 하지만 유엔 회의 참석이라는 특전이 마음에 들어서 인턴십에 참여했다. 인턴십을 통해 얻은 것은 외교관들을 만날 기회에 그치지 않았다. 퀸은 완전히 새로운 인식을 얻게 되었다.

여름이 끝날 무렵, 퀸은 어디서나 연령차별을 발견하기 시작했다. 배터리 제조사 에너자이저Energizer에서 엔지니어로 근무하던 그의 할아버지가 회사에 신선한 아이디어가 필요하다는 구실로 해고된 것도 연령차별이었다. 퀸에 따르면 이 해고가 연령차별임을 깨닫게 해준 것은 그레이 팬서스였다. 신선한 아이디어는 연령대와 상관없이 누구나 낼 수 있기 때문이었다. 조부모님이나 부모님이 기술 문제로 도움을 청했을 때 퀸은 자신도 연령차별을 하고 있음을 깨달았다. 그들이 기술에 서투르다고 생

나이가 든다는 착각

각했기 때문에 퀸은 학교 친구들에게 하듯 스스로 문제를 해결하는 법을 가르쳐주기보다 자신이 직접 문제를 해결해주었다. 어른들이 전자제품 이용에 서투르지 않다는 사실을 깨달은 것은 작지만 뜻깊은 발견이었다. 이제 그는 잭의 뒤를 이어 연령 해방운동에 헌신하기를 원한다.

잭이 그레이 팬서스 인턴십 프로그램을 운영하는 목적, 더 나아가 동원에 힘쓰는 목적은 여러 세대를 하나로 엮는 것이다. "그러면 우리에 대한 고정관념이 아니라 실제 우리가 어떤 사람들인지를 한층 깊이 이해하게 될 겁니다."

아름다운 노화라는 문화

연령 해방운동이 성공한다면 당초의 목표물이었던 제도에 기여할 뿐 아니라, 운동에 참가한 사람들이 자신을 바라보는 태도에도 유익한 풍토를 조성할 수 있다. 참가자들에게 벅찬 자부심을 안겨 주고, 결국 문화를 재정의하여 노화를 대하는 방식을 바꿀 수 있기 때문이다. 사회가 경멸적 의미를 붙인 연령 정체성을 자랑스럽고 당당한 특성과 연결 짓는 작업도 문화 재정의에 포함된다.

문화 재정의는 노인들에게 특히 중요하다. 노인들은 구성원이 부정적인 고정관념의 영향을 받지 않도록 심리적으로 보호하는 수단을 마련한 소외 집단에 속하지 않기 때문이다. 노인들은 그런 보호 장치를 스스로 만들어야 할 때가 많다. 문화 재정의를 통해 집단의 힘을 결집하여 연령 규칙을 새로 쓸 방법을 마련할 수 있다.

우리는 '검은 것은 아름답다'라는 민권 운동과, 과거에는 경멸의 의미가 담긴 단어였던 '퀴어'를 표방하는 동성애 권리 운동에서 문화 재정의를 목격했다. 연령 해방운동도 주름과, 그것이 사회에서 갖는 의미, 주름을 가진 사람들에게 집중하는 식으로 재정의 될 수 있다. 45세의 여배우 리스 위더스푼이 인터뷰에서 설명했듯이, 주름살은 저절로 생기는 것이 아니라 **어렵게 얻은 것**이다. "경험이 많기 때문에 저는 세상에 어떤 변화를 원하는지 진지하게 이야기할 수 있어요. 흰머리와 잔주름을 상으로 받은 기분이에요."[24]

내 친구 스테이시 고든은 40대 중반에 자신이 더 이상 젊은 사회복지사, 젊은 교사, 젊은 어머니, 젊은 사람이 아니라는 것을 깨닫고 링클 프로젝트Wrinkle Project라는 비영리단체를 만들었다. "어느새 중년이 되어 있더군요. 그래서 힘든 시기를 겪었어요. 머리가 희끗희끗해지고, 여기저기 잔주름이 생기고, 여느 여성들처럼 무시당한다는 생각이 들기 시작했어요." 그 무렵 그녀는 사회복지 분야에서도 사회의 연령차별이 가족 문제에까지

침투했다고 느꼈다. "노인들의 의견을 전혀 고려하지 않고, '우리 부모님은 이러이러해야 한다'고 주장하는 미성숙한 어른들 때문에 일이 힘들어지더군요."

그래서 스테이시는 주름 살롱이라는 아이디어를 떠올렸다. 사람들이 함께 모여 나이 먹는 경험을 공유하게 하는 것이 목적이었다. 살롱에서는 주름 얘기만 하는 것이 아니었다. 스테이시가 그 이름을 선택한 이유는 그것이 상징하는 힘 때문이었다. 노화의 물리적 징후에 두려움을 심는 광고로 막대한 이익을 창출하는 수십억 달러 규모의 안티에이징 산업에서 주름을 되찾겠다는 의도도 있었다. 그녀는 최근에 이렇게 말했다. "주름을 두려워하면 우리는 잘 늙을 수 없고, 나이가 들면서 우리의 진정한 자신을 찾을 수도 없죠. 주름이 생기면 우리는 '아, 이제 늙어가고 있구나' 하고 생각하잖아요. 그때부터 당신의 연구 결과가 나타나기 시작하는 거죠. 막을 방법을 찾지 않으면 나이가 들수록 내면의 연령차별 인식이 힘을 받는 거예요."

최근 스테이시에게서 첫 주름 살롱 진행을 도와달라는 부탁을 받고 나는 무척 기뻤다.

처음에 스테이시는 중년들만 초대할 계획이었다. 노년기로 진입하는 과정에 있기 때문에 특히 의견이 풍부하고 새로운 사고방식에도 열려 있을 거란 생각이었다. 내 연구에 따르면 노화에 자기 관련성이 있을 때(즉 노화가 한창 진행 중인 때)도 새로운 시각을 얻고 공감을 느끼기 좋은 시기이므로 나는 노인들도 초대하자고 제안했다. 여러 세대를 섞어놓으면 아이디어가 더욱 풍부해질 수 있다는 데 우리는 의견을 같이했다.

그래서 우리는 45~95세 사이의 여성 11명으로 구성된 다양한 집단을 조직해 90분짜리 행사를 세 차례 진행했다.[25] 한 주 간격으로 개최한 첫 두 번의 행사 때 몇 가지 주제가 나타났다. 첫 번째는 노화가 '방 안의 코끼리'라는 것이었다. 항상 우리의 머릿속을 떠나지 않지만 좀처럼 논의되지 않는 중요한 주제라는 의미다. 두 번째는 대부분의 참가자가 경험한 광범위한 연령차별이었다. 그들은 직장과 진료실에서 '퇴물'이나 '아무도 원하지 않는 고물차'처럼 비인간적인 대우를 받는다고 털어놓았다.

우리가 머리를 맞댄 세 번째 주제는 연령차별에 대응하고 노화의 많은 이점을 인정할 방법이었다. 이를테면 59세의 간호사 앨리슨은 자신이 병원 내의 팀에서 가장 나이가 많다는 이유로 동료들에게 무시당한다고 느낄 때도 있지만, 자신이 연장자라는 것이 뿌듯하다고 했다. "지금이 정말 좋아요. 아이들도 다 키웠고 일도 즐겁고 관심 분야에도 기여했고 인생의 다음 단계를 위한 목표가 있죠. 유익한 경험을 많이 한 셈이에요. 직접 목격하고 성취하고 체험했죠. 이제는 비슷한 과정을 겪고 있는 다른 사람들을 도울 수 있어요."

64세의 시인 로나는 자신이 간혹 주름살을 부끄러워하거나

나이가 든다는 착각

노화에 대한 '혐오 발언'을 한 적이 있다고 고백했다. 이 문제를 해결하기 위해 그녀는 새로운 방법을 시도하기로 했다. 현명한 연장자라면 그런 말을 하는 그녀에게 무슨 말을 할지 상상하는 것이었다. "아마 이렇게 반응하겠죠. '쓸데없는 소리 마. 오로지 나이 때문에 불안할 필요는 없어. 젊지 않다고 해서 예전만 못한 사람이 되는 건 아니니까. 주름살은 경륜과 아름다움의 증거야."

로나는 또 이 집단에서 노화를 긍정하면서부터 나이가 들면서 쓰게 된 언어에도 변화가 생긴 것 같다고 했다. 그녀는 다른 살롱 참가자들에게 이렇게 물었다. "우리는 남들 눈에 어떻게 보일까 하는 우려 때문에 '나 어때 보여요?'라는 말을 자주 했지만, 이제 시선을 외부로 돌려 '내가 어떻게 **보는가**?'를 고민해보면 어떨까요? 노년기는 자연스러운 아름다움과 세상의 중요한 문제들을 바라보는 시기니까요."

세 번째이자 마지막 모임에서는 모두 돌아가면서 처음 두 차례의 모임으로 노화에 대한 생각이 어떻게 바뀌었는지 이야기했다. 살롱 참가자인 68세의 심리치료사 베로니카는 주름 살롱이 그녀의 생각을 바꾼 것 같다고 했다. "지금껏 연령차별 문제 속에서 방황했어요. 그것이 우리 삶의 일부니까요. 그러다 여러분 덕분에 이 기회를 빌려 대화하고 반성하고 생각하면서 시야를 틔우고 인식을 높였어요. 이제야 제가 어떤 대우를 받고 있는지 알아차리기 시작했죠. 그런 깨달음이 완충재처럼 저를 보호한다는 생각이 들었어요." 그녀는 또 이렇게 설명했다. "내재화된 연령차별의 영향을 없애려면, 우리는 노인과 소통하면서 그들의 활력, 호기심, 잠재력을 경험하는 등 일부러라도 기존 인식을 벗어나게 해줄 상황을 접해야 해요. 그래서 저는 대화를 나눌 현명한 노인 여성을 찾고 있었는데 반갑게도 이 모임에서 몇 분을 만났네요!"

주름 살롱에서 비교적 젊은 회원 몇몇이 젊어 보여야 하는 부담감, 사람들에게 나이를 밝히지 못하는 부담감에 대해 털어놓았고 다음으로 우리 모임의 최고령자인 95세의 은퇴한 교장 줄리엣 차례가 돌아왔다. 그녀는 이제 대화에 도움이 된다고 판단되면 사람들에게 자신의 나이를 적극 밝힌다고 했다. 그것이 노인으로서 자신의 정체성을 강조하는 방법이라고 그녀는 설명했다. "'나는 똑똑하니까 과소평가할 생각 말아요.' 이런 말을 하면 뜰 수 있어요. 나는 투명인간이 되고 싶지 않거든요." 그녀는 이런 말도 했다. "요즘 나는 그 어느 때보다 내 몸을 있는 그대로 수용하고 있어요."

주름을 되찾는 것은 노화를 재정의하여 연령차별에 맞서는 방법이다. 운동가이자 학자인 이브럼 켄디는 "반인종주의자가 된다는 것은 우리의 자연스러운 아름다움을 지우기보다 강조하는 미용 문화를 형성하고 실천하는 것"이라고 했다.[26] 이 말은 연령차별에도 똑같이 적용된다. 우리는 '노화 방지' 크림으로 노화를 폄하하기보다 모든 연령대의 자연미를 강조하는 문화로 전환해야 하고 그렇게 할 수 있다.

조애니 존슨은 백발을 허리까지 늘어뜨린(〈가디언〉의 기자는 "달빛 머리카락 폭포수"라고 묘사했다)[27] 67세의 연령 해방 활동가다. 최근 가수 리애나Rihanna는 프랑스 패션기업 루이비통과 손잡고 설립한 레이블 펜티Fenty의 얼굴로 그녀를 영입했다. 〈엘르〉에 실린 모델 가운데 40세 이상은 3퍼센트에 불과하다는 현실을 고려한 과감한 선택이었다.[28] 존슨은 64세에 뭔가 새로운 일에 도전하기로 마음먹고 모델 일을 시작했다. "나는 보통의 모델처럼 이 일을 받아들이지는 않아요. 키 162의 67세 흑인인 나는 보편적인 시각으로 볼 때 전형적인 모델과는 거리가 멀죠." 아름다움은 평생에 걸쳐 다양한 형태로 변화한다는 사실을 그녀에게 보여준 사람은 자메이카에서 미국으로 이민한 90세의 어머니다.[29] 무엇보다 존슨은 나이가 자신에게 안겨준 가치를 소중히 여긴다. "나이가 들면서 남편의 죽음 같은 힘든 일들을 극복했고, 그 덕분에 앞으로 무슨 일이 닥치든 감당할 수 있겠다는 자신감을 얻었어요."

문화 재정의는 선순환에 기여할 수 있다. 개인이 늙어가면서 자신의 가치관을 더 뚜렷이 인식할수록 연령 해방운동에 참가할 가능성이 높아지며, 이 운동은 결국 노인의 가치를 더욱 높일 수 있다.

나이에서 자유로워지기

연령 해방운동은 하나의 이상이지만, 허무맹랑한 꿈은 아니다. 회원국 194개국의 세계보건기구는 최근 처음으로 연령차별에 맞서는 캠페인을 시작했다. (영광스럽게도 나는 이 캠페인에 과학 고문으로 참여하게 되었다.[30]) 미국 국립보건원은 임상시험에 고령자를 더 많이 참여시키는 새로운 정책을 시행하고 있다. 미국 심리학회, 미국 노인학회, 헬프에이지 인터내셔널은 연령차별의 위험성을 긴급히 경고하기 시작했다. 뉴욕의 그레이 팬서스 회원들은 연령차별에 맞설 창의적인 방법을 꾸준히 찾고 있다.

이렇게 연령차별에 대한 조직적 저항의 사례가 모이면 운동의 씨앗이 될 수 있다. 남아프리카의 89세 주교 데스먼드 투투는 이렇게 말했다. "당신이 있는 곳에서 작은 선을 행하세요. 그 작은 선이 모여 세상을 정복합니다."

사회 변화를 일으키기 위해서는 인구의 과반수, 적어도 51퍼센트가 필요하다는 통념이 있다. 하지만 펜실베이니아대학 데이먼 센톨라 연구팀의 흥미로운 연구 결과에 따르면, 인구의 25퍼센트가 변화의 시기가 되었다고 판단하면 사회적 티핑 포인트가 찾아올 수 있다.[31] 즉 굳건한 소수는 생각보다 훨씬 강력한 힘을 발휘한다. 직장 성차별 연구와도 일치하는 결과다. 하버드 경영대학원의 로자베스 모스 캔터는 작지만 열성적인 여성 집단이 직장 규범의 변화를 요구하면 문화 자체가 바뀔 수 있음을 증명했다.

세계 인구의 24퍼센트가 50세 이상임을 생각해보자.[32] (이 연령대에 해당하는 모든 사람이 연령차별에 맞서 싸워서 얻을 수 있는 혜택에 대해 확신한 것은 아니지만, 연령 해방에 대한 대중 인식 증진 캠페인의 목표가 바로 그런 확신을 심어주는 것이다.) 이들이 연령차별을 이기기 위해 필요한 것은 센톨라가 사회 변화를 일으키는 데 필요하다고 본 25퍼센트에서 부족한 1퍼센트의 인구일 것이다. 그것이 티핑 포인트가 될 수 있다. 이 현상을 연구한 학자들은 소수의 활동가에 단 한 명만 추가해도 집단의 노력을 완전한 실패(이미 참여하고 있는 소수 외에는 아무도 전향시키지 못함)에서 완전한 성공(집단 전체를 새로운 입장으로 전향시킴)으로 바꿀 수 있음을 밝혔다. 더 나아가, 실패로 보이는 운동이 사실은 성공의 변환점에 이르렀을 수도 있다. 결국 모든 사람, 연령차별을 인식하고 그것에 대항하기로 결심하는 모든 사람이 새로운 현실을 앞당기는 데 기여한다는 뜻이다.

첫 연령차별 반대 시위를 마치고 집으로 돌아오는 길에 나는 그런 생각을 했다. 이런 운동은 일단 시작되면 커다란 잠재력을 갖게 된다. 더 필요한 것은 추진력과 대중의 지지뿐이다.

집회가 한창 진행 중일 때, 무대 위의 주최자 한 명이 군중 가운데 서 있는 나를 발견하고 큰 소리로 불렀다. 그녀는 군중을 향해 내 연구가 이 행사에 영향을 주었다고 외쳤다. 사람들이 일제히 나를 돌아봤다. 나는 손을 흔들고 미소를 지으며 뿌듯하면서도 쑥스러운 기분을 느꼈다. 그날 밤 먹먹한 심정으로 뉴헤이븐으로 돌아가는 기차에 올랐다. 오랫동안 소수가 참여한 힘든 싸움으로 느껴졌던 것이 실제로 많은 이가 함께할 열정적인 운동의 시작이 될지도 모른다는 생각이 들었다.

노인을 록스타처럼 보라

대학원을 다니는 중에, 운 좋게도 국립과학재단National Science Foundation에서 연구비를 지원받아 한 학기 동안 일본에서 생활할 기회를 얻었다. 일본 사람들은 어떻게 나이를 먹는지, 노화를 바라보는 태도는 어떻게 다른지 연구하는 것이 내 목표였다. 일본인의 수명이 세계에서 가장 길다는 사실은 알고 있었다.[1] 연구자들은 주로 건강한 식생활이나 유전자의 차이에서 원인을 찾지만 나는 수명을 늘리는 심리적 요인도 있을 거라 짐작했다.

6개월간 머무를 일본으로 떠나기 전에, 플로리다에 계신 호티 할머니를 찾아뵙기로 했다. 내가 비행기에서 내리자마자 할머니는 나를 쓱 훑어보더니 "비타민 좀 먹어야겠다"고 말했다.

할머니는 우중충한 보스턴에서 대학원 공부를 하느라 기력이 허해진 모양이라며 나를 곧장 슈퍼마켓으로 데려갔다. 그곳에서 우리는 오렌지, 자몽 같은 할머니식 비타민을 잔뜩 주워 담았다.

호티 할머니는 골프 실력이 상당했고 한때 뉴욕에 살면서 걷는 데 워낙 이력이 났기 때문에, 나는 가게 안을 성큼성큼 누비는 할머니의 뒤를 따라다니기가 버거울 지경이었다. 그런데 갑자기 할머니가 바닥에 넘어졌다. 황급히 달려가서 일으켜 세우다가, 나는 할머니의 찢어진 다리에서 피가 나는 것을 보고 질겁했다.

"아프지 않아." 할머니는 이를 악물며 나를 안심시켰다. 태연한 척 미소까지 짜내면서. "상대방이나 챙겨." 할머니는 이 와중에 우스갯소리까지 했다.

'상대방'은 우리 발밑에 엎어져 있었다. 모서리에 날카롭고 들쭉날쭉한 금속을 덧댄 나무 상자였다. 상자 한쪽 귀퉁이에 피가 묻어 있었다. 우리는 장바구니를 내려놓고 바닥에 흩어진 소지품을 할머니의 핸드백에 챙겨 담았다.

가게 밖으로 나가던 길에 할머니는 주인에게 다가갔다. 계산대 앞에 서 있던 그는 할머니가 넘어지는 소리를 듣고도 고개를 들어 힐끗 쳐다보고는 다시 신문을 뒤적이고 있던 터였다.

"가게 한가운데 저런 상자를 두면 되겠어요?" 할머니가 이런

나이가 든다는 착각

상황에는 너무 점잖다 싶은 말투로 그에게 한마디 했다. "내가 크게 다칠 뻔했잖아요." 할머니의 종아리에서 피가 뚝뚝 떨어지고 있었다.

가게 주인은 할머니를 훑어보더니 통로 중간에 놓인 상자를 흘깃 돌아봤다. "아니, 할머니야말로 그렇게 돌아다니시면 안 되죠." 그가 쌀쌀맞게 대꾸했다. "노인네들 픽픽 쓰러지는 게 어디 내 잘못인가? 내 탓으로 돌릴 생각 아예 말아요."

호티 할머니의 입이 바닥까지 떡 벌어졌다. 나는 주인이 보는 신문을 낚아채 멀리 던져버리고 싶은 마음이 굴뚝같았지만, 그냥 그를 한번 째려보고 할머니를 차로 모셔갔다. 할머니는 극구 반대했지만 나는 곧장 병원으로 향했다. 다리에 큰 문제는 없었다. 상처가 꽤 심각해 보였지만 피부만 좀 상한 거라고 했다. 할머니가 대체로 건강해 보인다고 의사는 덧붙였다.

그 사건은 그렇게 일단락된 줄 알았는데, 오후가 되자 뜻밖의 변화가 일어났다. 그날 밤 호티 할머니는 내게 아보카도 나무에 물을 좀 주라고 했다. 평소에는 직접 하던 일이었다. 다음 날에는 운전에 자신이 없다며 미용실에 데려다 달라고 부탁했다. 슈퍼마켓 주인이 내뱉은 말 때문에 종전과 달리 노인의 능력에 회의를 품게 된 모양이었다.

내가 일본으로 떠날 무렵에는 다행히 호티 할머니도 연령차별이 초래한 두려움을 극복했다. 출발하는 날 아침, 할머니는 긴

비행을 하기 전에는 다리를 풀어야 한다며 같이 힘차게 걷자고 했다. 산책을 끝내고 돌아와서는 20년 전에 할아버지와 일본 여행을 갔을 때 방문했다는 맛집 목록을 내게 건넸다.

호티 할머니에게 작별 인사를 하고 도쿄로 향하면서 나는 이런 의문을 가질 수밖에 없었다. 고작 부정적인 단어 몇 개가 할머니처럼 건강하고 강인한 분에게 저토록 큰 영향을 준다면, 한 나라 전체에 만연한 부정적인 나이 고정관념은 우리에게 얼마나 영향을 미칠까? 우리의 노화 양상을 실제로 변화시킬 수도 있지 않을까? 노화에 대해 생각하고 말하는 방식을 바꾼다면 **우리**에게는 어떤 힘이 생길까?

젊게 사는 도쿄의 노인들

도쿄에서의 새 생활에 적응하면서도 내 마음은 종종 호티 할머니가 계신 플로리다로 날아가 선선한 해 질 녘에 아보카도 나무에 물을 주던 순간으로 돌아갔다. 그럴 때마다, 100살이 넘는 초밥 요리사들을 TV에서 심심찮게 볼 수 있고 밥상 앞에서 연장자부터 음식을 대접받는 이 나라에 할머니가 계신다면 어떨지 궁금해졌다.

내가 일본에 있던 시기에 게이로노히敬老の日라는 공휴일이

찾아왔다. 그날 신주쿠 공원을 거닐다가, 나는 70~80대의 역도 선수 무리를 보았다. 그들은 웃통을 드러내거나 몸에 딱 붙는 운동복을 입은 채 근육질 몸매를 과시하며 당당하게 활보했다. 역기를 들어 올리기도 했다. 이날이 돌아오면 사람들은 전국 곳곳에서 고속 열차, 배, 자동차를 타고 열도를 건너 어르신이 계시는 고향 집으로 향한다. 식당에서는 노인들에게 무료 식사를 제공하고, 학생들은 신선한 초밥과 튀김이 담긴 도시락을 정성껏 준비해 거동이 불편한 노인들에게 배달한다.

게이로노히는 '경로의 날'이라는 뜻이지만, 일본인들은 이미 1년 내내 경로를 실천하고 있었다. 음악 교실에는 75세에 처음으로 전자 슬라이드 기타를 배우려는 노인들이 모여들었다. 가판대에는 모든 연령대의 독자가 애독하는 알록달록한 만화책이 즐비한데, 그중에는 사랑에 빠진 노인들의 이야기도 있었다. 일본인은 고령을 두려워하거나 억울해하기보다 살아 있다는 증거, 즐겨야 할 대상으로 여겼다.

미국에서는 상황이 전혀 달랐다. 노인을 차별하는 가게 주인과 호티 할머니의 대화에서만 드러난 문제가 아니었다. 노인 차별은 어디에나 있었다. '나이를 거스르는' 피부 관리 광고판, 주름살을 무찔러야 할 적군처럼 묘사하는 지역 성형외과의 심야 광고, 나이 지긋한 고객을 어린애처럼 대하는 레스토랑과 영화관. TV 프로그램, 동화, 인터넷 등등 어디로 눈을 돌려도 고령은 건망증, 병약함, 쇠퇴와 동의어로 취급되고 있었다.

일본에서 나는 우리가 속한 문화가 우리의 노화 방식에 영향을 미친다는 사실을 분명히 깨달았다. 폐경을 예로 들어보자. 일본 문화에서는 폐경을 두고 별로 호들갑을 떨지 않는다. 신경이 예민해지고 생식능력을 잃게 되는 시기라는 이유로 폐경기를 중년에 찾아오는 역경으로 보는 서양과 달리, 일본에서는 가치 있는 인생 단계로 나아가는 노화의 자연스러운 일부로 취급한다. 일본인들이 자연스러운 노화 과정을 북미의 동년배들만큼 수치스럽게 여기지 않은 결과는 무엇일까? 나이 든 일본 여성들은 같은 연령대의 미국, 캐나다 여성들보다 열감을 비롯한 갖가지 갱년기 증상을 경험할 가능성이 훨씬 낮다.[2] 그리고 이 연구를 이끈 인류학자에 따르면 "자국에서 록스타처럼" 대우받는 일본의 남성 노인들은 유럽의 노인들보다 테스토스테론 수치가 높다.[3] 이 말은 우리가 속한 문화권에서 노화를 어떻게 인식하고 수용하느냐에 따라 성욕의 노화에도 차이가 생긴다는 뜻이다.

나는 문화가 개인의 연령 인식, 즉 우리가 노인과 노화를 바라보는 태도에 얼마나 큰 영향을 미치는지 의문이 생겼다. 그리고 이런 개인의 연령 인식이 다시 노화 과정에 어떤 영향을 주는지도 알고 싶었다. 일본인의 연령 인식을 이해하면 그들의 수명이 세계에서 가장 긴 이유를 설명할 수 있지 않을까?

나는 사회심리학을 공부하기 위해 대학원에 진학했다. 이 학문은 개인의 사고, 행동, 건강이 그가 속한 사회나 집단과 어떻게 영향을 주고받는지를 다룬다. 나는 대부분의 심리학 연구에서 제외되는 노인들의 경험에 중점을 두고 싶었다. 문화처럼 모호한 개념이 우리의 수명처럼 명확한 대상에 주는 영향을 측정할 방법을 찾아야 했다.

나이에 대한 고정관념

보스턴으로 돌아온 나는 문화 집단의 나이 고정관념이 노인들의 건강과 삶에 주는 영향을 조사하기 시작했다. 연구를 거듭할 때마다 노화에 대해 긍정적인 인식을 지닌 노인들이 부정적인 인식을 지닌 노인들보다 신체능력과 인지능력이 우수하다는 결과를 얻었다. 그들은 심각한 장애에서 회복될 가능성이 높았고, 기억력도 더 좋았으며, 걸음이 더 빨랐고, 수명도 더 길었다.[4]

나는 난청과 심혈관계 질환처럼 노화와 관계가 있다고 생각되는 다양한 인지적, 생리적 문제 역시 사회가 주입한 연령 인식의 산물임을 밝혔다. 연령 인식은 알츠하이머를 일으키는 공포의 유전자인 *APOE* ε4 보유자들의 치매 발병률마저 줄일 수 있었다.

이 책은 우리가 노화에 대해 어떻게 생각해야 하는지, 그런 생각이 우리의 건강에 어떤 크고 작은 영향을 미치는지를 다룬다. 이 책은 잘 늙기를 바라는 모든 사람을 위한 책이다. 나는 부정적인 나이 고정관념을 해부하여 그런 인식이 우리 내면에서 어떻게 형성되고, 어떻게 작용하며, 어떻게 변화할 수 있는지를 파헤쳤다. 이런 고정관념은 각 문화권 내에서 오랜 세월에 걸쳐 형성되고 개인의 평생에 걸쳐 흡수되지만, 알고 보면 꽤 불안정하다. 쉽게 깨뜨리고, 바꾸고, 고칠 수 있다.

예일대 연구실에서 나는 단 10분 만에 긍정적인 나이 고정관념을 불러일으켜 사람들의 기억력, 걸음걸이, 균형감각, 속도, 심지어 삶의 의지까지 개선할 수 있었다. 이 책에서 나는 나이 고정관념이 우리도 모르는 사이에 어떻게 점화 또는 활성화되는지, 그것이 우리가 갖는 고정관념의 무의식적인 성질에 대해 무엇을 말해주는지, 노화에 대한 우리의 생각을 어떻게 강화할 수 있는지를 증명하고자 했다.

적절한 사고방식과 수단만 갖춘다면 우리는 연령 인식을 바꿀 수 있다. 하지만 그런 인식의 근원을 없애기 위해서는 연령차별 문화를 바꾸어야 한다. 우리가 어떻게 이런 상태에 이르렀으며 무엇을 할 수 있는지를 이해하려면 세계의 다양한 지역과 역사를 살펴 문화적 대안을 찾아야 한다. 우리는 바람직한 노화의 사례를 조사하고 운동선수, 시인, 활동가, 영화배우, 예술가, 음악가를 찾아가 그들의 기억과 견해를 들어보았다. 문화를 바꾸기 위해서는 무엇이 필요할지 따져보고 노인들을 공동체에 잘 융화시켜 공동체 전체의 건강과 복리를 높이는 방법을 찾았다.

인구통계학적으로 우리는 일종의 분기점에 이르렀다. 세상에 5세 미만보다 64세 이상 인구수가 더 많기는 인류 역사상 처음이다.[5] 일부 정치인과 경제학자, 언론인은 이른바 '실버 쓰나미silver tsunami'를 우려하지만 그들은 핵심을 놓치고 있다. 노령에 들어섰는데도 건강이 양호한 사람이 많다는 것은 우리 사회의 가장 큰 성과다. 또 지금은 나이를 먹는다는 것의 의미가 무엇인지 다시 생각해보기에 좋은 시점이기도 하다.

슈퍼마켓에서 연령차별을 당하고 여러 해가 지난 후 호티 할머니는 세상을 떠났다. 온 가족이 한데 모여 평범하고도 특별했던 할머니의 삶을 추모했다. 20세기의 대부분을 살면서 할머니는 세상의 발전과 참상을 두루 목격했다.

할머니는 인생을 한껏 누렸다. 내 아버지를 길러낸 후에도, 낯설고 두려운 알츠하이머의 무게에 짓눌려 쇠약해져 가던 할아버지를 보살핀 후에도. 여든, 아흔이 넘어서도 할머니는 여행을 떠나고 골프를 치고 친구들과 긴 산책을 다녔다. 근사한 변장 파티를 열고, 당당하고 활달한 성품이 녹아 있는 편지를 우리에게 보냈다.

그런 편지를 받을 때면 흡사 할머니와 같은 방에 앉아 있는 기분이었다. 할머니는 마지막 10년 동안 내 아버지와 동시에 TV를 켜놓고 주목받는 법정 재판을 시청하면서 전화로 그 내용에 대해 이야기를 나누곤 했다. 아버지는 혹한의 뉴잉글랜드에, 할머니는 화창하고 습한 플로리다에 있었지만, 마치 거실에 나란히 앉아 어느 변호사가 판사에게 알랑대고 있는지, 누구의 넥타이가 가장 우스꽝스러운지 대화를 주고받는 것 같았다.

호티 할머니의 존재감이 늘 뚜렷했기에, 돌아가신 후에 유품을 정리하면서 우리는 할머니의 빈자리를 절절히 느껴야 했다. 특히 지하실은 할머니가 얼마나 충만한 삶을 살았는지를 여실히 증명하는 공간이었다. 에드 할아버지의 병구완을 시작하기 전에 할머니는 수십 년에 걸쳐 할아버지와 먼 나라를 여행하며 온갖 기념품을 수집했다. 할머니의 지하실은 신비의 동굴 같았다. 오래된 프랑스 향수병, 이탈리아와 인도네시아에서 사 온 아름답고 보드라운 스카프, 정교하게 조각된 모로코 보석함이 한가득 쌓여 있었다. 그중에는 작은 일본식 병풍도 있었다. 창호지에 만개한 벚나무가 그려진 병풍에는 내 이름이 적힌 메모지가 붙어 있었다. 언젠가 내가 글을 쓰려고 자리에 앉아도 집중하기까지 한참이 걸린다고 푸념했더니, 할머니는 칸막이를 쳐서 자신을 세상과 격리한 채 일에 집중했다는 지크문트 프로이트 이야기를 해주었다. 나를 위해 이 병풍을 물려준 할머니 생각에 가슴이 먹먹해져, 나는 다시 첫 일본 방문과 할머니가 넘어졌던

나이가 든다는 착각

날을 떠올렸다.

할머니가 돌아가신 직후에 나는 놀라운 발견을 했다. 오하이 오주의 소도시 옥스퍼드 주민들의 생활과 사고방식에 대한 연구 데이터를 분석하다가, 성별, 소득, 출신 배경, 외로움, 기능적 건강보다 이곳 주민들의 수명에 더 큰 영향을 주는 요소가 노년에 대한 생각과 태도라는 사실을 알게 되었다.[6] 연령 인식은 우리의 수명을 약 8년 늘리거나 줄일 수 있다. 다시 말해 이런 인식은 우리의 머릿속에만 머무르지 않는다. 우리가 시청하는 TV 프로그램, 우리가 읽는 책, 우리가 나눈 우스갯소리에 담긴 인식은 우리의 행동을 지시하는 대본이 된다.

처음으로 장수에 대한 이런 사실을 밝혔을 때, 92세를 일기로 돌아가실 때까지 호티 할머니를 곁에 둘 수 있었던 것이 우리 가족에게 큰 복이었다는 생각이 들었다. 할머니도 그렇게 늙어가면서 행복하셨을 거란 생각도 들었다. 할머니가 어떻게 긴 수명이라는 선물을 누리게 됐는지도 생각해보았다. 우리가 호티 할머니와 7~8년쯤 더 함께할 수 있었던 것은 할머니가 노년에 삶을 만끽했기 때문일까? 제도가 됐든 방법이 됐든 잘 늙는 비결이란 것이 있다면, 그중 하나는 연령 인식이 분명하다.

우리 삶은 어느 지역에서 어느 부모 밑에 태어났는지, 어떤 유전자를 타고났는지, 어떤 사고를 당했는지 등 스스로 통제할 수 없는 매우 다양한 요인들이 만들어낸 결과물이다. 나는 노화 경험과 건강을 개선하기 위해 우리가 통제**할 수 있는** 요인들을 밝히는 데 관심이 있다. 그 가운데 하나는 우리가 노화를 대하고 생애 주기를 바라보는 태도다. 나이가 들면서 우리 자신과 주변 사람들에 대한 생각을 어떻게 바꿀 수 있는지, 이런 변화가 주는 혜택을 어떻게 누릴 수 있는지를 개인과 사회 차원에서 탐구하는 것이 바로 이 책의 목표다.

나이가 든다는 착각

연령차별이 없는 도시

때로는 간절히 꿈꾸던 것을 아주 가까이에서 발견하기도 한다. 긍정적 연령 인식이 풍성한 문화를 찾기 위해 구태여 일본이나 짐바브웨까지 갈 필요도 없었던 것이다.

얼마 전 어느 여름날, 가족과 함께 캐나다 국경 버몬트의 외딴 구릉지대인 노스이스트킹덤의 작은 도시 그린즈버러에 들렀다. 당신은 그곳을 낸시 리지가 미로를 만든 곳으로 기억할 것이다. 나는 그린산맥의 기막힌 경치와, 송어와 아비새가 가득한 청정 호수를 기대했다. 최근에 내가 가장 좋아하는 치즈(가문비나무 껍데기로 포장된 고소하고 자극적인 하비슨 치즈)가 그린즈버러의 농장에서 제조된다는 사실을 알게 된 터였다. 무엇보다 치즈가 먹고 싶었고, 이 호숫가 마을이 그날의 목적지인 내 본가로 가는 길에 있었기 때문에 우리 가족은 오후에 그곳을 방문하기로 했다.

연령차별이 존재하지 않는 곳을 찾으리라는 기대는 전혀 없었다.

우리 가족은 정오쯤에 교통 신호등도 없고 카스피해를 감싸도는 큰 도로도 없는, 고속도로에서 수 킬로미터 떨어진 이 도시에 도착했다.[1] 우리는 동네 식료품점, 주유소, 철물점, 커피숍, 마을 광장(와인, 메이플 시럽, 못, 부츠가 모두 같은 선반에 진열되어 있었다)을 모두 겸하는 잡화점 윌리스Willey's에 들러 커피와 샌드위치를 먹었다.

테라스에서 다 같이 커피를 홀짝이다가 나는 무거운 비료 포대를 트럭에 실은 후 레모네이드를 마시고 있는 여성에게 말을 붙였다. 버몬트주 작은 도시의 주민답게 그녀는 상냥하고 경계심이 없었다. 이야기를 나누다 보니 나 역시 경계심을 허물게 되었다. 내가 노화를 연구하는 학자라고 했더니, 캐럴 페어뱅크라는 이름의 이 여성은 나더러 딱 좋은 곳에 잘 찾아왔다고 말했다.

서글서글한 갈색 머리의 백인 여성인 캐럴은 40대 후반의 그래픽 아티스트로, 매사추세츠주의 대도시에 살다가 몇 해 전 그린즈버러 외곽의 작은 농장으로 이사했다. 그 이유를 물었더니 스키에 푹 빠져서라고 했다. 1년 중 4개월, 이곳은 다운힐 스

나이가 든다는 착각

키와 크로스컨트리 스키를 즐기는 사람 모두에게 천국이나 다름없다. "청량한 겨울 아침에 비탈길을 오르면서 지켜보면 언덕을 내려가는 사람 대부분이 백발이에요. 다들 얼마나 신나게 슬로프를 타는지 몰라요." 그녀는 그린즈버러를 처음 찾았다가 이곳에서 늙고 싶다는 생각이 들어 이사를 결심했다고 한다.

캐럴은 그린즈버러에서 자신보다 나이가 많은 친구를 많이 사귀었다. 하나같이 활동적이고 독립적이며, 겨울에는 눈신을 신고 다니고 봄에는 땔나무를 쌓고 여름과 가을에는 텃밭을 가꾼다. 캐럴은 그들이 서로를 어떻게 보살피는지 설명했다. 큰 집에 혼자 사는 사람들은 (노인들이 지역사회와 융화할 수 있도록 집을 개조해주는 지역 단체의 도움을 받아) 집을 여러 개의 방과 가구로 나눈 다음 노인과 젊은이를 가리지 않고 누구에게나 임대한다. 이렇게 하면 연로한 나이에도 자신의 집에서 살 수 있고, 원한다면 공동주택으로 이사할 수도 있다. 경제적으로 어려운 노인들에게는 무료 식사와 저렴한 주택이 공급된다. 1년 내내 제공되는 예술 수업과 문화 행사는 대부분 무료거나 보조금이 지급되어 누구나 참여할 수 있다. 겨울은 춥지만, 우리가 만났을 때는 30도가 넘던 더위 속에서 캐럴은 차가운 레모네이드를 이마에 대며 아련한 표정으로 말했다. "스키, 스케이트, 따뜻한 코코아와 수프가 있으니까요. 모두가 함께한다는 충만감도요."

윌리스 건너편에는 노년기 여성 삼인방이 헛간 앞면에 대형 현수막을 걸고 있었다. 그중 두 명은 사다리에 올라갔고, 차양 넓은 모자를 쓴 세 번째 여성은 밑에서 망원경으로 현수막이 똑바로 걸렸는지 점검하며 그들에게 지시를 내리고 있었다. "더 높이!" 그녀가 소리쳤다. "왼쪽을 더 올려요!" 현수막에는 "베스의 100살 생일을 축하합니다!"라고 적혀 있었다.

캐럴은 미소를 지으며 마을에서 가장 인기 있는 단체인 그린즈버러 여성 산책 모임 이야기를 이어갔다. 100명에 가까운 이 모임 회원은 대부분 70세 이상인데, 한 주에 사흘씩 함께 아침 산책을 한다고 한다. 회원 한 명이 100살 생일을 맞자, 그녀가 지나가다가 볼 수 있게 친구들이 현수막을 거는 중이었다.

"남자들은 초대하지 않습니까?" 내 남편이 물었다.

"남자들도 가입할 수 있어요. 하지만 여자가 대부분이죠. 그래도 남자분들이 질투는 하지 않아요. 남자들 모임도 따로 있으니까요." 캐럴이 설명했다. 은퇴한 노인들의 식사 모임이라는 뜻의 '로미오Retired Old Men Eating Out: ROMEO'는 한 주에 한 번 호숫가 여관에서 만나 점심을 먹는다. 공식적으로 은퇴하지 않았더라도 가입할 수 있다. 수십 년 전, 그린즈버러에 집을 갖고 있던 윌리엄 렌퀴스트William Rehnquist는 당시 미국 대법원장으로 재직 중이었는데도 가입을 희망했고 결국 받아들여졌다.

캐럴은 농촌 아츠(예술Arts, 레크리에이션Recreation, 기술Technology, 지속가능성Sustainability: ARTS) 협동조합에서 주민들이 함께 모일

나이가 든다는 착각

수 있는 수업과 행사를 운영한다. 4세에서 104세까지, 모든 연령대의 주민들이 열성적으로 참가하고 있다. 목표는 창의성을 높이고, 마주칠 기회가 별로 없는 마을 사람들에 가까워질 기회를 주는 것이다. 나중에 알고 보니 농촌 아츠는 그 지역에서 여러 세대가 어우러지는 활동의 발전에 기여한 모범 사업이었다. 겨울에 열리는 '수프 + 지속가능성의 밤'은 사람들이 모여 수프 한 그릇을 먹으면서 환경 문제를 다루는 영화를 보고 토론을 하는 행사로, 대개 전속 전문가(주로 노인이지만 10대일 때도 있다)가 진행한다.

농촌 아츠에서 캐럴은 스파크Spark라는 작업 공간을 감독하는 역할도 맡고 있다. "교회 지하실을 이용하지만, 빙고 게임이나 파스타 공예 따위를 하는 곳은 아니에요. 3D 프린터, 대형 프린터, 스캐너, 레이저 커터 등 첨단 기기가 구비된 곳이죠." 그 공간은 모든 연령대의 주민들이 창의성을 펼칠 수 있게끔 설계되었다. "일단 그곳에 발을 들이면, 몇 가지 고정관념을 당장 없앨 수 있어요. 노인들이 웹 디자인 사업을 시작하고, 지역 퍼레이드에 쓸 대형 현수막을 인쇄하고, 컴퓨터를 조작해 예술을 창조한답니다."

그 순간 생일 현수막 게양 작업을 감독하던 할머니가 아이스크림을 먹으며 다가왔다. 우리가 아츠 센터에 대해 나누는 이야기를 듣고 공유하고 싶었던 모양이었다. "나도 역사 학회에서 쓸 자료를 인쇄할 때 항상 그곳을 이용해요. 프린터가 엄청 **빠르거든요**. 분당 20~30페이지는 거뜬해요." 그녀는 자신을 그린즈버러 역사 학회의 공동 회장인 낸시 힐Nancy Hill이라 소개했다. 최근 86세가 된 낸시 역시 그린즈버러에서 노년을 즐기기로 결심했다고 설명했다. 그녀는 오랫동안 프랑스와 태국에서 일하다가 마을에 돌아와 살기 시작한 4세대 주민이다.

내가 노화에 관한 책을 쓰고 있다고 밝히자 낸시는 그린즈버러야말로 이상이 실현되고 있는 현장이라고 했다. 그녀에 따르면 그린즈버러는 미국이나 세계의 다른 지역과 차별화된 곳이었다. 일단 주민의 연령이 훨씬 높은 편이다. 다른 지역의 평균 연령은 30세인데 비해 이곳 인구의 40퍼센트는 50세 이상이고, 그린즈버러 주민의 연령 중간값은 52세다. 그리고 이 고령의 주민들은 같은 세대뿐 아니라 젊은 세대와도 매우 긴밀하게 연결되어 있다. 여러 세대가 참여하는 독서회와 글쓰기 모임도 많다. 그녀는 이렇게 덧붙였다. "우리 마을에는 독자와 작가가 꽤 많답니다." 도서관 위원회에서 일할 때, 낸시는 책을 발표한 그린즈버러 출신 작가들을 소개하는 코너를 만들었다. "작가가 10명, 20명쯤 있을 줄 알았는데 알고 보니 150명이 넘더군요!" 그녀는 유명한 작가 몇몇을 열거하기 시작했다. 퓰리처상을 수상한 소설가 월리스 스테그너Wallace Stegner, 아시아계 미국인 소설가 기시 젠Gish Jen, 태평양의 연령친화적 문화를 연구한 인류학자

마거릿 미드도 이 지역 출신이었다.

"하지만 그린즈버러 여성 산책 모임만큼 유명한 것은 없죠." 캐럴이 눈을 찡긋하며 덧붙였다. 낸시가 웃음을 터뜨렸다. 몇 년 전, 그린즈버러로 돌아온 낸시는 마을에 사는 친구 몇 명과 아침 산책을 시작했다. 어느 날 마을 반대편에서 걸어오던 다른 친구들과 우연히 마주치자 두 모임은 하나로 합치기로 결정했다. 그 이후 여성 산책 모임의 규모는 눈덩이처럼 불어나고 있다.

"산책만큼이나 사교도 중요한 모임이에요." 낸시가 설명했다. 이 모임은 노스이스트 킹덤 전역을 걷고 함께 여행도 떠난다. 목적지는 낸터킷 섬부터 네덜란드까지 다양하다. "신체 활동도 중요하지만 활동에만 그치지 않아요. 사실……." 낸시는 뜸을 들이며 적절한 단어를 궁리했다. "**관계**를 맺는 거죠. 여기 사람들한테 딱 어울리는 단어네요."

점심 식사 후에, 우리 가족은 싱그러운 여름 초원의 향기, 푸르른 들판, 판자를 댄 농가가 즐비한 조용한 시골길을 즐기며 마을을 둘러보았다. 한 쌍의 어릿광대, 작은 광대와 큰 광대가 커다란 빨간 헛간에서 뛰어나오면서 고요한 순간은 갑자기 끝났다. 곧이어 지붕에서 곡예사 한 명이 뛰어내렸다. 나는 뒤늦게 깜짝 놀랐다.

우리는 그 어린 어릿광대, 마이크라는 10대 소년과 이야기를 나누게 되었다. 그는 이곳이 미국 유일의 청소년 유랑 서커스단인 서커스 스머커스Circus Smirkus의 숙소라고 설명했다. 전 세계의 10대들이 그린즈버러로 와서 훈련을 받고 공연을 한다. 우리는 그 자리에 서서 경이로운 마음으로 곡예사들을 지켜보았다. 버몬트 외딴곳에서 중력을 완전히 무시하고 하늘을 나는 사람들을 목격한 것은 놀라운 경험이었다. 곡예사 중 한 명인 강사는 백발이었다. 다른 강사는 러시아어로 소리쳤다. 마이크는 이번이 스머커스와 함께하는 두 번째 여름인데, 매년 여름마다 서커스의 주제가 바뀐다고 설명했다. 올여름의 주제는 '비행기의 발명'이었다. 그는 서커스단에 소속된 연장자들 외에 다른 노인들도 저녁마다 쇼를 보러 오고 두둑한 기부금을 내는 등 서커스에 큰 도움을 준다고 했다. 덕분에 형편이 어려운 단원들도 장학금을 받을 수 있다는 것이다.

우리는 계속 걷다가 차고와 헛간 문에 고정된 여름 실내악 시리즈의 현수막과 전단지를 발견했다. 한 주 뒤에 뉴욕에서 현악 사중주단이, 그달 말에는 로스앤젤레스에서 고령의 첼리스트가 찾아올 예정이었다. 마당에서 닭에게 먹이를 주던 한 남자가 전단지를 유심히 보는 우리를 발견하고 손을 흔들었다. 그가 다가와서 우리더러 여름휴가를 보내러 온 사람들이냐고 물었다.

"사실은 오후를 보내러 왔어요. 지나가는 길이어서요." 나는 우리가 이 마을을 우연히 발견했고, 내가 쓰는 책 내용에 따르면 이곳이야말로 고령자들을 위한 안식처 같아서 흥미를 느꼈

나이가 든다는 착각

다고 덧붙였다. 해럴드는 미소를 지으며 고개를 끄덕이더니 이 지역이 어떻게 고령자들의 안식처가 되었는지 알려주겠다고 했다. 일단 그는 내 딸들더러 자신의 닭들에게 먹이를 주라고 부탁했다.

내 딸들이 닭장 주변에 곡식을 뿌리는 동안, 나는 집에서 만든 레몬에이드를 마시며(그린즈버러 사람은 다들 이 음료를 좋아하는 모양이었다) 81세의 해럴드 그레이Harold Gray와 이야기를 나누었다. 그는 카메룬에서 몇 년간 평화봉사단 활동을 한 다음 워싱턴에 소재한 미국 국제개발청에서 일하다가 몇 년 전 은퇴하고 그린즈버러로 와서 지역 신문에 실릴 기사를 쓰고 사진을 찍는 새 직업을 찾았다. 그가 이 도시를 좋아하는 이유는 놀라운 공동체 의식과 노인들이 의미 있는 활동에 참여할 수 있는 기회 때문이었다.

알고 보니 해럴드는 전설의 '로미오'를 본뜬 친목 단체 두 곳에 속해 있었다. 첫 번째는 이 지역의 현직 공직자, 정치 지망생들과 매주 아침을 먹으며 정치 토론을 하는 모임이었다. (이 현직 공무원과 정치 지망생들은 그린즈버러 여성 산책 모임과도 종종 만남의 자리를 갖는다.) 해럴드의 다른 모임은 매주 만나서 점심을 먹으며 생활 속 심오한 주제에 대해 진지하게 생각을 나눈다. 최근에는 행성 간 여행의 미래(이 모임에는 은퇴한 우주비행사와 행성학자도 있다)와 '빈정대는 성격은 타고나는가?' 같은 주제를 다루었다.

해럴드는 내게 점심 식사 모임에서 찍은 사진을 보여주었다. 남자들이 테이블에 둘러앉아 웃고 있었다. 해럴드가 그 사람들을 내게 소개했다. "이 사람은 토목 기사고, 이쪽은 목사였어요. 여긴 은퇴한 과학 교사, 이 남자는 미국독립혁명에 대한 글을 쓰는 교수예요." 그는 이 마을에 하나뿐인 정비소를 운영하는 팀이라는 사람이 주로 그린즈버러 회의의 의장으로 선출된다고 했다. "그 친구는 모든 세대의 목소리를 사려 깊게 통합할 줄 알아요. 그래서 마을 사람들의 존경을 받는 거예요."

해럴드가 참여하는 두 모임의 설립 목적이 '우정'을 키우기 위해서라는 점이 인상적이었다. 미국에서는 고령의 남성이 젊은 남성이나 고령의 여성보다 사회적 고립과 외로움에 시달릴 가능성이 높다.[2] 하지만 해럴드가 소개한 공동체는 동료들 사이의 연결고리가 꾸준히 지속되거나 더 견고해졌다.

해럴드는 남편과 내게 월리스 스테그너의 《안전으로 가는 길Crossing to Safety》을 읽었냐고 물었다. 우리가 읽지 않은 책이었다. 스테그너가 여름마다 그린즈버러로 탈출한다는 내용으로, 로버트 프로스트Robert Frost의 시에서 따온 제목은 '더 좋은 곳, 더 평온한 곳, 정서적 안정을 주는 곳으로 건너간다'는 뜻이었다.

다음으로 그는 그린즈버러에 대한 자신의 생각을 들려주었다. 주민 700명이 사는 이곳은 여름이 되면 인구가 2,000명 이

나이가 든다는 착각

상으로 늘어난다. "여름을 이곳에서 보내던 사람이 은퇴 후에 다시 이곳을 찾아옵니다. 원래 다른 지역 출신들이 많다는 점에서 그린즈버러는 다른 도시들과 많이 다르죠. 그래서 사람들은 우정을 더 소중히 여기고, 그린즈버러에서 친구, 이웃과 대가족을 형성하나 봅니다."

그렇게 보면 해럴드가 정치와 언론 활동에 적극 참여하고, 도움이 필요한 노인들에게 무료 식사를 배달하며 공공 도서관의 평의원회에서 활동하는 동기도 이해할 수 있다. 그의 아내는 동네 아이들을 가르치고 자연 보호소에서 일손을 돕는다. 그린즈버러 여성 산책 모임의 당당한 회원이기도 하다. 윌리스에서 만난 낸시 힐이 내게 했던 말이 떠올랐다. 그린즈버러의 노인들은 끈끈하게 **관계**를 맺고 있다고.

해럴드는 우리에게 카스피해에서 수영도 안 하고 떠나면 아쉬울 거라고 했다. 그래서 우리는 떠나기 전에 수영을 하러 갔다. 따뜻한 7월의 햇살을 받으며 해변에서 몸을 말리던 중에 나는 캐스린 로빈스키Kathryn Lovinsky라는 젊은 동네 여성과 대화를 시작하게 되었다. 그녀는 두 살배기 쌍둥이 아들들을 데리고 나와 오후 수영을 즐기고 있었다.

알고 보니 캐스린은 캐럴 페어뱅크가 일하는 농촌 아츠의 감독이었다. 그녀는 이 인근에서 성장한 다음 워싱턴 DC에서 대학을 졸업하고 몇 해를 살다가 가족과 함께 이곳으로 돌아왔다.

그녀는 워싱턴이 별로 마음에 들지 않던 모양이었다. "다들 서로 고립되어 있어요. 에어컨이 있는 아파트에서 홀로 TV를 보면서 여름을 보내야 하죠. 그린즈버러 사람들은 함께 야외에서 여름을 보내는데 말이에요." 그녀의 70대 부모님은 이 마을에서 집세가 저렴한 아파트 단지를 관리한다. 재산이 많지 않은 노인들에게 집을 임대하고, 지속 가능한 포장재를 만드는 지역 사업체도 운영하고 있다. 0.3제곱킬로미터 넓이 농장에서 소, 염소, 닭도 키운다. 캐스린의 어머니는 손자들을 자주 돌봐주신다. 캐스린을 포함한 모두에게 이로운 도움이라고 그녀는 웃으며 말했다. "덕분에 제 시간이 생기니까요!" 이 지역에서는 꽤 일반적인 상황이라고 한다. 노인들은 가축을 키우거나 채소를 기르고, 오랜 시간 지역사회의 활동에 참여하고, 어린이나 젊은이들과 소통하며 바쁘게 지낸다.

그린즈버러에는 뭔가 특별한 점이 있었다. 그래서 사람들이 자꾸만 이사를 오는 모양이었다. 어떻게 살고 어떻게 늙을 것인지에 대해 목표를 가지고 하는 이주라는 공통점이 있었다.

"주디Judy를 한번 보세요." 캐스린은 해변 반대편에 수건을 펼치고 신문과 탄산수를 놓고 있는 노년 여성을 가리켰다. 주디는 80대에도 적극적으로 일하는 부동산 중개인이었다. 그녀는 채소를 재배하고 매년 지역 전시회에 그림을 출품했다. 캐스린에 따르면 그녀는 일일이 이름을 대기도 어려울 만큼 많은 위원회

나이가 든다는 착각

와 조직에 관련하고 있는, 지역사회의 한 축이나 다름없는 인물이었다. 캐스린이 단체의 이름을 열거하기 시작하자 우리가 자기 얘기를 하고 있음을 알아차리고 주디가 우리를 향해 손을 흔들었다. 캐스린도 손을 흔들어 화답했다.

우리는 그쪽으로 다가갔다. 캐스린은 주디에게 내가 그린즈버러에 대해 알고 싶어 한다고 전했다. "음, 그린즈버러는 참 살기 좋은 곳이죠." 그녀가 딱 부동산 중개인처럼 말했다. 나는 노인들이 마을 운영과 공동체 생활에 얼마나 크게 기여하는지를 듣고 무척 설렜다고 주디에게 말했다. 그날 아침에 나는 그린즈버러의 분위기와는 사뭇 다르게, 뉴욕주와 폴란드에서 나이를 구실로 고령의 판사들을 법원에서 내쫓고 있다는 안타까운 기사를 접했다.

주디에게 그린즈버러에서 노인들의 삶이 어떠냐고 물었더니 그녀는 마을 전체에 긍정적 연령 인식이 퍼져 있으며 사회 기반 시설과 제도가 그것을 뒷받침한다고 대답했다. "닭이 먼저냐 달걀이 먼저냐의 문제죠." 캐스린이 말했다. "긍정적인 연령 인식과 고령 친화적인 문화 중 무엇이 먼저인지는 아리송해요."

커다란 파란색 비치타월 위에 앉아 있던 주디는 눈을 자극하는 햇빛을 가리며 내게 살짝 미소를 지어 보였다. "어쨌든 나는 이곳이 마음에 들어요. 당신도 그럴 거예요." 그녀는 내게 혹시 관심이 있다면 매물로 나온 멋진 집이 몇 채 있다고 덧붙였다.

고백하자면, 그 말에 잠깐 솔깃했다.

그린즈버러의 긍정적 연령 인식과 나이에서 자유로운 문화 중 어느 것이 원인이고 어느 것이 결과인지는 캐서린의 말마따나 닭과 달걀의 관계와 같다. 둘이 동시에 발생해 서로 영향을 미쳤을 공산이 크다.

그곳에서 나는 노인들과 사회가 건전하게 조화를 이룰 때 어떤 일이 일어나는지를 생생하게 목격했다. 81세의 윌리스 스테그너는 그린즈버러 역사책의 서문에서 그 조화에 대해 설명했다. "나는 역사도 없고 소속감도 전혀 느끼지 못한 채 성장했다. 사회적으로 고립되어 조부모 세 분의 이름을 알지 못했고, 지금도 모른다. …… 반면 그린즈버러에는 영속성, 평안, 전통적이고 관습적인 포용, 우호적인 사회질서 등 내게 부족하던 것, 필요하던 것이 있었다."[3]

그린즈버러는 그곳에서 살 수 없는 노인들에게도 목표를 제시할 수 있다. 목표란 바로 각자의 연령 해방을 시작하는 것이다. 그러면 연령차별이 난무하는 사회의 연령 해방에 기여하고 결국 그 사회에 속하는 다른 구성원들의 연령 해방도 앞당길 수 있다.

그린즈버러는 내가 이 책을 쓰는 과정에서 깨달은 또 다른 진실을 잘 보여준다. 과학자로서 나는 세상을 이해하는 가장 좋은 수단이 매끈한 그래프나 강력한 통계검정이라고 생각했다.

하지만 그린즈버러를 방문하기 전 몇 달에 걸쳐 현명한 노인들을 면담하면서도 느꼈듯, 세상의 질서를 밝히는 데 과학은 분명 도움을 주지만 이야기 역시 세상을 이해하는 훌륭한 수단이었다. 인류학자 메리 캐서린 베이트슨Mary Catherine Bateson은 "인간은 비유로 생각하고 이야기로 배운다"고 했다.

내가 이 책을 쓰면서 알게 된 이야기 중에는 그린즈버러 주민들의 사연뿐 아니라 긍정적 연령 인식에 바탕을 둔 사회의 이점을 보여주는 다나카 가네 같은 초백세 노인들의 삶도 있다. 이 책에 등장한 사람들은 사회마다 만연한 연령주의를 어떻게 극복할 수 있는지 보여주기도 한다. 할머니에게서 물려받은 긍정적 연령 인식을 바탕으로 연령차별을 만날 때마다 대응할 방법을 찾아낸 99세의 서점 운영자 아이린 트렌홈이나, 공동체 발전에 헌신한 고령의 의료인 멘토들과 함께하면서 노후에 부정적인 나이 고정관념을 벗어던진 미국 중서부의 의사 조너스를 예로 들 수 있다. 우리의 개입으로 긍정적 연령 인식이 강화되었고, 그 결과 균형감각과 신체 기능도 크게 개선되었다는 바버라도 있다.

긍정적 연령 인식을 일찍 받아들였든 늦게 받아들였든, 그들은 이런 인식의 토대 위에서 행복하고, 건강하고, 성공적인 노년 생활을 누렸다. 배우 존 베이신저와 버섯 채취꾼 패트릭 해밀턴을 예로 들어보자. 둘 다 긍정적 연령 인식 덕분에 기억력이 향상되었다. 철인삼종경기 선수인 마돈나 뷰더 수녀와 수영선수 모린 콘펠드도 노화를 대하는 태도에 힘입어 놀라운 운동 능력을 기를 수 있었다. 멜 브룩스와 리즈 러먼의 긍정적인 연령 인식도 만년에 창의력을 높이는 데 보탬이 되었다.

나는 누구든지 긍정적 연령 인식에 따라 살 수 있으며 그런 인식에 따르는 온갖 혜택을 누릴 수 있음을 뜻밖의 계기로 깨달았다. 나이 고정관념을 평가하기 위해 '노화의 이미지' 설문지를 만들면서, 나는 참가자들에게 노화 하면 가장 먼저 떠오르는 다섯 단어를 대라는 문항을 넣었다. 반응은 대부분 부정적이었다. 하지만 노화의 긍정적인 이미지를 생각할 때 가장 먼저 떠오르는 다섯 단어를 써보라고 요구하자 다들 긍정적인 단어를 생각해낼 수 있었다.

그런 결과는 예상 밖이었다. 부정적인 나이 고정관념을 퍼뜨리는 갓가지 사회제도를 접하고 그에 따른 차별을 경험한 노인들은 부정적 나이 고정관념을 품고 있다는 증거가 이미 충분했기 때문이었다. 하지만 다섯 단어를 생각해보라고 요구하자 늘 지니고 있다가 언제든 꺼내놓을 준비를 하고 있던 긍정적 연령 인식이 드러났다. 이 책 9장과 부록 1에 제시된 ABC 요령의 목적도 그것이다.

긍정적 연령 인식이 활성화되는 과정은 노벨문학상을 수상한 카리브해의 시인 데릭 월컷Derek Walcott의 시에도 드러난다.

〈사랑 후의 사랑Love After Love〉이라는 이 시가 노화나 연령 인식을 다룬다고 할 수는 없지만 이 책에서 살펴본 핵심 개념을 연상시킨다.

때가 오리라
의기양양하게
도착하는 그대를 맞아들일 때가
그대의 문간에서, 그대의 거울 속에서
서로를 반갑게 맞으며 미소 지으리라

어서 여기 앉으라고, 맘껏 먹으라고 이야기하리라
그대는 낯설었던 그대를 다시 사랑하게 되리니.
술을 주고 빵을 주라. 그대의 마음을 돌려주라
그대를 사랑한 낯선 이에게

다른 사람 때문에 한평생 모르는 척했던
그대를 마음 깊이 아는 낯선 이를 위해
책장에서 꺼내리라 사랑의 편지를,

사진을, 간절한 글을,
거울에서 그대의 이미지를 벗겨내라.

후기

앉으라. 그대의 인생을 즐겨라.

월컷은 두 가지 차원에서 일어날 수 있는 변화를 설명하는 것 같다. 개인적 차원에서 그는 낯선 이라는 은유로, 긍정적인 나이 고정관념이 부정적인 나이 고정관념에 잠식당한 늙은 자아를 표현한다. 잠들어 있던 긍정적 나이 고정관념이 힘을 얻은 시점에, 낯선 이였던 존재는 다시 환영받는다.

사회적 차원에서 월컷의 시는 연대를 요구하는 의미로 볼 수 있다. 나이가 만든 장벽과 편견을 없애고, "그대를 사랑한 낯선 이에게 그대의 마음을 돌려주라"는 것이다. 노인들이 더 이상 사회에서 낯선 사람 취급을 받지 않고, 자기 자신과 공동체로부터 가치를 인정받을 때, 노화는 귀향, 재발견, 인생의 축제가 될 수 있다.

나이가 든다는 착각

긍정적 연령 인식 강화를 위한 ABC 요령

	ABC 훈련: 건강 증진에 도움이 되는 연령 인식 도구
A	**인식**Awareness: 사회에서 노화에 대한 부정적, 긍정적 이미지를 찾아본다
B	**비판**Blame: 건강과 기억력 문제는 사회에서 얻은 부정적 연령 인식에 얼마간 영향을 받을 수 있음을 이해한다
C	**도전**Challenge: 더 이상 연령차별의 피해를 입지 않도록 필요한 조치를 취한다

다음 훈련은 대부분 금방 익히고 실천할 수 있다. 연령 인식은 다면적이어서 무의식적 차원과 의식적 차원에 모두 작용하

기 때문에, 각 단계에서 이 훈련을 한 가지 이상 조합하여 시도하면 더욱 유익하다. 제9장에서 설명했듯이, 세 단계는 **인식** 개선하기, 비판받아 마땅한 대상 **비판**하기, 부정적인 연령 인식에 **도전**하기로 구성된다.

이런 인식을 다지고 몸에 익히려면 선택한 훈련을 반복해야 한다. 아리스토텔레스가 24세기 전에 발견한 진리는 오늘날에도 유효하다. "우리가 반복하는 행동이 우리를 만든다." 이 전략을 꾸준히 적용하면 작은 노력이 엄청난 변화를 낳는 눈덩이 효과를 얻을 수 있다.[1]

다음은 당신이 실천할 ABC 훈련이다.

인식 훈련

인식 훈련 1: 노화의 다섯 가지 이미지

노인을 생각할 때 처음으로 떠오르는 다섯 단어나 표현을 적어보자. 1장에서 이미 했겠지만, 이 책을 읽으면서 연령 인식이 바뀌었는지 다시 한번 확인해보자. 이번에도 정답이나 오답은 없다. 당신이 쓴 답에서 부정적인 것과 긍정적인 것은 몇 개인가?

다섯 가지 이미지를 적어보는 훈련에서 부정적인 단어를 많

나이가 든다는 착각

이 떠올렸다 해도 그런 입장이 고정불변이라는 뜻은 아니다. 우리 대부분은 부정적인 연령 인식을 주위에서 무의식적으로 흡수했지만, 이런 상태는 뒤집힐 수 있다. 그것을 이해하는 것이 첫 단계다.

인식 훈련 2: 긍정적인 역할모델의 포트폴리오

당신이 닮고 싶은 노인은 누구인가? 일단 존경하는 노인 네 명을 꼽아본다. 당신의 인생에서 한 명을 고르고 역사, 책(이 책 포함), TV 프로그램, 최근의 사건 등에 등장하는 노인 가운데 몇 명을 고른다. 그렇게 선택된 역할모델들이 노화와 관련된 어떤 훌륭한 특성을 지녔는지 생각해본다. 각 모델에게서 당신이 동경하는 특성, 나이가 들면서 더욱 강화하고 싶은 특성을 하나 이상 찾아본다.

인식 훈련 3: 미디어에 등장하는 연령 인식에 주목하기

보이지 않는 것을 보이게 하는 좋은 방법은 한 주 사이에 접한 노화에 대한 부정적 이미지와 긍정적 이미지를 수첩이나 스마트폰에 모두 기록하는 것이다. TV나 스트리밍 프로그램을 볼 때 노인 등장인물이 있는지, 그들이 어떤 역할을 하는지, 그들이 노화를 부정적으로 그리는지 긍정적으로 그리는지 유심히 살핀다. 인터넷을 하거나 신문을 읽을 때 노인들이 어떻게 다루어지는지, 또는 다루어지지 않는지 기록한다. 한 주가 지나면 노화에 대한 부정적 이미지와 긍정적 이미지의 수, 노인이 등장하지 않는 이미지의 수 등을 집계한다. 내 연구에 따르면 이런 적극적인 관심은 노골적인 연령차별뿐만 아니라 좀 더 은밀한 배제와 소외를 예민하게 인식하는 데 도움이 된다.[2]

인식 훈련 4: 세대에 대한 인식

가장 가까운 친구 다섯 명을 떠올려보자. 나도 그렇지만 그 다섯은 몇 살 차이가 나지 않는 친구일 공산이 크다. 물론 또래 친구들과 함께하는 것이 무슨 문제겠냐마는, 세대 문제에서는 비슷한 사람과 어울리면서 느끼는 편안함이 부정적 연령 인식을 더욱 부추길 수 있다. 어떻게 하면 세대 간 접촉을 늘릴 수 있을지 생각해본다. 지난 한 주 동안 다른 세대와 의미 있는 교류를 얼마나 했는지 되돌아본다. 그랬던 기억이 별로 없다면, 세대가 다른 사람들과 다음 달에 할 만한 활동 두 가지를 떠올려본다.

비판 전가 훈련

비판 전가 훈련 1: 진짜 원인 찾기

당신이 불쾌한 사건이나 문제의 원인을 찾을 때 나이 고정관넘의 영향을 받는지 잘 살펴본다. 당신이나 어떤 노인이 열쇠를 잃어버렸을 때, 또는 날짜나 이름을 잊었을 때 '노인 건망증' 탓을 하게 된다면 당신은 노화 과정을 객관적으로 평가하는 것이 아니라 부정적 연령 인식의 영향을 받고 있는 것이다. 당신이나 그 노인이 시간에 쫓기거나, 스트레스를 받거나, 당황하거나, 딴 생각에 빠진 상황이어서 그런 정보가 떠오르지 않는 것 아닐까? 누구나 그런 감정 상태일 때는 일시적으로 건망증을 겪을 수 있다. 등이 쑤시거나 소리가 잘 들리지 않는 것을 노화 탓으로 돌리고 있다면, 상황을 잘 따져보자. 너무 무거운 물건을 들었거나, 배경 소음이 너무 요란한 것은 아닐까? 당신이나 주위 노인의 경험에서 노화가 원인으로 지목된 정신적, 육체적 사건 두 가지를 떠올려보자. 실제 사건이어도 좋고 가상의 사건이어도 좋다. 그 사건을 노화와 무관한 원인으로 설명해보자.

비판 전가 훈련 2: 누가 득을 보나?

부정적인 나이 고정관념 네 가지를 적어본다. 그런 고정관념에서 이익을 얻을 회사나 기관을 들어본다. 만약 '기억력 감퇴'를 적었다면, 모든 사람의 기억력은 갈수록 떨어진다는 부정적인 연령 인식으로 불안감을 조성해 '두뇌 훈련 게임'을 판매하는 회사인 루머시티Lumosity를 지목할 수 있다. 허위 광고로 노인 소비자들에게 두려움을 일으켰다는 이유로 이 회사는 연방거래

위원회에게 고발당했다.[3]

비판 전가 훈련 3: 여성에게 적용하면 성차별에 해당할까?

노인을 겨냥한 말이나 행동이 연령차별인지 확실치 않다면, 그 대상을 여성이나 다른 소수집단으로 바꿔본다. 예를 들어 고용주가 고령의 노동자들을 해고하겠다는 말을 하면, 여성을 해고하는 문제에 대해 같은 발언을 하는 경우에는 어떻게 들릴지 생각해본다. 그 말이 성차별로 들린다면, 고령의 노동자들이 표적이 될 때도 연령차별로 볼 수 있다.

도전 훈련

도전 훈련 1: 부정적 연령 인식의 해체

정확한 정보를 제시하여 부정적 연령 인식에 맞설 수 있다. 이 책에는 흔한 부정적 나이 고정관념을 뒤엎는 과학적 사실이 풍부하게 실려 있다. ('부록 2: 부정적 연령 고정관념을 깨부수는 무기'에 요약되어 있다.) 노화에 대한 착각 세 가지를 적어보자. 자신이 옳다고 주장하는 사람에게 어떤 말을 해줄지 연습해보자. 이를테면 누가 "노인들은 지구를 걱정하지 않는다"는 말을 했다고 치자. 사실 65세 이상은 다른 어떤 연령대보다 물건을 재활

용하는 비율이 높다고 반박할 수 있다(연령이 높아질수록 재활용률은 올라간다).[4]

나도 마찬가지지만, 누가 연령차별적인 발언을 할 때 재치 있게 맞받아칠 말이 항상 준비되어 있지는 않을 것이다. 그렇다면 몇 마디를 미리 생각해두거나 지난번에 맞닥뜨린 연령차별 발언이나 행동에 대응하는 발언을 다음번에 다시 던질 수 있다.

도전 훈련 2: 정치에 참여할 방법 찾기

당신은 공직에 출마할 수 있다. 아니면 어느 후보자가 노인 유권자들의 복지에 기여하는 공공 정책을 펼칠지 살펴 그들의 공직 선거운동을 도울 수도 있다. 선출된 대표자가 노인 관련 입법에 대해 어떤 입장인지 확인하고, 당신도 그 입장에 동의하는지 동의하지 않는지 대표자에게 알려줄 수 있다.

도전 훈련 3: 미디어의 연령차별에 맞서기

부정적인 나이 고정관념이 담긴 기사를 보면 편집자에게 편지를 쓰거나 소셜미디어에 의견을 올린다. 온라인 주식거래 플랫폼 이트레이드E-Trade가 2018년에 미국에서 시청률이 가장 높은 스포츠 행사인 슈퍼볼Super Bowl에서 공개한 광고를 예로 들어보자. 이 광고는 일하는 노인들을 조롱한다. 나이 든 우편배달부가 소포 무더기를 떨어뜨리고, 나이 든 소방관이 불난 곳이 아

닌 인도로 물을 쏘며 바닥에서 들어 올려진다. 나이 든 치과의
사와 스포츠 심판도 갈팡질팡하며 어쩔 줄을 모른다. 그렇게 노
인 노동자들의 무능력을 강조하는 것으로도 부족했는지 해리
벨러판티Harry Belafonte의 발라드 〈데이오Day-O〉를 개사한 '나는 여
든다섯, 집에 가고 싶다'를 배경음악으로 쓰고 있다.

광고대행사는 젊은 잠재고객을 겁 먹여 조기 퇴직을 위해 이
트레이드에 주식거래 수수료를 내게 할 목적으로 광고를 만든
것으로 보인다.[5] 이런 부정적인 이미지를 이용해 다음 해에는
큰 실적을 올렸지만[6] 이 광고는 분노와 역효과를 낳았다. 연령
차별은 사실에 근거한 것이 아니라 이익을 추구하려는 흔한 욕
구로 움직인다는 상류 원인을 명확하게 보여주기도 한다.

페이스북 피드에서 이 광고를 언뜻 접한 딸아이가 내게 이
광고의 존재를 처음 알려주었다. 딸아이는 이후 이 광고에서 노
인들을 묘사하는 방식에 혐오감을 표하는 친구나 낯선 사람들
의 게시물도 내게 꾸준히 전해주었다.

앞으로도 제품 광고에 연령차별 사례가 있는지 눈을 부릅뜨
고 살피다가 회사에 항의 메시지를 보내거나, 광고를 계속 내보
내면 지인들을 설득해 노인 친화적인 회사와 거래할 것이라는
의사를 표시하자.

부정적 나이 고정관념을 깨부수는 무기

다음은 다양한 사회적 출처에서 가져온 부정확하고 유해한 나이 고정관념의 예다. 이런 고정관념을 반박하는 데 도움이 될 중요한 근거도 소개한다.

1. "늙은 개에게 새로운 재주를 가르칠 수 없다"는 속담은 학습 능력이 떨어지는 노인에게 그대로 적용된다.

   반박: 나이가 들면 인지기능에 긍정적인 변화가 많이 생기고 평생 학습에 도움이 되는 능력도 갖추게 된다. 젊은이들이 기억력을 향상하기 위해 사용하는 기억 전략은 노인들에게도 유용하다. 사실 우리의 뇌는 평생 문제에 대응하면서 새

뉴런을 성장시킨다.[1,2,3,4]

2. **모든 노인은 치매를 겪는다.**

반박: 치매는 노화의 자연스러운 일부가 아니다. 대다수 노인
은 치매를 경험하지 않는다. 65~75세 미국 성인 가운데 약
3.6퍼센트만이 치매를 앓고 있다. 더구나 치매 발병률이 갈
수록 감소한다는 증거도 있다.[5,6,7]

3. **노인의 건강은 오로지 생물학으로 결정된다.**

반박: 우리 연구팀은 문화 역시 연령 인식의 형태로 노인들
의 건강에 큰 영향을 미칠 수 있음을 밝혔다. 긍정적인 연령
인식은 심혈관 스트레스를 줄이고 기억력을 높이는 등 다양
한 방식으로 노인의 건강에 도움을 준다. 반대로 부정적인
연령 인식은 건강에 해로운 영향을 줄 수 있다.[8,9,10,11] 또 긍
정적인 연령 인식은 노년기의 인지능력에 기여하는 유전자
인 *APOE* ε2의 유익한 영향을 증폭시킨다.[12]

4. **노인은 연약하기 때문에 운동을 피해야 한다.**

반박: 대다수 노인은 부상 없이 운동할 수 있다. 세계보건기
구는 노인들에게 규칙적으로 운동할 것을 권고한다. 심혈관
계와 정신건강에 유익하고 뼈와 근육 강화에도 도움이 되기
때문이다.[13]

5. **대다수 노인은 치료할 수 없는 정신질환을 앓는다.**

반박: 대다수 노인은 정신질환이 없다. 연구에 따르면 노년기

에 우울, 불안, 약물 남용 등은 감소하는 반면, 행복은 대체로 증가한다.[14] 노인들도 심리치료를 비롯한 정신건강 치료로 큰 효과를 볼 수 있다.[15,16]

6. **고령의 근로자는 직장에서 일을 제대로 해내지 못한다.**

반박: 고령의 근로자들은 병가를 덜 내고, 경험을 잘 활용하며, 직업의식이 투철하고, 대체로 창의적이다.[17,18,19] 노인이 포함된 팀은 그렇지 않은 팀보다 유능하다.[20]

7. **노인은 이기적이고 사회에 이바지하지 않는다.**

반박: 노인들은 사회에 의미 있게 기여하는 활동이나 자원봉사에 열심이다. 재활용이나 자선 기부를 가장 많이 하는 연령층이기도 하다. 나이가 들면 이타적인 동기가 강해지고 자기애적 가치의 영향력은 줄어든다. 노인들은 미래 세대를 위해 더 나은 세상을 만들고 싶어 한다. 또 대부분의 가정에서는 장성한 자녀가 고령의 부모에게 주는 돈보다 고령의 부모가 장성한 자녀에게 주는 돈이 많다.[21,22,23,24,25,26]

8. **노인이 되면 인지능력이 필연적으로 떨어진다.**

반박: 노년에 더욱 향상되는 인지능력도 있다. 메타인지, 생각에 대한 생각, 다양한 관점을 고려하는 능력, 사람과 집단 간의 갈등 해결, 의미기억 등이 그것이다. 자전거 타는 법처럼 일상적인 행동에 대한 절차기억도 동일한 수준으로 유지되는 경향이 있다.[27,28,29,30] 또 긍정적 연령 인식을 강화하면

노년에 쇠퇴할 것으로 예상되는 유형의 기억을 개선할 수 있다.[31,32,33,34,35]

9. **노인은 운전을 못한다.**

반박: 고령 운전자들은 절대적 사고 건수가 적다. 그들은 안전벨트를 잘 메고 제한 속도도 잘 지킨다. 운전을 하면서 문자메시지를 보내거나 음주 운전, 야간 운전을 할 가능성도 적다.[36,37,38]

10. **노인은 섹스를 하지 않는다.**

반박: 대다수 노인은 육체적으로나 정서적으로나 만족스러운 성생활을 계속한다. 조사에 따르면 노인의 72퍼센트는 연인이 있으며 대부분 활발한 성생활을 한다.[39,40]

11. **노인은 창의력이 부족하다.**

반박: 창의력은 노년기에도 무뎌지지 않으며 더 발달하기도 한다. 앙리 마티스를 비롯한 수많은 예술가는 노년기에 가장 혁신적인 작품을 창작했다. 30세 미만보다 50세 이상이 스타트업을 성공시킬 가능성이 높다. 노인들은 종종 혁신의 선두주자이며 그런 능력을 이용해 지역사회를 부흥시키기도 한다.[41,42,43,44]

12. **노인은 새로운 기술을 배우기 어렵다.**

반박: 노인들은 새로운 기술을 수용하고, 학습하고, 발명한다. 50세 이상 노인의 4분의 3은 항상 소셜미디어를 이용한

나이가 든다는 착각

다. 65세 이상 노인의 67퍼센트는 인터넷을 이용하고 60~69세 노인의 81퍼센트는 스마트폰을 쓴다.[45,46] 70대에 나노기술 분야를 혁신한 MIT 교수 밀드러드 드레셀하우스Mildred Dresselhaus처럼 기술의 발전을 이끈 노인도 있다.[47]

13. 노인에게는 건강한 행동도 별 소용이 없다.

반박: 아무리 나이가 들어도 건강한 행동은 유익하다. 예를 들어, 담배를 끊은 노인은 몇 달 만에 폐 건강이 개선된다.[48] 마찬가지로 비만을 극복한 노인은 심혈관 건강이 개선된다.[49]

14. 노인은 부상당하면 회복하기 어렵다

반박: 부상을 입은 노인 대부분은 상태가 호전되고, 긍정적 연령 인식을 지닌 노인은 완전히 회복될 가능성이 훨씬 높다.[50]

구조적 연령차별 종식을 위한 호소

장수의 기적은 개인과 우리 사회에 놀라운 기회를 준다. 하지만 그런 잠재력의 상당 부분은 오늘날까지도 실현되지 않았다. 노인 인구의 의미 있고 생산적인 노후 생활을 방해하는 문제들을 우리가 제대로 해결하지 않았기 때문이다.

－폴 어빙, 노화의 미래 센터[1] 이사장

부정적 나이 고정관념을 없애는 최선의 방법은 구조적 연령차별을 끝내는 것이다. 이런 연령차별은 사회의 권력 구조에 깊이 뿌리박혀 있기 때문에, 사회 변화를 이루기 위해서는 법과 정책에 의한 하향식top-down 노력과, 이런 변화를 요구하는 연령 해방운동에서 시작되는 상향식bottom-up 노력이 모두 필요하다. 이제 나이 정의의 실현을 위해 필요한 조치의 일부를 소개한다. 당신이 기여할 수 있는 부문이나 항목이 있는지 고려해보기를 권한다.

의료 분야의 연령차별 종식

- 심혈관 질환과 암을 포함한 다양한 질병의 치료에서 연령차별을 없앤다. 149건의 연구 중 85퍼센트에서 의료인들은 젊은 환자들과 똑같은 치료 효과가 나타날 가능성이 있는 경우에도 고령의 환자에게 수술과 치료를 아예 시도하지 않거나 제대로 실시하지 않았다.[2]
- 건강보험 지원을 늘려 노인을 상대로 예방 치료와 재활 서비스를 확대한다.[3]
- 의료인과 노인 환자 사이의 의사소통 방법을 개선한다. 이를테면 가르치는 듯한 말투를 피하고 치료와 관련된 중요한 결정에서 노인 환자를 배제하는 관행을 중단한다. 현재의 관행을 개선하기 위해, 노인의학전문의 메리 티네티Mary Tinetti는 고령 환자의 우선순위를 고려하는 데 도움이 될 의료인 대화 가이드를 개발했다.[4]

- 모든 병원에 노인응급실을 만든다. 미국에 소아응급실이 있는 병원은 많지만 노인응급실이 있는 병원은 2퍼센트에 불과하다.[5]
- 의료인 사이의 임금 및 보상 격차를 없앤다. 노인 치료 전문가들은 다른 분야 의료인에 비해 급여가 적다.[6]
- 노인의학과를 확대해 모든 의과대학에 신설한다. 미국 내 145개 의과대학 중 노인의학과가 있는 곳은 다섯 군데뿐이다. 노인의학 전문의 한 사람당 미국 노인 3,000명을 담당하는 셈이다.[7]
- 모든 의료인을 대상으로 노인 관련 교육을 실시해 노인 환자를 돌볼 수 있게 한다. 다양한 건강 수준을 가진 다양한 노인 환자를 보살피는 훈련이 필요하다. 미국의 모든 의과대학에서는 소아과 교육을 받아야 하지만, 노인의학 교육을 받는 곳은 10퍼센트 미만이다.[8] 마찬가지로 노인 치료를 위한 공식 훈련을 받는 간호사는 1퍼센트 미만, 물리치료사는 2퍼센트 미만이다.[9]
- 의학 전문가 교육 내용에 반연령차별을 추가한다. 이를테면 노년기에는 고혈압과 요통을 피할 수 없다는 흔한 착각을 없애는 내용 등이 들어가야 한다.[10]
- 1차 의료기관에 찾아온 모든 환자를 상대로 연령 인식 검사를 실시해 부정적 연령 인식에 도전하는 전략을 처방한다.

나이가 든다는 착각

- 고령 환자를 위한 표준 프로토콜을 마련하고 의료인들이 프로토콜을 이행할 수 있도록 교육하여 정신질환, 성병, 노인 학대를 적절히 가려내고 전문가에게 의뢰하는 과정에서의 연령차별을 극복한다.[11]

정신질환 치료에서의 연령차별 종식

- 우울증은 노화의 자연스러운 일부가 아니며 노인들도 심리치료의 효과를 볼 수 있다는 연구 결과 등 노인 관련 주제를 적절히 포함하는 방향으로 정신건강 교육을 개혁한다.
- 노인의료보험이 고령 환자를 치료하는 전문가에게 시장 요율보다 훨씬 낮은 보상을 하는 관행을 중단한다.[12]
- 정신건강 전문가들이 지침서로 사용하는《정신역동 진단 편람》과《정신장애 진단 및 통계 편람》에 노인의 정신건강에 대한 정보를 추가한다.
- 다양한 연령대의 사람들이 서로에게서 교훈을 얻을 수 있는 다세대 심리치료 집단을 설립한다.
- 여러 나라에서 연령이 높을수록 증가하는 정신건강 치료의 수요와 의료 서비스 공급 사이의 간격을 줄인다. 비전문가 노인이 정신건강 치료에 참여하는 우정 벤치 모델을 현재 운

영 중인 국가 밖으로 확대한다면 가능하다.[13]

정부 시스템의 연령차별 철폐

- 노인의 경제 안정과 식량 안정을 보장하는 법률을 제정하고 시행한다. 미국에서 노인의 9퍼센트는 빈곤하고, 16퍼센트는 충분한 식량을 섭취하지 못하며, 30만 6,000명은 집이 없다.[14]
- 연방 정부 차원에서 반연령차별 전문가를 양성하고 반연령차별 기관을 설립해 모든 정부 부처에서 반연령차별 정책을 마련하고 시행한다.
- 노인들이 직접 고령 친화 정책을 펼칠 수 있도록 모든 차원의 공직에 출마하거나, 노인의 이익을 주장하는 후보자들의 선거 운동에 참여하도록 장려한다.
- 시민권과 관련된 모든 법에 노인의 권리 보호를 포함시킨다. 미국 민권법 등 많은 법에는 연령이 포함되지 않는다.[15]
- 요양원 및 장기 요양 시설에 대해 적절한 인력 수준, 교육, 보상을 요구하는 법률을 만들어 상태를 개선한다.
- 요양원 및 장기 요양 시설에서 부적절한 약물로 노인 환자를 진정시키는 관행을 금지한다. 몇몇 최근 보고서에 따르면,

나이가 든다는 착각

식품의약국이 사용을 승인하지 않았음에도 많은 수의 미국 양로원이 진정제를 사용해 치매 증상을 관리한다. 그런 약물은 피로, 낙상, 인지 장애를 일으킬 수 있다.[16]

- 노인 학대를 예방하고 차단하는 프로그램과 법 집행에 예산을 투입한다. 사회역학 전문가 어시엔 창E-Shien Chang에 따르면 노인 학대를 일으키는 요인은 가변적이다.[17,18]

- 모든 노인이 투표에 어려움이 없도록 투표소로 가는 교통수단을 제공하고 부재자 투표를 쉽게 이용할 수 있게 한다.

- 모든 국가에 노인 인권 강화를 위한 유엔 협약 비준을 요구한다. 미국을 비롯한 여러 나라가 비준을 하지 않았다.[19]

- 배심원이나 판사 중에 적절한 수의 노인을 포함한다. 노인이 이런 자리에 배제되면서 생기는 문제가 점점 심각해지고 있다.[20]

교육에서의 연령차별 철폐

- 교육 위원회가 유치원부터 12학년까지의 교육과정을 통틀어 역사나 사회 등의 과목에서 노인들을 긍정적으로 표현하는 목표를 정하게 한다. 이제는 많은 교육과정에 다양성 목표가 포함되었지만, 연령 다양성은 대상에서 빠져 있다.

- 교사들에게 수업 시간에 노인을 긍정적으로 묘사한 영화, 노래, 행사, 도서 등을 소개하게 한다. 교육 활동가 샌드라 맥과이어Sandra McGuire가 개발한·아동 문학 목록 등을 참고하자.[21]
- 청년기 이후는 거의 다루지 않는 대학과 대학원 발달심리학 과정의 범위를 고령화까지 넓힌다.
- 교사 양성 교육에 연령차별 인식을 높이는 내용을 포함시킨다. 학교에서 연령차별 메시지가 어떻게 전달되며 그것에 어떻게 대항할 수 있는지를 보여주는 내용이어야 한다.
- 지역사회의 노인들을 학교로 초빙해 그들이 살면서 무엇을 성취했는지 이야기를 듣고 멘토링 기회를 만드는 프로그램을 지원한다. 컬럼비아 공중보건대학원 학장 린다 프라이드의 체험단에 의해 시작된 멘토링 프로그램은 모든 학교로 확대되어야 한다.[22]
- 학생들이 연로한 친척이나 지역사회의 노인들에게 감사를 표시하는 '노인의 날'을 제정한다.
- 어린 시절에 교육 기회를 누리지 못한 노인들을 위한 글 읽기 과정부터 대학 강좌까지, 노인을 위한 교육 기회를 늘린다. 여러 세대가 함께 교육받는 '연령 친화 대학'은 전 세계 98퍼센트의 대학으로 확대될 수 있다.[23]

직장에서의 연령차별 철폐

- 연령차별 금지법을 적절히 시행하여 고령의 노동자가 채용에서 차별을 받지 않게 한다.
- 강제 퇴직을 포함하여 나이를 이유로 근로자를 해고하는 관행을 없앤다. 고령화 문제를 다루는 유엔 직원들조차 65세가 되면 강제로 은퇴해야 한다.[24]
- 다양성, 형평성, 포용성 교육 프로그램과 정책에 노인 관련 내용을 추가한다. 그렇게 하면 60퍼센트의 노동자가 경험했다고 보고하는 연령차별에 대한 인식을 높이고, 고령의 노동자들에 대한 편견을 없애고, 그들의 공헌을 강조할 수 있다. 77개국의 고용주들을 대상으로 한 조사에 따르면 단지 8퍼센트만이 다양성, 형평성, 포용성 정책에 연령을 포함한다.[25]
- 직장을 떠나거나 퇴직한 고령의 근로자들이 고용주에게 처벌받을 위험 없이, 연령차별을 당한 경험을 대중과 공유할 수 있는 내부고발 제도를 만든다.
- 작업 팀을 되도록 여러 세대로 구성한다. 이런 팀은 고정관념을 깨뜨리고 생산성을 높이는 것으로 밝혀졌다.[26]
- 기업이 얼마나 연령 친화적인가를 평가하는 시스템을 구축하고 가장 연령 친화적인 기업에 인증서를 수여한다.

안티에이징 업계와 광고업계에서의 연령차별 철폐

- 기업들이 광고에서 부정적 나이 고정관념을 내보이지 않는 지 감시한다. 온라인 정보교환 플랫폼을 이용해 연령차별적 광고를 신고할 수도 있다.

- 안티에이징 업계를 비롯해 노인들을 폄하하는 광고를 내보 내는 회사들이 모욕적인 메시지를 끝내는 데 동의할 때까지 불매운동을 지속한다.

- 광고에 다양한 노년층을 참여시키고 노인의 활기찬 모습을 부각한다. 노인들을 부정적이고 정형적으로 표현하는 경향 에 맞서기 위해, 영국의 '더 나은 노화를 위한 센터Center for Aging Better'는 최근 노인들의 긍정적이고 현실적인 이미지를 모은 온라인 아카이브를 최초로 개설하여 누구나 자유롭게 이용할 수 있게 했다.[27]

- 노인들을 광고대행사에 크리에이티브 디렉터로 참여시킨다. 대다수 소비자가 50세 이상인데도 광고회사 직원의 평균 연 령은 38세다.[28]

- 노인의 권리를 높이는 광고에 수여하는 상을 신설한다.

대중문화의 연령차별 철폐

- 영화에서 '다양성'의 의미를 노인 배우, 작가, 감독에게까지 확대한다. 아카데미상을 수여하는 영화예술과학아카데미가 새로 마련한 다양성 포용 규칙에는 노인이 포함되지 않는다.[29]
- 연령차별적 언어와 행동이 등장하고 노인의 다양한 모습을 다루지 않는 영화와 TV의 심각한 연령차별 실태를 감시하고 널리 알린다.[30] 제작자와 다른 시청자들에게 이런 상황이 용납될 수 없음을 알린다.
- 할리우드와 문화계 전반에서 연령차별에 반대하는 목소리를 낼 유명인을 모집하고 지원한다. 에이미 슈머, 마돈나, 로버트 드니로와 같은 많은 유명인이 목소리를 높였다.[31] 더 많은 목소리가 필요하다.
- 노인을 위한 공휴일과 지역 행사를 만든다. 일본에 있는 노인의 날을 참고할 수 있다.
- 수십억 명의 게이머 중 일부를 규합하여 연령차별적 콘텐츠를 포함하는 현재의 비디오 게임을 보이콧하고[32] 게임업계에서 노화를 긍정적으로 묘사하는 게임을 제작하도록 권장한다.
- 연령 친화적인 생일 카드의 제작과 판매를 촉진한다. 그것들

로 시중에서 흔히 볼 수 있는 노화를 폄하하는 카드를 대체할 수 있다. 콜로라도와 영국에서 지역 예술가와 활동가들은 노화에 대한 이런 상업적 표현에 맞서려는 노력을 시작했다.[33]

- 50세 이상 50인 캠페인을 시작한다. 다양한 업계를 대표하는 '30세 이하 30인' 리더 목록을 참고할 수 있다.

미디어의 연령차별 철폐

- 주택 판매와 구인 광고에서 노년층을 배제하는 디지털 연령차별을 금지하도록 정부에 압력을 가한다. 현행 제도하에서는 소셜미디어 기업들이 자율적으로 단속을 하게 되어 있지만 이런 방법은 성공하지 못했다.[34]

- 소셜미디어 기업에 연령차별 확산을 금지하라고 요구한다. 페이스북의 커뮤니티 규정은 다른 집단을 향한 혐오 발언을 금지하듯 연령차별 발언을 금지해야 하며, 트위터는 연령차별을 금지하는 커뮤니티 규정을 시행해야 한다.[35,36] 그런 조치가 아직 시행되지 않았다는 증거는 #부머리무버 BoomerRemover 해시태그 및 트윗의 15퍼센트가 노골적이고 경멸적으로 노인 세대의 죽음을 바라는 내용이었다는 트위터

나이가 든다는 착각

측의 분석에서 나왔다.[37]

- 언론대학에서 구조적 연령차별에 대한 보도와, 노인들에게 힘을 실어주는 뉴스 기사의 중요성을 강조하게 한다.[38] 컬럼비아 언론대학원과 컬럼비아 공중보건대학 로버트 N. 버틀러 컬럼비아 노화센터Robert N. Butler Columbia Aging Center가 운영하는 에이지 붐 아카데미Age Boom Academy를 모델로 삼을 수 있다.

- 뉴스 기사에서 연령차별적 용어와 개념을 다른 것으로 바꾼다. 베이비부머 세대의 노화를 묘사할 때 '실버 쓰나미' 대신 '실버 저수지' 같은 용어로 대체한다. 이 용어는 이 세대가 "모든 이를 쓸어버릴지도 모를 잠재적 위험이 아니라 우리 사회의 이익에 도움이 될 잠재적 자원이 될 수 있다는 인식을 반영한다."[39]

- TV와 라디오, 신문 등의 매체에 노인 시청자와 독자들을 위한 시간과 공간을 할애해달라고 요구한다. 〈뉴욕 타임스〉 기자 폴라 스팬Paula Span의 칼럼 '신노년The New Old Age'을 모델로 삼을 수 있다.

- 뛰어난 반연령차별과 친연령 보도에 수여하는 언론상을 제정한다.

공간적 연령차별 철폐

- 노인은 젊은이에 비해 집에서 인터넷을 이용할 가능성이 훨씬 낮다는, 연령에 따른 정보 격차를 해소한다. 현재 65세 이상 미국인의 42퍼센트는 인터넷 이용이 어려우며, 저소득층, 여성, 독거노인, 이민자, 장애인, 소수인종 집단은 특히 그러하다.[40] 인터넷은 의료 서비스를 이용하고, 일자리 기회를 얻고, 지역사회에 참여하는 데 도움이 되므로, 정부는 반드시 노인들에게 인터넷 이용에 필요한 적절한 기술을 지원해야 한다.
- 노인 거주지를 분리하고 고립하는 구역 설정과 지역 계획을 없앤다.
- 정부는 도시와 농촌 지역에서 모든 연령이 쉽게 이용할 수 있는 대중교통을 제공해 노인들의 사회적 고립을 줄인다.[41]
- 연방정부의 예산으로 건설하는 주택단지는 적어도 인구 비율만큼 노인 가구에 할당한다.
- 도서관, 박물관, 다목적 공원 등에 모든 연령대를 포함하는 공공, 개인 공간을 설계하여 세대 간의 직접 접촉을 유도한다.
- 자연재해 비상 구호 계획에 노인도 공평하게 포함시켜 자연재해 발생 시 노인을 위험한 장소에 방치하는 상황을 없앤다.[42]

나이가 든다는 착각

- 노인에게 발병 가능성이 높은 파킨슨병 같은 표적 질환의 임상시험에서조차 노인을 제외하는 관행을 없앤다.[43] 의약품과 치료법의 안전성과 효과성을 보장하려면 노인을 적어도 전체 인구에서 차지하는 비율만큼 참여시켜야 한다.
- 고령 참가자를 포함시켜 노인의 회복탄력성, 노인과 다른 연령 집단의 질병, 치료, 회복 경험을 묻는 설문조사를 실시한다. 대부분의 설문조사는 65세 이상의 데이터를 수집하지 않는다.[44] 건강 및 은퇴 연구Health and Retirement Study와 그 자매 연구인 볼티모어 노화 종단 연구, 영국 바이오뱅크UK Biobank는 예외다.
- 과학 및 정책 보고서에 흔히 사용되는 '의존율'이라는 용어의 사용을 중단한다. 이 용어는 65세 이상 인구 전체를 젊은 성인들에게 의존하는 사회의 비생산적인 구성원으로 분류한다.
- 건강의 생물학적, 심리적, 사회적 결정요인을 포함한 노화 연구와, 늘어난 수명을 활용하기 위한 최적의 정책과 사업 관련 연구에 지원금을 늘린다. 고령화 연구에 투입되는 연구비는 미국 연방 예산의 0.01퍼센트 미만이며, 미국 재단 기금의 1퍼센트 미만이다.[45]

- 노화를 점진적 쇠퇴 과정인 '노쇠'가 아닌, 다원적이고 긍정적인 내용으로 다시 정의한다. 이를테면 수십 년의 축적된 경험을 바탕으로 심리적, 생물학적, 사회적 성장을 이루는 만년의 발달 단계라는 식으로 정의할 수 있다.

감사의 말

사연, 지식, 영감을 나누어주시어 이 책이 탄생하는 데 크게 기여하신 다음 분들께 감사를 표시합니다. 이 가운데 많은 분들이 흔쾌히 소중한 시간을 내어 자신의 이야기를 들려주셨습니다.

칼 번스타인, 존 블랜턴John Blanton, 베서니 브라운Bethany Brown, 마돈나 뷰더, 로버트 버틀러, 제니퍼 카를로Jennifer Carlo, 닐 차니스Neil Charness, 딕슨 치반다, 키너렛 칠Kinneret Chiel, 제시카 쿨슨Jessica Coulson, 윌헬미나 델코, 토머스 드와이어, 캐럴 페어뱅크, 레이첼라 퍼스트, 주디 개스Judy Gaeth, 수전 지아니노, 스테이시 고든, 해럴드 그레이, 앤절라 구체스, 패트릭 해밀턴, 낸시 힐, 폴 어빙, 모린 콘펠드, 니나 크라우스, 수잰 쿤켈, 잭 커퍼먼, 리즈 러먼, 블라디미르 리버먼Vladimir Liberman, 캐스린 로빈스키, 리처드 마로톨리Richard Marottoli, 데버라 미란다, 피아노 노다Piano Noda, 헬가 노이스Helga Noice, 토니 노이스Tony Noice, 대니얼 플로트킨 Daniel Plotkin, 데이비드 프로볼로David Provolo, 낸시 리지Nancy Riege, 엘리샤 셰이퍼Elisha Schaefer, 브리짓 슬립Bridget Sleap, 데이비드 스미스David Smith 윌헬미나 스미스Wilhelmina Smith, 퀸 스티븐슨Quinn Stephenson, 제마 스토벨, 다나카 가네, 아이린 트렌홈, 크리스토퍼 반 다이크Christopher Van Dyck, 야마모토 유미, 로버트 영, 무증상 알츠하이머 항아밀로이드 치료 참가자들, 주름 살롱 참가자들.

　연구를 하려면 여러 사람의 도움이 필요합니다. 많은 분들의 전문지식 없이는 이 책에 소개된 연구를 진행할 수 없었을 겁니다. 다음의 훌륭한 동료들과 함께할 수 있어 영광이었습니다. 헤더 얼로어Heather Allore, 킴벌리 앨버레즈Kimberly Alvarez, 오리 애시먼Ori Ashman, 마자린 바나지Mahzarin Banaji, 아브니 바비시Avni Bavishi, 유진 카라치올로Eugene Caracciolo, 어시엔 창, 필 청Pil Chung, 마유 데사이Mayur Desai, 루 딩Lu Ding, 마지 던런Margie Donlon, 시어도어 드라이어Theodore Dreier, 이티엘 드로어Itiel Dror, 토머스 길Thomas Gill, 제프리 하우스도르프Jeffrey Hausdorff, 레베카 헨크Rebecca Hencke, 스네아 캐노스Sneha Kannoth, 스타니슬라프 캐슬Stanislav Kasl, 줄리 코스티아스Julie Kosteas, 수잰 쿤켈, 레이철 램퍼트Rachel Lampert, 엘렌

랭어Ellen Langer, 디팩 라크라Deepak Lakra, 존 리John Lee, 에리카 라이프하이트–림슨Erica Leifheit-Limson, 수 레브코프Sue Levkoff, 서맨사 레비Samantha Levy, 새러 로Sarah Lowe, 리처드 마로톨리, 지니 메이 Jeanine May, 스콧 모펏Scott Moffat, 존 모닌Joan Monin, 테리 머피Terry Murphy, 린지 M. 마이어스Lindsey M. Myers, 크리스티나 나브라지나 Kristina Navrazhina, 루벤 응Reuben Ng, 린다 니콜라이Linda Niccolai, 로버트 피트잭Robert Pietrzak, 코리 필버Corey Pilver, 내털리 프로볼로Natalia Provolo, 캐스린 렘스Kathryn Remmes, 수전 레스닉Susan Resnick, 마크 슐레진저Mark Schlesinger, 에마 스미스Emma Smith, 마크 트렌탤랜지Mark Trentalange, 후안 트론코소Juan Troncoso, 스미코 츠하코Sumiki Tsuhako, 피터 반 네스Peter Van Ness, 스이 왕Shi-Yi Wang, 진 웨이Jeanne Wei 앨런 존더맨Alan Zonderman. 마티 슬레이드Marty Slade의 탁월한 생물통계학 지식과 국립노화연구소 루이지 페루치 과학부장의 걸출한 유행병학 지식에 특히 감사합니다.

우리 연구의 참가자들과 볼티모어 노화 종단 연구, 노화와 은퇴에 관한 오하이오 종단 연구Ohio Longitudinal Study on Aging and Retirement, 건강 및 은퇴 연구, 촉발성 사건 프로젝트Precipitating Events Project, 퇴역 군인의 건강과 회복력에 관한 국책 연구National Health and Resilience in Veterans Study 등 제가 참고할 수 있었던 종단 연구의 연구자들에게 감사드립니다.

위에 언급된 많은 연구는 국립노화연구소, 패트릭 캐서린 웰던 도나휴 의학 연구 재단Patrick and Catherine Weldon Donaghue Medical Research Foundation, 국립과학재단, 노화에 관한 예일 프로그램Yale Program on Aging, 브룩데일 재단Brookdale Foundation의 아낌없는 지원이 없었다면 불가능했을 것입니다.

이 책을 만드는 데 도움을 주신 많은 분들께 감사하고 싶습니다. 먼저, 학술지의 지면을 벗어나 우리 팀의 연구 결과를 전파하기에 적절한 시기라고 제안해주신 엘리사 에펠Elissa Epel에게 감사드립니다.

각 장의 초안을 꼼꼼히 읽고 유용한 피드백을 해준 동료, 친구, 그리고 가족에게 감사를 전합니다. 호세 아라베나Jose Aravena, 앤드루 베드퍼드Andrew Bedford, 어시엔 창, 벤저민 레비Benjamin Levy, 찰스 레비Charles Levy, 엘리너 레비Elinor Levy, 서맨사 레비Samantha Levy, 리사 링크Lisa Link, 아일린 마이도시Eileen Mydosh, 르네 타이넌Renee Tynan. 초안을 주의 깊게 검토하고 사실과 참고 문헌을 세심하게 확인해준 내털리 프로볼로에게 감사합니다. 일본 일정을 조율해준 마오 시오쓰Mao Shiotsu께도 고맙게 생각합니다.

책을 만드는 모든 단계에서 도움을 아끼지 않은 더그 에이브럼스Doug Abrams의 창의적인 출판 에이전시 팀에 감사드립니다. 이 팀에 소속된 라라 러브Lara Love, 타이 러브Ty Love, 제이컵 앨버트Jacob Albert는 이 책을 구성하는 데 기여했고, 폭넓은 청중에게 다가갈 수 있는 글을 쓰는 데 도움을 주었습니다. 레이철 뉴먼

나이가 든다는 착각

Rachel Neumann의 훌륭한 조언에도 감사드립니다.

저의 제안을 책으로 만드는 여러 단계에서 한결같은 지지, 열정, 통찰을 보여주신 편집자 모로 디프레타Mauro DiPreta에게 고마움을 전합니다. 교열 담당자 로리 맥기Laurie McGee, 부편집장 베디카 카나Vedika Khanna, 선임 마케팅 디렉터 타비아 코왈추크 Tavia Kowalchuk, 홍보 매니저 앨리슨 쿨리지Alison Coolidge 등 훌륭한 팀원들에게도 감사드립니다.

멋진 동료, 학생들과 공동으로 연구할 수 있는 환경을 마련해주신 예일대 공중보건대학 사회행동과학과와 예일대 심리학과에 많은 빚을 졌습니다. 연구 관련 정보를 주고받을 창조적인 수단을 지원하고 글쓰기에 전념할 수 있도록 안식년을 주신 스텐 버먼드Sten Vermund 학장에게 감사를 전합니다.

제가 타성을 벗어나 이 책을 쓸 수 있게 애정 어린 지지와 격려를 아끼지 않은 가족에게 감사합니다. 대중문화의 트렌드를 꾸준히 알려주고 정의로운 사회를 위해 투쟁하는 방법은 다양하다는 것을 보여준 딸 탈리아Talya와 시라Shira에게 고마운 마음입니다. 탈리아는 지크문트 프로이트 관련 문서를 공유해주었고 시라는 착시현상이 우리 뇌의 작동 방식을 어떻게 드러내는지 가르쳐주었습니다.

자신의 부모는 직접 고를 수 없다는 말이 있지요. 하지만 고를 수 있었다 해도 저는 지금의 부모님을 선택했을 겁니다. 어머니 엘리너는 여성 과학자도 실험실과 가정 사이에서 균형을 유지할 수 있음을 증명했습니다. 건강에 영향을 미치는 생물학적 요인에 대해서도 조언을 해주셨지요. 제가 글을 쓰는 내내 이런저런 조언을 해주신 아버지 찰스에게도 감사를 전합니다. 제가 아는 가장 뛰어난 사회학자인 아버지는 사회의 역학관계를 관찰하여 좀처럼 눈에 띄지 않는 원인을 찾는 것이 얼마나 가치 있는 일인지 가르쳐 주셨습니다.

이 책을 쓰는 내내 이상적인 협조자였던 남편 앤디Andy에게도 고마움을 전합니다. 그는 늘 제 마음을 편하게 해주었습니다. 의료계에 대한 식견을 나눠주었고, 제가 연구 결과를 더 많은 청중과 공유하는 일에 도전하도록 격려해주었습니다. 또 그는 우스꽝스러운 춤을 추기에 딱 좋은 때가 언제인지 알고 있습니다.

끝으로 소중한 시간을 내어 이 책을 읽고 연령 해방을 위해 해야 할 일들을 함께 고민해주신 독자 여러분께 감사드립니다.

나이가 든다는 착각

1장

1. Levy, B. R., Slade, M., Chang, E. S., Kannoth, S., & Wang, S. H. (2020). Ageism amplifies cost and prevalence of health conditions. *The Gerontologist, 60*, 174‒181.

2. Bargh, J. (2017). *Before you know it: The unconscious reasons we do what we do.* New York: Touchstone; Soon, C. S., Brass, M., Heinze, H. J., & Haynes, J. D. (2008). Unconscious determinants of free decisions in the human brain. *Nature Neuroscience, 11*, 543‒545.

3. Banaji, M. R., & Greenwald, A. G. (2013). *Blindspot: Hidden biases of good people.* New York: Delacorte Press, p. 67.

4. Moss-Racusin, C. A., Dovidio, J. F., Brescoll, V. L., Graham, M. J., & Handelsman, J. (2012). Science faculty's subtle gender biases favor male students. *Proceedings of the National Academy of Sciences, 109*, 16474‒16479.

5. Kang, S. K., DeCelles, K. A., Tilcsik, A., & Jun, S. (2016). Whitened résumés: Race and self-presentation in the labor market. *Administrative Science Quarterly, 61*, 469‒502.

6. Bendick, M., Brown, L. E., & Wall, K. (1999). No foot in the door: An experimental study of employment discrimination against older workers. *Journal of Aging and Social Policy,10*, 5‒23; Fasbender, U., & Wang, M. (2017). Negative attitudes toward older workers and hiring decisions: Testing the moderating role of decision makers' core self-evaluations. *Frontiers in Psychology*. https://doi.

org/10.3389/fpsyg.2016.02057; Kaufmann, M. C., Krings, F., & Sczesny, S. (2016). Looking too old? How an older age appearance reduces chances of being hired. *British Journal of Management, 27*, 727 –739.

7. Rivers, C., & Barnett, R. C. (2016, October 18). Older workers can be more reliable and productive than their younger counterparts. Vox. https://www.vox.com/2016/10/18/12427494/old-aging-high-tech; Börsch-Supan, A. (2013). Myths, scientific evidence and economic policy in an aging world. *The Journal of the Economics of Ageing, 1–2*, 3 –15; Schmiedek, F., Lövdén, M., & Lindenberger, U. (2010). Hundred days of cognitive training enhance broad cognitive abilities in adulthood: Findings from the COGITO study. *Frontiers in Aging Neuroscience, 2*, 27. https://doi.org/10.3389/fnagi.2010.00027.

8. Wyman, M. F., Shiovitz-Ezra, S., & Bengel, J. (2018). Ageism in the health care system: Providers, patients, and systems. In L. Ayalon & C. Tesch-Römer (Eds.), *Contemporary perspectives on ageism* (pp. 193 –212). Cham, Switzerland Springer International, 193 –212; Hamel, M. B., Teno, J. M., Goldman, L., Lynn, J., Davis, R. B., Galanos, A. N., Desbiens, N., Connors, A. F., Jr., Wenger, N., & Phillips, R. S. (1999). Patient age and decisions to withhold life-sustaining treatments from seriously ill, hospitalized adults. SUPPORT Investigators. Study to understand prognoses and preferences for outcomes and risks of treatment. *Ann Intern Med.* (1999 January 19). 130(2):116 –125; Stewart, T. L., Chipperfield, J. G., Perry, R. P., & Weiner, B. (2012). Attributing illness to "old age": Consequences of a self-directed stereotype for health and mortality. *Psychology and Health, 27*, 881 –897.

9. Levy, B. R. (2009). Stereotype embodiment: A psychosocial approach to aging. *Current Directions in Psychological Science, 18*, 332 –336; Levy, B. R., Slade, M. D., Pietrzak, R. H., & Ferrucci, L. (2020). When culture influences genes: Positive age beliefs amplify the cognitive-aging benefit of *APOE* ε2. *The Journals of Gerontology, Series B: Psychological Sciences and Social Sciences, 75*, e198 –e203.

10. Chang, E., Kannoth, S., Levy, S., Wang, S., Lee, J. E., & Levy, B. R. (2020). Global reach of ageism on older persons' health: A systematic review. *PLOS ONE, 15* https://journals.plos.org/plosone/article?id=10.1371/journal.pone.0220857; Horton, S., Baker, J., & Deakin, J. M. (2007). Stereotypes of aging: Their effects on the health of seniors in North American society. *Educational Gerontology, 33*, 1021 –1035; Meisner, B. A. (2012). A meta-analysis of positive and negative age stereotype priming effects on behavior among older adults. *The Journals of Gerontology, Series B: Psychological Sciences and Social Sciences, 67*, 13 –17; Lamont,

A. A., Swift, H. J., & Abrams, D. (2015). A review and meta-analysis of age-based stereotype threat: Negative stereotypes, not facts, do the damage. *Psychology and Aging, 30*, 180 – 193; Westerhof, G. J., Miche, M., Brothers, A. F., Barrett, A. E., Diehl, M., Montepare, J. M., ⋯⋯ Wurm, A. (2014). The influence of subjective aging on health and longevity: A meta-analysis of longitudinal data. *Psychology and Aging, 29*, 793 – 802. https://doi.org/10.1037/a0038016.

11. Levy, B. R. (2009). Stereotype embodiment: A psychosocial approach to aging. *Current Directions in Psychological Science, 18*, 332 – 336; Kwong See, S. T., Rasmussen, C., & Pertman, S. Q. (2012). Measuring children's age stereotyping using a modified Piagetian conservation task. *Educational Gerontology, 38*, 149 – 165; Flamion, A., Missotten, P., Jennotte, L., Hody, N., & Adam, S. (2020). Old age-related stereotypes of preschool children. *Frontiers in Psychology, 11*, 807. https://doi.org/10.3389/fpsyg.2020.00807.

12. Kwong See, S. T., Rasmussen, C., & Pertman, S. Q. (2012). Measuring children's age stereotyping using a modified Piagetian conservation task. *Educational Gerontology, 38*, 149 – 165; Flamion, A., Missotten, P., Jennotte, L., Hody, N., & Adam, S. (2020). Old age-related stereotypes of preschool children. *Frontiers in Psychology, 11*, 807. https://doi.org/10.3389/fpsyg.2020.00807.

13. Montepare, J. M., & Zebrowitz, L. A. (2002). A social-developmental view of ageism. In T. D. Nelson (Ed.), *Ageism: Stereotyping and prejudice against older persons* (pp. 77 – 125). Cambridge, MA: The MIT Press.

14. Officer, A., & de la Fuente-Núñez, V. (2018). A global campaign to combat ageism. *Bulletin of the World Health Organization, 96*, 295 – 296.

15. Bigler, R. S., & Liben, L. S. (2007). Developmental intergroup theory: Explaining and reducing children's social stereotyping and prejudice. *Current Directions in Psychological Science, 16*, 162 – 166.

16. Levy, B. R., Pilver, C., Chung, P. H., & Slade, M. D. (2014). Subliminal strengthening: Improving older individuals' physical function over time with an implicit-age-stereotype intervention. *Psychological Science, 25*, 2127 – 2135; Hausdorff, J. M., Levy, B., & Wei, J. (1999). The power of ageism on physical function of older persons: Reversibility of age-related gait changes. *Journal of the American Geriatrics Society, 47*, 1346 – 1349; Levy, B. (2000). Handwriting as a reflection of aging self-stereotypes. *Journal of Geriatric Psychiatry, 33*, 81 – 94.

17. Levy, B. (1996). Improving memory in old age through implicit self-stereotyping. *Journal of Personality and Social Psychology, 71*, 1092 – 1107; Levy, B. R.,

Zonderman, A. B., Slade, M. D., & Ferrucci, L. (2012). Memory shaped by age stereotypes over time. *The Journals of Gerontology, Series B: Psychological Sciences and Social Sciences, 67*, 432 – 436.

18. Levy, B. R. (2009). Stereotype embodiment: A psychosocial approach to aging. *Current Directions in Psychological Science, 18*, 332 – 336.

19. Levy, B. R., & Myers, L. M. (2004). Preventive health behaviors influenced by self-perceptions of aging. *Preventive Medicine, 39*, 625 – 629; Levy, B. R., & Slade, M. D. (2019). Positive views of aging reduce risk of developing later-life obesity. *Preventive Medicine Report, 13*, 196 – 198.

20. Levy, B. R., & Bavishi, A. (2018). Survival-advantage mechanism: Inflammation as a mediator of positive self-perceptions of aging on longevity. *The Journals of Gerontology, Series B: Psychological Sciences and Social Sciences, 73*, 409 – 412; Levy, B. R., Moffat, S., Resnick, S. M., Slade, M. D., & Ferrucci, L. (2016). Buffer against cumulative stress: Positive age self-stereotypes predict lower cortisol across 30 years. *GeroPsych: The Journal of Gerontopsychology and Geriatric Psychiatry, 29*, 141 – 146.

21. Epel, E. S., Crosswell, A. D., Mayer, S. E., Prather, A. A., Slavich, G. M., Puterman, E., & Mendes, W. B. (2018). More than a feeling: A unified view of stress measurement for population science. *Frontiers in Neuroendocrinology, 49*, 146 – 169; McEwen, B. S. (2013). The brain on stress: Toward an integrative approach to brain, body, and behavior. *Perspectives on Psychological Science, 8*, 673 – 675.

22. Steele, C. (2014). Stereotype threat and African-American student achievement. In D. B. Grusky (Ed.), *Social stratification: Class, race and gender in sociological perspective.* New York: Taylor & Francis; Steele, C. M., & Aronson, J. (1995). Stereotype threat and the intellectual test performance of African Americans. *Journal of Personality and Social Psychology, 69*, 797 – 811.

23. Davies, P. G., Spencer, S. J., & Steele, C. M. (2005). Clearing the air: Identity safety moderates the effects of stereotype threat on women's leadership aspirations. *Journal of Personality and Social Psychology, 88*, 276 – 287.

24. Chopik, W. J., & Giasson, H. L. (2017). Age differences in explicit and implicit age attitudes across the life span. *The Gerontologist, 57*, 169 – 177; Montepare, J. M., & Lachman, M. E. (1989). "You're only as old as you feel": Self-perceptions of age, fears of aging, and life satisfaction from adolescence to old age. *Psychology and Aging, 4*, 73 – 78.

25. Levy, B. R., Zonderman, A. B., Slade, M. D., & Ferrucci, L. (2011). Memory shaped by age stereotypes over time. *The Journals of Gerontology, Series B:*

Psychological Sciences and Social Sciences, 67, 432－436; Levy, B. R., Slade, M. D., & Kasl, S. (2002). Longitudinal benefit of positive self-perceptions of aging on functioning health. *The Journals of Gerontology, Series B: Psychological Sciences and Social Sciences, 57,* 409－417.

26. Desta, Y. (2020, June 30). Carl Reiner and Mel Brooks had comedy's most iconic friendship. *Vanity Fair.* https://www.vanityfair.com/holly wood/2020/06/carl-reiner-mel-brooks-friendship.

27. Nimrod, G., & Berdychevsky, L. (2018). Laughing off the stereotypes: Age and aging in seniors' online sex-related humor. *The Gerontologist, 58,* 960－969.

28. Levy, B. R. (2009). Stereotype embodiment: A psychosocial approach to aging. *Current Directions in Psychological Science, 18,* 332－336; Levy, B. R., Pilver, C., Chung, P. H., & Slade, M. D. (2014). Subliminal strengthening: Improving older individuals' physical function over time with an implicit-age-stereotype intervention. *Psychological Science, 25,* 2127－2135; Ng, R., Allore, H. G., Trentalange, M., Monin, J. K., & Levy, B. R. (2015). Increasing negativity of age stereotypes across 200 years: Evidence from a database of 400 million words. *PLOS ONE, 10*(2), e0117086.

29. Bodner, E., Palgi, Y., & Wyman, M. (2018). Ageism in mental health assessment and treatment of older adults. In L. Ayalon & C. Tesch-Römer (Eds.), *Contemporary perspectives on ageism.* New York: Springer; Laidlaw, K., & Pachana, N. A. (2009). Ageing, mental health, and demographic change: Challenges for psychotherapists. *Professional Psychology: Research and Practice, 40,* 601－608.

30. Graham, J. (2019, May 30). A doctor speaks out about ageism in medicine. Kaiser Health News. https://khn.org/news/navigating-aging-a-doc tor-speaks-out-about-ageism-in-medicine/.

31. Newport, F. (2015, January 26). Only a third of the oldest baby boomers in US still working. Gallup. https://news.gallup.com/poll/181292/third-oldest-baby-boomers-working.aspx.

32. Pelisson, A., & Hartmans, A. (2017). The average age of employees at all the top tech companies, in one chart. *Insider.* https://www.businessin sider.com/median-tech-employee-age-chart-2017－8.

33. Applewhite, A. (2016, September 3). You're how old? We'll be in touch. *The New York Times.* https://www.nytimes.com/2016/09/04/opinion/sunday/youre-how-old-well-be-in-touch.html.

34. Passarino, G., De Rango, F., & Montesanto, A. (2016). Human longevity:

Genetics or lifestyle? It takes two to tango. *Immunity and Ageing, 13*, 12. https:// doi.org/10.1186/s12979-016-0066-z; Vaupel, J. W., Carey, J. R., Christensen, K., Johnson, T. E., Yashin, A. I., Holm, N. V., ⋯⋯ & Curtsinger, J. W. (1998). Biodemographic trajectories of longevity. *Science, 280*, 855 – 860.

2장

1. Safire, W. (1998, May 10). On language; Great moment in moments. *New York Times Magazine.* https://www.nytimes.com/1998/05/10/mag azine/on-language-great-moments-in-moments.html.

2. Maxwell, K. (2021). Senior moment. *Macmillan Dictionary.* https://www.mac millandictionary.com/us/buzzword/entries/senior-moment.html.

3. James, W. (1892). The stream of consciousness. In *Psychology* (Chapter 11, p. 251). New York: World Publishing Company; Cherry, K. (2020). William James psychologist biography: The father of American psychology. Verywell Mind. Retrieved June 14, 2021, from https://www.verywellmind.com/william-james-biography-1842-1910-2795545.

4. Ballesteros, S., Kraft, E., Santana, S., & Tziraki, C. (2015). Maintaining older brain functionality: A targeted review. *Neuroscience & Biobehavioral Reviews, 55*, 453 – 477.

5. American Psychological Association. (2021). Memory and aging. https:// www. apa.org/pi/aging/memory-and-aging.pdf; Arkowitz, H., & Lilienfeld, S. O. (2012, November 1). Memory in old age can be bolstered: Researchers have found ways to lessen age-related forgetfulness. *Scientific American.* https://www.scientificamerican. com/article/memory-in-old-age-can-be-bolstered/; Belleville, S., Gilbert, B., Fontaine, F., Gagnon, L., Ménard, É., & Gauthier, S. (2006). Improvement of episodic memory in persons with mild cognitive impairment and healthy older adults: Evidence from a cognitive intervention program. *Dementia and Geriatric Cognitive Disorders, 22*, 486 – 499; Haj, M. E., Fasotti, L., & Allain, P. (2015). Destination memory for emotional information in older adults. *Experimental Aging Research, 41*, 204 – 219; Nyberg, L., Maitland, S. B., Rönnlund, M., Bäckman, L., Dixon, R. A., Wahlin, Å., & Nilsson, L.-G. (2003). Selective adult age differences in an age-invariant multifactor model of declarative memory. *Psychology and Aging, 18*, 149 – 160; Pennebaker, J. W., & Stone, L. D. (2003). Words of wisdom: Language use over the life span. *Journal of Personality and Social Psychology, 85*, 291 – 301.

6. Levy, B. (1996). Improving memory in old age through implicit self-stereotyping. *Journal of Personality and Social Psychology, 71*, 1092‐1107; Schaie, K. W., & Willis, S. L. (2010). The Seattle Longitudinal Study of Adult Cognitive Development. *International Society for the Study of Behavioural Development Bulletin, 57*, 24‐29.

7. Levy, B. (1996). Improving memory in old age through implicit self-stereotyping. *Journal of Personality and Social Psychology, 71*, 1092‐1107.

8. Levy, B., & Langer, E. (1994). Aging free from negative stereotypes: Successful memory in China and among the American Deaf. *Journal of Personality and Social Psychology, 66*, 989‐997.

9. 패든과 험프리스가 설명한 관례에 따라 나는 소문자 d를 쓴 'deaf'는 청력의 상태를, 대문자 D를 쓴 'Deaf'는 언어와 문화 공동체를 가리키는 용어로 사용했다. Padden, C., & Humphries, T. (1990). *Deaf in America: Voices from a culture.* Cambridge, MA: Harvard University Press.

10. Lei, X., Strauss, J., Tian, M., & Zhao, Y. (2015). Living arrangements of the elderly in China: Evidence from the CHARLS national baseline. *China Economic Journal, 8*, 191‐214; Levy, B., & Langer, E. (1994). Aging free from negative stereotypes: Successful memory in China and among the American Deaf. *Journal of Personality and Social Psychology, 66*, 989‐997; Nguyen, A. L., & Seal, D. W. (2014). Cross-cultural comparison of successful aging definitions between Chinese and Hmong elders in the United States. *Journal of Cross-Cultural Gerontology, 29*, 153‐171.

11. Becker, G. (1980). *Growing old in silence.* Berkeley: University of California Press.

12. Ibid.

13. Ibid.

14. Levy, B., & Langer, E. (1994). Aging free from negative stereotypes: Successful memory in China and among the American Deaf. *Journal of Personality and Social Psychology, 66*, 989‐997.

15. Palmore, E. B. (1988). *Facts on aging quiz: A handbook of uses and results.* New York: Springer.

16. Levy, B. R. (2009). Stereotype embodiment: A psychosocial approach to aging. *Current Directions in Psychological Science, 18*, 332‐336; Levy, B., & Langer, E. (1994). Aging free from negative stereotypes: Successful memory in China and among the American Deaf. *Journal of Personality and Social Psychology, 66*, 989‐997.

17. Parshley, L. (2018, May 29). This man memorized a 60,000-word poem using

deep encoding. *Nautilus*. Retrieved June 14, 2021, from https:// nautil.us/blog/-this-man-memorized-a-60000_word-poem-using-deep-encoding.

18. Levy, B., & Langer, E. (1994). Aging free from negative stereotypes: Successful memory in China and among the American Deaf. *Journal of Personality and Social Psychology, 66*, 989 – 997; Padden, C., & Humphries, T. (1988). *Deaf in America: Voices from a culture*. Cambridge, MA: Harvard University Press.

19. Devine, P. G. (1989). Stereotypes and prejudice: Their automatic and controlled components. *Journal of Personality and Social Psychology, 56*, 5 – 18. Also see: Bargh, J. A., & Pietromonaco, P. (1982). Automatic information processing and social perception: The influence of trait information presented outside of conscious awareness on impression formation. *Journal of Personality and Social Psychology, 43*, 437 – 449.

20. Levy, B. (1996). Improving memory in old age through implicit self-stereotyping. *Journal of Personality and Social Psychology, 71*, 1092 – 1107. 별로 극적인 효과를 기대하지 않았기 때문에 우리는 효과의 지속 기간을 정하지 않았다. 그러나 우리의 장기 연구에 따르면 내면화된 나이 고정관념은 오랜 세월 영향을 줄 수 있다.

21. Lee, K. E., & Lee, H. (2018). Priming effects of age stereotypes on memory of older adults in Korea. *Asian Journal of Social Psychology, 22*, 39 – 46.

22. Horton, S., Baker, J., & Deakin, J. M. (2007). Stereotypes of aging: Their effects on the health of seniors in North American society. *Educational Gerontology, 33*, 1021 – 1035; Meisner, B. A. (2012). A meta-analysis of positive and negative age stereotype priming effects on behavior among older adults. *The Journals of Gerontology, Series B: Psychological Sciences and Social Sciences, 67*, 13 – 17; Lamont, R. A., Swift, H. J., & Abrams, D. (2015). A review and meta-analysis of age-based stereotype threat: Negative stereotypes, not facts, do the damage. *Psychology and Aging, 30*, 180 – 193.

23. Levy, B. R., Zonderman, A. B., Slade, M. D., & Ferrucci, L. (2012). Memory shaped by age stereotypes over time. *The Journals of Gerontology, Series B: Psychological Sciences and Social Sciences, 67*, 432 – 436.

24. Levitin, D. J. (2020). *Successful aging: A neuroscientist explores the power and potential of our lives*. New York: Penguin Random House.

25. Cabeza, R., Anderson, N. D., Locantore, J. K., & McIntosh, A. R. (2002). Aging gracefully: Compensatory brain activity in high-performing older adults. *Neuroimage, 17*, 1394 – 1402; Gutchess, A. (2014). Plasticity of the aging brain: New directions in cognitive neuroscience. *Science, 346*, 579 – 582.

26. Arora, D. (1991). *All that the rain promises and more: A hip pocket guide to Western mushrooms*. Berkeley, CA: Ten Speed Press.

27. Mead, M. (1975). *Culture and commitment: A study of the generation gap*. Garden City, NY: Natural History Press.

28. Ibid.

29. Klein, C. (2016, September 23). DNA study finds Aboriginal Australians world's oldest civilization. History. https://history.com/news/dna-study-finds-aboriginal-australians-worlds-oldest-civilization.

30. Archibald-Binge, E., & Geraghty, K. (2020, April 24). "We treat them like gold": Aboriginal community rallies around elders. Tharawal Aboriginal Corporation. Retrieved June 14, 2021, from https://tacams.com.au/2020/04/24/we-treat-them-like-gold-aboriginal-community-rallies-around-elders/; Malcolm, L., & Willis, O. (2016, July 8). Songlines: The Indigenous memory code. *All in the mind*. ABC Radio. Retrieved June 14, 2021, from https://www.abc.net.au/radionational/programs/allinthemind/songlines-indigenous-memory-code/7581788; Curran, G., Barwick, L., Turpin, M., Walsh, F., & Laughren, M. (2019). Central Australian Aboriginal songs and biocultural knowledge: Evidence from women's ceremonies relating to edible seeds. *Journal of Ethnobiology, 39*, 354–370; Korff, J. (2020, August 13). Respect for elders and culture. Creative Spirits. https://www.creativespirits.info/aboriginalculture/peo ple/respect-for-elders-and-culture.

31. Mead, M. (1970). *Culture and commitment: A study of the generation gap*. Garden City, NY: Natural History Press.

3장

1. Levy, B. R., Slade, M. D., & Kasl, S. (2002). Longitudinal benefit of positive self-perceptions of aging on functioning health. *The Journals of Gerontology, Series B: Psychological Sciences and Social Sciences, 57*, 409–417.

2. Sargent-Cox, K., Anstey, K. J., & Luszcz, M. A. (2012). The relationship between change in self-perceptions of aging and physical functioning in older adults. *Psychology and Aging, 27*, 750–760; Ayalon, L. (2016). Satisfaction with aging results in reduced risk for falling. *International Psychogeriatrics, 28*, 741–747.

3. Hausdorff, J. M., Levy, B., & Wei, J. (1999). The power of ageism on physical function of older persons: Reversibility of age-related gait changes. *Journal of the American Geriatrics Society, 47*, 1346–1349.

4. Levy, B. R., Pilver, C., Chung, P. H., & Slade, M. D. (2014). Subliminal

strengthening: Improving older individuals' physical function over time with an implicit-age-stereotype intervention. *Psychological Science, 25,* 2127 – 2135.

5. McAuley, E. W., Wójcicki, T. R., Gothe, N. P., Mailey, E. L., Szabo, A. N., Fanning, J., ······ & Mullen, S. P. (2013). Effects of a DVD-delivered exercise intervention on physical function in older adults. *The Journals of Gerontology, Series A: Biological Sciences and Medical Sciences, 68,* 1076 – 1082.

6. Levy, B. R., Pilver, C., Chung, P. H., & Slade, M. D. (2014). Subliminal strengthening: Improving older individuals' physical function over time with an implicit-age-stereotype intervention. *Psychological Science, 25,* 2127 – 2135. 사회심리학 실험에서 이런 눈덩이 효과는 다른 인구 집단에서도 발견되었으며, '순환 효과recursive effect'라는 이름으로 불린다. 어떤 개입이 사고방식을 변화시키면, 내면의 변화는 물론 환경과 상호 작용하는 방식의 변화도 나타나게 된다. 그러면 결국 사고방식의 변화가 강화된다. 이 개념을 자세히 알고 싶다면 다음 문헌을 참고하라: Walton, G. M., & Wilson, T. D. (2018). Wise interventions: Psychological remedies for social and personal problems. *Psychological Review, 125,* 617 – 655.

7. Levy, B. R., Slade, M., Chang, E. S., Kannoth, S., & Wang, S. H. (2020). Ageism amplifies cost and prevalence of health conditions. *The Gerontologist, 60,* 174 – 181; Ng, R., Allore, H. G., Trentalange, M., Monin, J. K., & Levy, B. R. (2015). Increasing negativity of age stereotypes across 200 years: Evidence from a database of 400 million words. *PLOS ONE, 10*(2), e0117086.

8. Rutemiller, B. (2018, July 30). 97-year-old Maurine Kornfeld to be inducted into international masters swimming hall of fame. *Swimming World.* https://www.swimmingworldmagazine.com/news/97-year-old-maurine-kornfeld-to-be-inducted-into-international-masters-swimming-hall-of-fame/.

9. Reynolds, G. (2019, September 18). Taking up running after 50? It's never too late to shine. *The New York Times.* https://www.nytimes.com/2019/09/18/well/move/taking-up-running-after-50-its-never-too-late-to-shine.html; Piasecki, J., Ireland, A., Piasecki, M., Deere, K., Hannam, K., Tobias, J., & McPhee, J. S. (2019). Comparison of muscle function, bone mineral density and body composition of early starting and later starting older Masters athletes. *Frontiers in Physiology, 10,* 1050.

10. Hardy, S. E., & Gill, T. M. (2004). Recovery from disability among community-dwelling older persons. *JAMA, 291,* 1596 – 1602.

11. Levy, B. R., Slade, M. D., Murphy, T. E., & Gill, T. M. (2012). Association between positive age stereotypes and recovery from disability in older persons.

JAMA, 308, 1972 – 1973.

12. Glaister, D. (2008, August 4). Hollywood actor Morgan Freeman seriously hurt in crash. *The Guardian*. https://www.theguardian.com/film/2008/aug/04/morgan.freeman.seriously.hurt.in.crash.

13. Pringle, G. (2020, January 22). Q&A: Just getting started with Morgan Freeman. Senior Planet. https://seniorplanet.org/just-getting-started/.

14. Durocher, K. (2016, February 21). Morgan Freeman opens up about aging in Hollywood and what he thinks it takes to be president. [Video]. YouTube. https://www.youtube.com/watch?v=5viYDBzpuoQ.

4장

1. Maurer, K., Volk, S., & Gerbaldo, H. (1997). Auguste D and Alzheimer's disease. *Lancet, 349*, 1546 – 1549.

2. Ibid.

3. Samanez-Larkin, G. R. (2019). *The aging brain: Functional adaptation across the lifespan*. Washington, DC: American Psychological Association; Butler, R. N. (2008). *The longevity revolution: The benefits and challenges of living a long life*. New York: PublicAffairs.

4. Grant, W. B., Campbell, A., Itzhaki, R. F., & Savory, J. (2002). The significance of environmental factors in the etiology of Alzheimer's disease. *Journal of Alzheimer's Disease, 4*, 179 – 189.

5. 26개국에서 실시된 연구에 따르면 노화에 대한 인식이 긍정적인 사회는 중국 본토와 인도였다. Löckenhoff, C. E., De Fruyt, F., Terracciano, A., McCrae, R., De Bolle, M., ⋯⋯ & Yik, M. (2009). Perceptions of aging across 26 cultures and their culture-level associates. *Psychology and Aging, 24*, 941 – 954; Chahda, N. K. (2012). Intergenerational relationships: An Indian perspective. University of Delhi. United Nations Department of Economic and Social Affairs Family. https:// www.un.org/ esa/socdev/family/docs/egm12/CHADHA-PAPER.pdf/.

6. Cohen, L. (2000). *No aging in India*. Berkeley: University of California Press, p. 17.

7. Levy, B. R., Ferrucci, L., Zonderman, A. B., Slade, M. D., Troncoso, J., & Resnick, S. M. (2016). A culture – brain link: Negative age stereotypes predict Alzheimer's disease biomarkers. *Psychology and Aging, 31*, 82 – 88.

8. Bedrosian, T. A., Quayle, C., Novaresi, N., & Gage, F. H. (2018). Early life experience drives structural variation of neural genomes in mice. *Science, 359*,

1395 – 1399.

9. Weiler, N. (2017, January 9). Cultural differences may leave their mark on DNA. University of California San Francisco. https://www.ucsf.edu/news/2017/01/405466/cultural-differences-may-leave-their-mark-dna; Galanter, J. M., Gignoux, C. R., Oh, S. S., Torgerson, D., Pino-Yanes, M., Thakur, N., ⋯⋯ & Zaitlen, N. (2017). Differential methylation between ethnic sub-groups reflects the effect of genetic ancestry and environmental exposures. *eLife, 6*, e20532. https://doi.org/10.7554/eLife.20532; Nishimura, K. K., Galanter, J. M., Roth, L. A., Oh, S. S., Thakur, N., Eng, C., ⋯⋯ & Burchard, E. G. (2013). Early-life air pollution and asthma risk in minority children. The GALA II and SAGE II studies. *American Journal of Respiratory and Critical Care Medicine, 188*, 309 – 318.

10. Levy, B. R., Slade, M. D., Pietrzak, R. H., & Ferrucci, L. (2018). Positive age beliefs protect against dementia even among elders with highrisk gene. *PLOS ONE, 13*, e191004. https://doi.org/10.1371/journal.pone.0191004.

11. Sperling, R. A., Donohue, M. C., Raman, R., Chung-Kai, S., Yaari, R., ⋯⋯ A4 Study Team. (2020). Association of factors with elevated amyloid burden in clinically normal older individuals. *JAMA Neurology, 77*, 735 – 745. 면담에 응한 A4 참가자들의 이름과 개인정보는 프라이버시 보호를 위해 변경했다.

12. Justice, N. J. (2018). The relationship between stress and Alzheimer's disease. *Neurobiology of Stress, 8*, 127 – 133.

13. Brody, J. (2019, December 23). Tackling inflammation to fight age-related ailments. *The New York Times*. https://www.nytimes.com/2019/12/23/well/live/inflammation-aging-age-heart-disease-cancer-alzheimers-de mentia-diabetes-depression-health.html; Epel, E. S., Crosswell, A. D., Mayer, S. E., Prather, A. A., Slavich, G. M., Puterman, E., & Mendes, W. B. (2018). More than a feeling: A unified view of stress measurement for population science. *Frontiers in Neuroendocrinology, 49*, 146 – 169; McEwen, B. S. (2013). The brain on stress: Toward an integrative approach to brain, body, and behavior. *Perspectives on Psychological Science, 8*, 673 – 675.

14. Levy, B. R., Hausdorff, J. M., Hencke, R., & Wei, J. Y. (2000). Reducing cardiovascular stress with positive self-stereotypes of aging. *The Journals of Gerontology, Series B: Psychological Sciences and Social Sciences, 55*, 205 – 213.

15. Attie, B., & Goldwater, J. (Directors). (2003). *Maggie growls*. Independent Lens. PBS. pbs.org/independentlens/maggiegrowls/index.

16. Levy, B. R., Slade, M. D., Pietrzak, R. H., & Ferrucci, L. (2020). When culture

influences genes: Positive age beliefs amplify the cognitive-aging benefit of *APOE* ε2. *The Journals of Gerontology, Series B: Psychological Sciences and Social Sciences, 75*, e198 − e203.

17. Suri, S., Heise, V., Trachtenberg, A. J., & Mackay, C. E. (2013). The forgotten *APOE* allele: A review of the evidence and suggested mechanisms for the protective effect of *APOE* ε2. *Neuroscience and Biobehavioral Reviews, 37*, 2878 − 2886.

18. Levy, B. R., Slade, M. D., Pietrzak, R. H., & Ferrucci, L. (2020). When culture influences genes: Positive age beliefs amplify the cognitive-aging benefit of *APOE* ε2. *The Journals of Gerontology, Series B: Psychological Sciences and Social Sciences, 75*, e198 − e203.

19. Samanez-Larkin, G. R. (2019). *The aging brain: Functional adaptation across the lifespan.* Washington, DC: American Psychological Association.

20. Nottebohm, F. (2010). Discovering nerve cell replacement in the brains of adult birds. The Rockefeller University. http://centennial.rucares.org/index. php?page=Brain_Generates_Neurons.

21. Galvan, V., & Jin, K. (2007). Neurogenesis in the aging brain. *Clinical Interventions in Aging, 2*, 605 − 610.

22. Eriksson, P. S., Perfilieva, E., Björk-Eriksson, T., Alborn, A. M., Nordborg, C., Peterson, D. A., & Gage, F. H. (1998). Neurogenesis in the adult human hippocampus. *Nature Medicine, 4*, 1313 − 1317; Porto, F. H., Fox, A. M., Tusch, E. S., Sorond, F., Mohammed, A. H., & Daffner, K. R. (2015). In vivo evidence for neuroplasticity in older adults. *Brain Research Bulletin, 114*, 56 − 61.

23. Müller, P., Rehfeld, K., Schmicker, M., Hökelmann, A., Dordevic, M., Lessmann, V., Brigadski, T., Kaufmann, J., & Müller, N. G. (2017). Evolution of neuroplasticity in response to physical activity in old age: The case for dancing. *Frontiers in Aging Neuroscience, 9*, 56. https://doi.org/10.3389/fnagi.2017.00056; Park, D. C., & Bischof, G. N. (2011). Neuroplasticity, aging, and cognitive function. In K. W. Schaie, S. Willis, B. G. Knight, B. Levy, & D. C. Park (Eds.), *Handbook of the psychology of aging* (7th ed., pp. 109 − 119). New York: Elsevier.

5장

1. Levy, B. R., Hausdorff, J. M., Hencke, R., & Wei, J. Y. (2000). Reducing cardiovascular stress with positive self-stereotypes of aging. *The Journals of Gerontology, Series B: Psychological Sciences and Social Sciences, 55*, 205 − 213.

2. Levy, B. R., Moffat, S., Resnick, S. M., Slade, M. D., & Ferrucci, L. (2016). Buffer

against cumulative stress: Positive age self-stereotypes predict lower cortisol across 30 years. *GeroPsych: The Journal of Geronto-psychology and Geriatric Psychiatry, 29*, 141 – 146.

3. Ibid.

4. Levy, B. R., Chung, P. H., Slade, M. D., Van Ness, P. H., & Pietrzak, R. H. (2019). Active coping shields against negative aging self-stereotypes contributing to psychiatric conditions. *Social Science and Medicine, 228*, 25 – 29.

5. Levy, B. R., Pilver, C. E., & Pietrzak, R. H. (2014). Lower prevalence of psychiatric conditions when negative age stereotypes are resisted. *Social Science and Medicine, 119*, 170 – 174.

6. American Psychological Association. (2014). Guidelines for psychological practice with older adults. *American Psychologist, 69*, 34 – 65; Hinrichsen, G. A. (2015). Attitudes about aging. In P. A. Lichtenberg, B. T. Mast, B. D. Carpenter, & J. Loebach Wetherell (Eds.), *APA handbook of clinical geropsychology* (pp. 363 – 377). Washington, DC: American Psychological Association; Robb, C., Chen, H., & Haley, W. E. (2002). Ageism in mental health and health care: A critical review. *Journal of Clinical Geropsychology, 8*, 1 – 12.

7. World Health Organization. (2017, December 12). Mental health of older adults. https://www.who.int/news-room/fact-sheets/detail/men tal-health-of-older-adults; Segal, D. L., Qualls, S. H., & Smyer, M. A. (2018). *Aging and mental health.* Hoboken, NJ: Wiley Blackwell.

8. Freud, S. (1976). On psychotherapy. In *The complete psychological works of Sigmund Freud.* New York: W. W. Norton, p. 264.

9. Woodward, K. M. (1991). *Aging and its discontents: Freud and other fictions.* Bloomington: Indiana University Press, p. 3.

10. Abend, S. M. (2016). *A brief introduction to Sigmund Freud's psychoanalysis and his enduring legacy.* Astoria, NY: International Psychoanalytic Books.

11. Ibid.

12. Helmes, E., & Gee, S. (2003). Attitudes of Australian therapists toward older clients: Educational and training imperatives. *Educational Gerontology, 29*, 657 – 670.

13. Hinrichsen, G. A. (2015). Attitudes about aging. In P. A. Lichtenberg, B. T. Mast, B. D. Carpenter, & J. Loebach Wetherell (Eds.), *APA handbook of clinical geropsychology* (pp. 363 – 377). Washington, DC: American Psychological Association; Helmes, E., & Gee, S. (2003). Attitudes of Australian therapists

toward older clients: Educational and training imperatives. *Educational Gerontology,* *29,* 657 – 670.

14. Cuijpers, P., Karyotaki, E., Eckshtain, D., Ng, M. Y., Corteselli, K. A., Noma, H., Quero, S., & Weisz, J. R. (2020). Psychotherapy for depression across different age groups: A systematic review and meta-analysis. *JAMA Psychiatry, 77,* 694 – 702.

15. Plotkin, D. (2014). Older adults and psychoanalytic treatment: It's about time. *Psychodynamic Psychiatry, 42,* 23 – 50; Chen, Y., Peng, Y., & Fang, P. (2016). Emotional intelligence mediates the relationship between age and subjective well-being. *International Journal of Aging & Human Development, 83,* 91 – 107; Funkhouser, A. T., Hirsbrunner, H., Cornu, C., & Bahro, M. (1999). Dreams and dreaming among the elderly: An overview. *Aging & Mental Health, 3*(1), 10 – 20; O'Rourke, N., Cappeliez, P., & Claxton, A. (2011). Functions of reminiscence and the psychological well-being of young and older adults over time. *Aging & Mental Health, 15,* 272 – 281.

16. American Psychological Association. (2020). APA resolution on ageism. Washington, DC: American Psychological Association. https://www .apa.org/ about/policy/resolution-ageism.pdf.

17. Moye, J., Karel, M. J., Stamm, K. E., Qualls, S. H., Segal, D. L., Tazeau, Y. N., & DiGilio, D. A. (2019). Workforce analysis of psychological practice with older adults: Growing crisis requires urgent action. *Training and Education in Professional Psychology, 13,* 46 – 55.

18. Cuijpers, P., Sijbrandij, M., Koole, S. L., Andersson, G., Beekman, A. T., & Reynolds, C. F. (2014). Adding psychotherapy to antidepressant medication in depression and anxiety disorders: A meta-analysis. *World Psychiatry: Official Journal of the World Psychiatric Association, 13,* 56 – 67; Reynolds, C. F., Frank, E., Perel, J. M., Imber, S. D., Cornes, C., Miller, M. D., ⋯⋯ & Kupfer, D. J. (1999). Nortriptyline and interpersonal psychotherapy as maintenance therapies for recurrent major depression: A randomized controlled trial in patients older than 59 years. *JAMA, 281,* 39 – 45; Sammons, M. T., & McGuinness, K. M. (2015). Combining psychotropic medications and psychotherapy generally leads to improved outcomes and therefore reduces the overall cost of care. Society for Prescribing Psychology. https://www.apadivisions.org/division-55/publications/ tablet/2015/04/combininations.

19. Grand View Research. (2020, March). U.S. long term care market size, share and trends analysis by service, and segment forecasts. https:// www.grandviewresearch.

com/industry-analysis/us-long-term-care-ltc-market.

20. Brown, B. (2018, April 24). Bethany Brown discusses human rights violations in US nursing homes. Yale Law School. https://law.yale.edu/yls-today/news/bethany-brown-discusses-human-rights-violations-us-nursing-homes; Human Rights Watch. (2018). "They want docile": How nursing homes in the United States overmedicate people with dementia. https://www.hrw.org/report/2018/02/05/they-want-docile/how-nursing-homes-united-states-overmedicate-people-dementia#_ftn64); Ray, W. A., Federspiel, C. F., & Schaffner, W. (1980). A study of antipsychotic drug use in nursing homes: Epidemiologic evidence suggesting misuse. *American Journal of Public Health, 70,* 485 – 491.

21. Human Rights Watch. (2018). "They want docile": How nursing homes in the United States overmedicate people with dementia. https://www.hrw.org/report/2018/02/05/they-want-docile/how-nursing-homes-unit ed-states-overmedicate-people-dementia#_ftn64).

22. Hinrichsen, G. A. (2015). Attitudes about aging. In P. A. Lichtenberg, B. T. Mast, B. D. Carpenter, & J. Loebach Wetherell (Eds.), *APA handbook of clinical geropsychology* (pp. 363 – 377). Washington, DC: American Psychological Association; Park, M., & Unützer, J. (2011). Geriatric depression in primary care. *The Psychiatric Clinics of North America, 34,* 469 – 487.

23. Axelrod, J., Balaban, S., & Simon, S. (2019, July 27). Isolated and struggling, many seniors are turning to suicide. NPR. https://www.npr.org/2019/07/27/745017374/isolated-and-struggling-many-seniors-are-turning-to-suicide; Conwell, Y., Van Orden, K., & Caine, E. D. (2011). Suicide in older adults. *The Psychiatric Clinics of North America, 34,* 451 – 468. https://doi.org/10.1016/j.psc.2011.02.002; Canetto, S. S. (2017). Suicide: Why are older men so vulnerable? *Men and Masculinities, 20,* 49 – 70.

24. Park, M., & Unützer, J. (2011). Geriatric depression in primary care. *The Psychiatric Clinics of North America, 34,* 469 – 487; Span, P. (2020, October 30). You're not too old to talk to someone. *The New York Times.* https://www.nytimes.com/2020/10/30/health/mental-health-psycho therapy-elderly.html.

25. Span, P. (2020, October 30). You're not too old to talk to someone. *The New York Times.* https://www.nytimes.com/2020/10/30/health/mental-health-psychotherapy-elderly.html.

26. Coles, R. (1970, October 31). I-The measure of man. *The New Yorker.* https://www.newyorker.com/magazine/1970/11/07/i-the-measure-of-man.

27. Erikson, E. (1993). *Gandhi's truth: On the origins of militant nonviolence*. New York: W. W. Norton.

28. Erikson, E. H., Erikson, J. M., & Kivnick, H. Q. (1989). *Vital involvement in old age*. New York: W. W. Norton.

29. Goleman, D. (1988, June 14). Erikson, in his own old age, expands his view of life. *The New York Times*. https://www.nytimes.com/1988/06/14/science/erikson-in-his-own-old-age-expands-his-view-of-life.html.

30. Ibid.

31. Ibid.

32. Cowan, R., & Thal, L. (2015). *Wise aging: Living with joy, resilience, & spirit*. Springfield, NJ: Behrman House.

33. Chibanda, D., Weiss, H. A., Verhey, R., Simms, V., Munjoma, R., Rusakaniko, S., ⋯⋯ & Araya, R. (2016). Effect of a primary care–based psychological intervention on symptoms of common mental disorders in Zimbabwe: A randomized clinical trial. *JAMA, 316*, 2618–2626.

6장

1. Atchley, R. C. (1999). *Continuity and adaptation in aging: Creating positive experiences*. Baltimore: Johns Hopkins University Press.

2. Levy, B. R., Slade, M. D., Kunkel, S. R., & Kasl, S. V. (2002). Longevity increased by positive self-perceptions of aging. *Journal of Personality and Social Psychology, 83*, 261–270. 이 수치는 긍정적인 연령 인식이나 부정적인 연령 인식을 지닌 사람들의 절반이 사망할 때까지 걸린 시간의 차이를 바탕으로 계산했다.

3. Ibid., p. 268.

4. The image of aging in media and marketing. (2002, September 4). Hearing before the US Senate Special Committee on Aging. https:// www.govinfo.gov/content/pkg/CHRG-107shrg83476/html/CHRG-107shrg83476.htm.

5. Ibid., Doris Roberts testimony.

6. Officer, A., & de la Fuente-Núñez, V. (2018). A global campaign to combat ageism. *Bulletin of the World Health Organization, 96*, 295–296; Kotter-Grühn, D., Kleinspehn-Ammerlahn, A., Gerstorf, D., & Smith, J. (2009). Self-perceptions of aging predict mortality and change with approaching death: 16-year longitudinal results from the Berlin Aging Study. *Psychology and Aging, 24*, 654–667; Sargent-Cox, K. A., Anstey, K. J., & Luszcz, M. A. (2014). Longitudinal change of self-perceptions of aging and mortality. *The Journals of Gerontology, Series B: Psychological*

Sciences and Social Sciences, 69, 168−73; Zhang, X., Kamin, S. T., Liu, S., Fung, H. H., & Lang, F. R. (2018). Negative self-perception of aging and mortality in very old Chinese adults: The mediation role of healthy lifestyle. *The Journals of Gerontology, Series B: Psychological Sciences and Social Sciences, 75*, 1001−1009.

7. Passarino, G., De Rango, F., & Montesanto, A. (2016). Human longevity: Genetics or lifestyle? It takes two to tango. *Immunity and Ageing, 13*, 12. https://doi.org/10.1186/s12979-016-0066-z; Vaupel, J. W., Carey, J. R., Christensen, K., Johnson, T. E., Yashin, A. I., Holm, N. V., ⋯⋯ & Curtsinger, J. W. (1998). Biodemographic trajectories of longevity. *Science, 280*, 855−860.

8. Levy, B. R., Slade, M. D., Pietrzak, R. H., & Ferrucci, L. (2020). When culture influences genes: Positive age beliefs amplify the cognitive-aging benefit of *APOE* ε2. *The Journals of Gerontology, Series B: Psychological Sciences and Social Sciences, 75*, e198−e203. https://doi.org/10.1093 /geronb/gbaa126.

9. Hjelmborg, J., Iachine, I., Skytthe, A., Vaupel, J. W., McGue, M., Koskenvuo, M., Kaprio, J., Pedersen, N. L., & Christensen, K. (2006). Genetic influence on human lifespan and longevity. *Human Genetics, 119*, 312−321; Guillermo Martínez Corrales, G., & Nazif, A. (2020). Evolutionary conservation of transcription factors affecting longevity. *Trends in Genetics, 36*, 373−382.

10. Govindaraju, D., Atzmon, G., & Barzilai, N. (2015). Genetics, lifestyle and longevity: Lessons from centenarians. *Applied & Translational Genomics, 4*, 23−32.

11. Kearney, H. (2019). *QueenSpotting: Meet the remarkable queen bee and discover the drama at the heart of the hive.* North Adams, MA: Storey Publishing.

12. Levy, B. R. (2009). Stereotype embodiment: A psychosocial approach to aging. *Current Directions in Psychological Science, 18*, 332−336.

13. Idler, E. L., & Kasl, S. V. (1992). Religion, disability, depression, and the timing of death. *American Journal of Sociology, 97*, 1052−1079.

14. Levy, B., Ashman, O., & Dror, I. (2000). To be or not to be: The effects of aging stereotypes on the will to live. *Omega: Journal of Death and Dying, 40*, 409−420.

15. Levy, B. R., Slade, M. D., Kunkel, S. R., & Kasl, S. V. (2002). Longevity increased by positive self-perceptions of aging. *Journal of Personality and Social Psychology, 83*, 261−270.

16. Levy, B. R., & Bavishi, A. (2018). Survival-advantage mechanism: Inflammation as a mediator of positive self-perceptions of aging on longevity. *The Journals of Gerontology, Series B: Psychological Sciences and Social Sciences, 73*, 409−412.

17. Harris, T. B., Ferrucci, L., Tracy, R. P., Corti, M. C., Wacholder, S., Ettinger, W. H.,

& Wallace, R. (1999). Associations of elevated interleukin-6 and C-reactive protein levels with mortality in the elderly. *The American Journal of Medicine, 106*, 506 – 512; Szewieczek, J., Francuz, T., Dulawa, J., Legierska, K., Hornik, B., Włodarczyk, I., & Batko- Szwaczka, A. (2015). Functional measures, inflammatory markers and endothelin-1 as predictors of 360-day survival in centenarians. *Age, 37*, 85. https://doi.org/10.1007/s11357-015-9822-9.

18. Levy, B., Ashman, O., Dror, I. (2000). To be or not to be: The effects of aging stereotypes on the will to live. *Omega: Journal of Death and Dying, 40*, 409 – 420.

19. Levy, B. R., Provolo, N., Chang, E.-S., & Slade, M. D. (2021). Negative age stereotypes associated with older persons' rejection of COVID-19 hospitalization. *Journal of the American Geriatrics Society, 69*, 317 – 318.

20. Cole, T. R. (1993). *The journey of life: A cultural history of aging in America*. New York: Cambridge University Press.

21. Aronson, L. (2019). *Elderhood: Redefining aging, transforming medicine, reimagining life*. New York: Bloomsbury Publishing; Butler, R. N. (2011). *The longevity prescription: The 8 proven keys to a long, healthy life*. New York: Avery.

22. Butler, R. N. (2008). *The longevity revolution: The benefits and challenges of living a long life*. New York: PublicAffairs, p. xi.

23. Vaupel, J. W., Villavicencio, F., & Bergeron-Boucher, M. (2021). Demographic perspectives on the rise of longevity. *Proceedings of the National Academy of Sciences, 118 (9)*, e2019536118. https://doi.org/10.1073/pnas.2019536118; Oeppen, J., & Vaupel, J. W. (2002). Broken limits to life expectancy. *Science, 296*, 1029 – 1031.

24. Şahin, D. B., & Heiland, F. W. (2016). Black-white mortality differ-entials at old-age: New evidence from the national longitudinal mortality study. *Applied demography and public health in the 21st century* (pp. 141 – 162). New York: Springer.

25. McCoy, R. (2011). African American elders, cultural traditions, and family reunions. *Generations: American Society on Aging*. https://gener ations.asaging.org/african-american-elders-traditions-family-reunions.

26. Mitchell, G. W. (2014). The silver tsunami. *Physician Executive, 40*, 34 – 38.

27. Wilkerson, I. (2020). *Caste: The origins of our discontents*. New York: Random House; Hacker, J. S., & Pierson, P. (2020). *Let them eat tweets: How the right rules in an age of extreme inequality*. New York: W. W. Norton.

28. Zarroli, J. (2020, December 9). Soaring stock market creates a club of centibillionaires. *All Things Considered*. https://www.npr.org/2020/

주   **347**

12/09/944739703/soaring-stock-market-creates-a-club-of-centi billionaires.

29. Fried, L. (2021, May 6). Combating loneliness in aging: Toward a 21st century blueprint for societal connectedness. Age Boom Academy. The Robert N. Butler Columbia Aging Center. New York. Columbia University.

30. Elgar, F. J. (2010). Income inequality, trust, and population health in 33 countries. *American Journal of Public Health, 100*, 2311 – 2315.

31. Coughlin, J. (2017). *The longevity economy: Unlocking the world's fastest- growing, most misunderstood market.* New York: PublicAffairs.

32. Dychtwald, K. (2014). Longevity market emerges. In P. Irving (Ed.), *The upside of aging: How long life is changing the world of health, work, innovation, policy, and purpose.* New York: Wiley. 이 연령대가 다른 어떤 연령대보다 빈곤 수준이 높다는 점도 눈여겨봐야 한다. 즉 고령 인구 사이의 빈부 격차는 매우 크다.

33. Lee, R. (2020). Population aging and the historical development of inter-generational transfer systems. *Genus, 76*, 31. https://genus.springeropen.com/articles/10.1186/s41118-020-00100-8.

34. Azoulay, P., Jones, B. F., Kim, J. D., & Miranda, J. (2020). Age and high-growth entrepreneurship. *American Economic Review, 2*, 65 – 82. https://www.aeaweb.org/articles?id=10.1257/aeri.20180582.

35. Butler, R. N. (2008). *The longevity revolution: The benefits and challenges of living a long life.* New York: PublicAffairs; Roser, M., Ortiz-Ospina, E., & Ritchie, H. (2013). Life expectancy. Our World in Data. Retrieved June 1, 2021, from https://ourworldindata.org/life-expectancy.

36. Willigen, J., & Lewis, D. (2006). Culture as the context of aging. In H. Yoon and J. Hendricks (Eds.), *Handbook of Asian aging.* Amityville, NY: Baywood, p. 133.

37. Fries, J. F. (2000). Compression of morbidity in the elderly. *Vaccine, 18*, 1584 – 1589.

38. Butler, R. N. (2011). *The longevity prescription: The 8 proven keys to a long, healthy life.* New York: Avery.

39. Levy, B. R. (2017). Age-stereotype paradox: A need and opportunity for social change. *The Gerontologist, 57*, 118 – 126; Kolata, G. (2016, July 8). A medical mystery of the best kind: Major diseases are in decline. *The New York Times.* https://www.nytimes.com/2016/07/10/upshot/a-med ical-mystery-of-the-best-kind-major-diseases-are-in-decline.html; Schoeni, R. F., Freedman, V. A., & Martin, L. M. (2008). Why is late- life disability declining? *Milbank Quarterly, 86*, 47 – 89.

40. Butler, R. N. (2011). *The longevity prescription: The 8 proven keys to a long, healthy life*. New York: Avery.

41. Andersen, S. L., Sebastiani, P., Dworkis, D. A., Feldman, L., & Perls, T. T. (2012). Health span approximates life span among many supercentenarians: Compression of morbidity at the approximate limit of life span. *The Journals of Gerontology, Series A: Biological Sciences and Medical Sciences, 67*, 395–405.

42. Mahoney, D., & Restak, R. (1999). *The longevity strategy*. New York: Wiley.

43. Schoenhofen, E. A., Wyszynski, D. F., Andersen, S., Pennington, J., Young, R., Terry, D. F., & Perls, T. T. (2006). Characteristics of 32 supercentenarians. *Journal of the American Geriatrics Society, 54*, 1237–1240.

44. Brody, J. (2021, June 21). The secrets of "cognitive super-agers." *The New York Times*. https://www.nytimes.com/2021/06/21/well/mind/ag ing-memory-centenarians.html; Beker, N., Ganz, A., Hulsman, M., Klausch, T., Schmand, B. A., Scheltens, P., Sikkes, S. A., & Holstege, H. (2021). Association of cognitive function trajectories in centenarians with postmortem neuropathology, physical health, and other risk factors for cognitive decline. *JAMA Network Open, 4*(1): e2031654. doi:10.1001/jamanetworkopen.2020.31654.

45. Nuwer, R. (2015, March 31). Lessons of the world's most unique supercentenarians. BBC. https://www.bbc.com/future/article/20150331-the-most-unique-supercentenarians.

46. Bucholz, K. (2021, February 5). Where 100 is the new 80. Statista. https://www.statista.com/chart/14931/where-100-is-the-new-80/; Santos-Lozano, A., Sanchis-Gomar, F., Pareja-Galeano, H., Fiuza-Luces, C., Emanuele, E., Lucia, A., & Garatachea, N. (2015). Where are super- centenarians located? A worldwide demographic study. *Rejuvenation Research, 18*, 14–19.

47. Sorezore nansai? Choju iwai no kisochishiki (How old? Basics of longevity celebrations). (2014, March 7). Gift Concierge. https://www.ring bell.co.jp/giftconcierge/2201.

48. Saikourei 116sai "imagatanoshii" Fukuoka no Tanaka san, Guiness nintei (116 years old, longest-living Ms. Tanaka of Fukuoka, recognized by Guinness World Records). (2019, March 10). *Nishinopponshinbun*. https://www.nishinippon.co.jp/item/n/492939/.

49. World's oldest person marks 118th birthday in Fukuoka. (2021, January 2). *The Japan Times*. https://www.japantimes.co.jp/news/2021/01/02/national/worlds-oldest-person-marks-118th-birthday-fukuoka/; Hanada, M. (2010). *Hana mo*

Arashi mo Hyaku Nanasai Tanaka Kane Choju Nihon Ichi heno Chosen (107 year-old flower and storm, Kane Tanaka, the road to becoming the longest-living person in Japan). Fukuoka, Japan: Azusa Shoin.

50. Mizuno, Y. (1991). *Nihon no Bungaku to Oi* (Japan's literature and aging). Shitensha, 2.

51. Ackerman, L. S., & Chopik, W. J. (2021). Cross-cultural comparisons in implicit and explicit age bias. *Personality and Social Psychology Bulletin, 47*, 953 – 968.

52. Markus, H. R., & Kitayama, S. (1991). Culture and the self: Implications for cognition, emotion, and motivation. *Psychological Review, 98*, 224 – 253.

53. Ibid.

54. Ackerman, L. S., & Chopik, W. J. (2021). Cross-cultural comparisons in implicit and explicit age bias. *Personality and Social Psychology Bulletin, 47*, 953 – 968.

55. Levy, B. R., & Bavishi, A. (2018). Survival-advantage mechanism: Inflammation as a mediator of positive self-perceptions of aging on longevity. *The Journals of Gerontology, Series B: Psychological Sciences and Social Sciences, 73*, 409 – 412; Levy, B. R., Slade, M. D., Kunkel, S. R., & Kasl, S. V. (2002). Longevity increased by positive self-perceptions of aging. *Journal of Personality and Social Psychology, 83*, 261 – 270.

56. This is based on social psychologist Kurt Lewin's human behavior equation, B = f(P, E). Lewin, K. (1936). *Principles of topological psychology*. New York: McGraw-Hill.

7장

1. Doherty, M. J., Campbell, N. M., Tsuji, H., & Phillips, W. A. (2010). The Ebbinghaus illusion deceives adults but not young children. *Developmental Science, 13*, 714 – 721.

2. Schudel, M. (2016, June 7). Jerome S. Bruner, influential psychologist of perception, dies at 100. *Washington Post*. https://www.washingtonpost.com/national/jerome-s-bruner-influential-psychologist-of-perception-dies-at-100/2016/06/07/033e5870-2cc3-11e6-9b37-42985f6a265c_story.html.

3. Bruner, J. S., & Goodman, C. C. (1947). Value and need as organizing factors in perception. *The Journal of Abnormal and Social Psychology, 42*, 33 – 44.

4. Berns, G. S., Chappelow, J., Zink, C. F., Pagnoni, G., Martin-Skurski, M. E., & Richards, J. (2004). Neurobiological correlates of social conformity and independence during mental rotation. *Biological Psychiatry, 58*, 245 – 253.

5. Levy, B. (1996). Improving memory in old age through implicit self-stereotyping. *Journal of Personality and Social Psychology, 71*, 1092 - 1107.

6. Goycoolea, M. V., Goycoolea, H. G., Farfan, C. R., Rodriguez, L. G., Martinez, G. C., & Vidal, R. (1986). Effect of life in industrialized societies on hearing in natives of Easter Island. *The Laryngoscope, 96*, 1391 - 1396.

7. Holmes, E. R., & Holmes, L. D. (1995). *Other cultures, elder years*. Thousand Oaks, CA: Sage; Pearson, J. D. (1992). Attitudes and perceptions concerning elderly Samoans in rural Western Samoa, American Samoa, and urban Honolulu. *Journal of Cross-Cultural Gerontology, 7*, 69 - 88; Thumala, D., Kennedy, B. K., Calvo, E., Gonzalez-Billault, C., Zitko, P., Lillo, P., ⋯⋯ & Slachevsky, A. (2017). Aging and health policies in Chile: New agendas for research. *Health Systems and Reform, 3*, 253 - 260.

8. Levy, B. R., Slade, M. D., & Gill, T. (2006). Hearing decline predicted by elders' stereotypes. *The Journals of Gerontology, Series B: Psychological Sciences and Social Sciences, 61*, 82 - 87.

9. Chasteen, A. L., Pichora-Fuller, M. K., Dupuis, K., Smith, S., & Singh, G. (2015). Do negative views of aging influence memory and auditory performance through self-perceived abilities? *Psychology and Aging, 30*, 881 - 893.

10. Barber, S. J., & Lee, S. R. (2016). Stereotype threat lowers older adults' self-reported hearing abilities. *Gerontology, 62*, 81 - 85.

11. Corrigan, P. (2020). Music in an intergenerational key. Next Avenue. https://www.nextavenue.org/music-in-an-intergenerational-key/; Hicks, A. (Director). (2014). *Keep On Keepin' On* [Video]. Retrieved from https:// www.amazon.com/ Keep-Keepin-Clark-Terry/dp/B00S65TOTE.

12. Parbery-Clark, A., Strait, D. L., Anderson, S., Hittner, E., & Kraus, N. (2011). Musical experience and the aging auditory system: Implications for cognitive abilities and hearing speech in noise. *PLOS ONE, 6*, e18082. https://doi.org/10.1371/journal.pone.0018082; Leopold, W. (2012, January 30). Music training has biological impact on aging process. ScienceDaily. https://www.sciencedaily.com/releases/2012/01/120130172402.htm.

13. Kraus, N., & White-Schwoch, T. (2014). Music training: Lifelong investment to protect the brain from aging and hearing loss. *Acoustics Australia, 42*, 117 - 123.

14. Ibid.; Kraus, N., & Anderson, S. (2014). Music benefits across the lifespan: Enhanced processing of speech in noise. *Hearing Review, 21*, 18 - 21; Dr. Nina Kraus on why musical training helps us process the world around us. (2017, May

31). Sound Health. https://medium.com/the-kennedy-center/dr-nina-kraus-on-why-musical-training-helps-us-process-the-world-around-us-6962b42cdf44.

15. Anderson, S., White-Schwoch, T., Parbery-Clark, A., & Kraus, N. (2013). Reversal of age-related neural timing delays with training. *Proceedings of the National Academy of Sciences, 110*, 4357 – 4362.

16. Burnes, D., Sheppard, C., Henderson, C. R., Wassel, M., Cope, R., Barber, C., & Pillemer, K. (2019). Interventions to reduce ageism against older adults: A systematic review and meta-analysis. *American Journal of Public Health, 109*, e1 – e9.

17. Lively, P. (2013, October 5). So this is old age. *The Guardian*. https:// www. theguardian.com/books/2013/oct/05/penelope-lively-old-age.

18. Erikson, J. M. (1988). *Wisdom and the senses*. New York: W. W. Norton, p. 45.

19. Schuster, C., & Carpenter, E. (1996). *Patterns that connect: Social symbolism in ancient and tribal art*. New York: Harry N. Abrams.

20. Simonton, D. K. (1997). Creative productivity: A predictive and explanatory model of career trajectories and landmarks. *Psychological Review, 104*, 66 – 89.

21. Galenson, D. W. (2010). Late bloomers in the arts and sciences: Answers and questions. National Bureau of Economic Research Working Paper No. w15838, SSRN. https://papers.ssrn.com/sol3/papers.cfm?abstract_id=1578676.

22. Charles, S. T., & Carstensen, L. L. (2010). Social and emotional aging. *Annual Review of Psychology, 61*, 383 – 409.

23. Steinhardt, A. (1998). *Indivisible by four: Pursuit of harmony*. New York: Farrar, Straus and Giroux.

24. Lindauer, M. S. (2003). *Aging, creativity and art: A positive perspective on late-life development*. New York: Springer.

25. Shahn, B. (1985). *The shape of content*. Cambridge, MA: Harvard University Press.

26. Hathaway, M. (2016, November 30). Harmonious ambition: The resonance of Michelangelo. Virginia Polytechnic Institute and State University. https:// vtechworks.lib.vt.edu/handle/10919/74440.

27. Gowing, L. (1966). *Turner: Imagination and reality*. New York: Museum of Modern Art.

28. Spence, J. (1986). *Putting myself in the picture: A political, personal, and photographic autobiography*. London: Camden Press.

29. Pennebaker, J. W., & Stone, L. D. (2003). Words of wisdom: Language use over the life span. *Journal of Personality and Social Psychology, 85*, 291 – 301.

30. Adams-Price, C. (2017). *Creativity and successful aging: Theoretical and empirical approaches*. New York: Springer.

31. Ibid., pp. 281, 283.

32. Baltes, P. B. (1997). On the incomplete architecture of human ontogeny: Selection, optimization, and compensation as foundation of developmental theory. *American Psychologist, 52*, 366–380; Henahan, D. (1976, March 14). This ageless hero, Rubinstein; He cannot go on like this forever (though some would not bet on that). In fact, there are now some troubling signs. *The New York Times*. https://www.nytimes.com/1976/03/14/ar chives/this-ageless-hero-rubinstein-he-cannot-go-on-like-this-forever.html.

33. Grandma Moses is dead at 101; Primitive artist "just wore out." (1961, December 14). *The New York Times*. https://www.nytimes com/1961/12/14/archives/grandma-moses-is-dead-at-101-primitive-artist-just-wore-out-grandma.html.

34. Henri Matisse (1869–1954). Christies. https://www.christies.com/en/lot/lot-6108776.

35. Ibid.; Museum of Modern Art. (2014). Henri Matisse: The cut-outs. https://www.moma.org/calendar/exhibitions/1429; Murphy, J. (2020, June 9). Henri Matisse: His final years and exhibit. Biography. https://www.biography.com/news/henri-matisse-the-cut-outs-moma.

36. Gardner, H. E. (2011). *Creating minds: An anatomy of creativity seen through the lives of Freud, Einstein, Picasso, Stravinsky, Eliot, Graham, and Gandhi*. New York: Basic Books.

37. Kozbelt, A. (2015). Swan song phenomenon. In S. K. Whitbourne (Ed.), *The encyclopedia of adulthood and aging*. Hoboken, NJ: Wiley.

38. Roth, H. (1997). *From bondage*. London: Picador, p. 188.

39. Claytor, D. (2013, June 26). Retiring in your 30's …… now what? *Diablo Ballet Blog*. https://diabloballet.wordpress.com/2013/06/26/retiring-in-your-30s-now-what/.

40. To read more about dancer Thomas Dwyer, see Frankel, B. (2011). *What should I do with the rest of my life? True stories of finding success, passion, and new meaning in the second half of life*. New York: Avery.

8장

1. Achenbaum, A. W. (2013). *Robert Butler, MD: Visionary of healthy aging*. New York: Columbia University Press; Bernstein, C. (1969, March 7). Age and race

fears seen in housing opposition. *Washington Post.*

2. Butler, R. N. (1975). *Why survive? Being old in America.* New York: Harper & Row, p. 12.

3. Ober Allen, J., Solway, E., Kirch, M., Singer, D., Kullgren, J., & Malani, P. (2020, July). Everyday ageism and health. National Poll on Healthy Aging. University of Michigan. http://hdl.handle.net/2027.42/156038.

4. World Health Organization. (2021). *Global Report on Ageism.* Geneva: World Health Organization. https://www.who.int/teams/social-deter minants-of-health/ demographic-change-and-healthy-ageing/combat ting-ageism/global-report-on-ageism.

5. International Longevity Center. Anti-Ageism Taskforce. (2006). *Ageism in America.* New York: International Longevity Center-USA.

6. Stratton, C., Andersen, L., Proulx, L., & Sirotich, E. (2021). When apathy is deadlier than COVID-19. *Nature Aging, 1,* 144 – 145.

7. Ng, R., Allore, H. G., Trentalange, M., Monin, J. K., & Levy, B. R. (2015). Increasing negativity of age stereotypes across 200 years: Evidence from a database of 400 million words. *PLOS ONE, 10,* e0117086.

8. Levy, B. R. (2009). Stereotype embodiment: A psychosocial approach to aging. *Current Directions in Psychological Science, 18,* 332 – 336.

9. Levy, B. R., and Banaji, M. R. (2004). Implicit ageism. In T. Nelson (Ed.), *Ageism: Stereotyping and prejudice against older persons* (pp. 49 – 75). Cambridge, MA: MIT Press.

10. Estes, C., Harrington, C., & Pellow, D. (2001). The medical-industrial complex and the aging enterprise. In C. L. Estes, *Social policy & aging: A critical perspective* (pp. 165 – 186). Thousand Oaks, CA: Sage; Beauty Packaging Staff. (2020). Anti-aging market forecasted to surpass $421.4 billion in revenue by 2030. Beauty Packaging. https://www.beauty packaging.com/contents/view_breaking-news/2020-09-23/anti-aging-market-forecasted-to-surpass-4214-billion-in-revenue-by-2030 ; Guttmann, A. (2020, November 23). Social network advertising revenues in the United States from 2017 to 2021. Statista. https://www.statista.com/statistics/271259/advertising-revenue-of-social-networks-in-the-us/; Guttmann, A. (2021, February 4). Estimated aggregate revenue of U.S. advertising, public relations, and related service industry from 2004 to 2020. Statista. https://www.statista.com/statistics/183932/estimated-revenue-in-advertising-and-related-services-since-2000/; Grand View Research. (2020, March). U.S. long term care

나이가 든다는 착각

market size, share and trends analysis by service (home healthcare, hospice, nursing care, assisted living facilities), and segment forecasts. https://www.grandview research.com/industry-analysis/us-long-term-care-ltc-market.

11. McGuire, S. L. (2016). Early children's literature and aging. *Creative Education, 7,* 2604 – 2612.

12. Gilbert, C. N., & Ricketts, K. G. (2008). Children's attitudes toward older adults and aging: A synthesis of research. *Educational Gerontology, 34,* 570 – 586.

13. Seefeldt, C., Jantz, R. K., Galper, A., & Serock, S. (1977). Using pictures to explore children's attitudes toward the elderly. *The Gerontologist, 17,* 506 – 512.

14. Middlecamp, M., & Gross, D. (2002). Intergenerational daycare and preschoolers' attitudes about aging. *Educational Gerontology, 28,* 271 – 288; Kwong See, S. T., Rasmussen, C., & Pertman, S. Q. (2012). Measuring children's age stereotyping using a modified Piagetian conservation task. *Educational Gerontology, 38,* 149 – 165; Seefeldt, C., Jantz, R., Galper, A., & Serock, K. (1977). Children's attitudes toward the elderly: Educational implications. *Educational Gerontology, 2,* 301 – 310.

15. Levy, B. R. (2009). Stereotype embodiment: A psychosocial approach to aging. *Current Directions in Psychological Science, 18,* 332 – 336.

16. Vitale-Aussem, J. (2018, September 11). "Dress like a 100-year old" day: A call to action. ChangingAging. https://changingaging.org/ageism/dress-like-a-100-year-old-day-a-call-to-action/.

17. Levy, B. R., Zonderman, A. B., Slade, M. D., & Ferrucci, L. (2009). Age stereotypes held earlier in life predict cardiovascular events in later life. *Psychological Science, 20,* 296 – 298.

18. Ridder, M. (2021, January 27). Value of the global anti-aging market 2020 – 2026. Statista. Retrieved July 13, 2021, from https://www.statista.com/statistics/509679/value-of-the-global-anti-aging-market/.

19. Diller, V. (2011, November 17). Too young to look old? Dealing with fear of aging. *HuffPost.* https://www.huffpost.com/entry/aging-fear_b_812792?; Kilkenny, K. (2017, August 30). How anti-aging cosmetics took over the beauty world. *Pacific Standard.* https://psmag.com/social-justice/how-anti-aging-cosmetics-took-over-the-beauty-world.

20. Blanchette, A. (2017, January 28). Botox is booming among millennials—some as young as 18. *Star Tribune.* https://www.startribune.com/botox-is-booming-among-millennials-some-as-young-as-18/412049303/.

21. North, A. (2021, June 15). Free the wrinkle: The pandemic could help Americans

finally embrace aging skin. Vox. https://www.vox.com/22526590/wrinkles-skin-botox-aging-pandemic-filler.

22. Schiffer, J. (2021, April 8). How barely-there Botox became the norm. *The New York Times*. https://www.nytimes.com/2021/04/08/style/self-care-how-barely-there-botox-became-the-norm.html.

23. Market Insider. (2019, November 28). Every thirteenth man has a hair transplant according to Bookimed study. https://markets.businessin sider.com/news/stocks/every-13th-man-has-a-hair-transplant-according-to-bookimed-study-1028724168.

24. *Vermont Country Store Catalogue*, 2015, p. 21.

25. Calasanti, T., Sorensen, A., & King, N. (2012). Anti-ageing advertise-ments and perceptions of ageing. In V. Ylänne (Ed.), *Representing ageing*. London: Palgrave Macmillan.

26. *Smithsonian*. (2016). *Choose life: Grow young with HGH*. 47, p. 105.

27. Clayton, P., Banerjee, I., Murray, P., & Renehan, A. G. (2011). Growth hormone, the insulin-like growth factor axis, insulin and cancer risk. *Nature Reviews Endocrinology, 7*, 11−24.

28. Cornell, E. M., Janetos, T. M., & Xu, S. (2019). Time for a makeover-cosmetics regulation in the United States. *Journal of Cosmetic Dermatology, 18*, 2040−2047. https://onlinelibrary.wiley.com/doi/full/10.1111/jocd.12886; Mehlman, M. J., Binstock, R. H., Juengst, E. T., Ponsaran, R. S., & Whitehouse, P. J. (2004). Anti-aging medicine: Can consumers be better protected? *The Gerontologist, 44*, 304−310.

29. Perls, T. T. (2004). Anti-aging quackery: Human growth hormone and tricks of the trade—More dangerous than ever. *The Journals of Gerontology, Series A: Biological Sciences and Medical Sciences, 59*, 682−691.

30. Lieberman, T. (2013, March 14). The enduring myth of the greedy geezer. *Columbia Journalism Review*. https://archives.cjr.org/united_states_project/the_enduring_myth_of_the_greed.php.

31. Levy, B. R., & Schlesinger, M. (2005). When self-interest and age stereotypes collide: Elders' preferring reduced funds for programs benefiting themselves. *Journal of Aging and Social Policy, 17*, 25−39.

32. Frumkin, H., Fried, L., & Moody, R. (2012). Aging, climate change, and legacy thinking. *American Journal of Public Health, 102*, 1434−1438; Konrath, S., Fuhrel-Forbis, A., Lou, A., & Brown, S. (2012). Motives for volunteering are associated with mortality risk in older adults. *Healthy Psychology, 31*, 87−96;

Benefactor Group. Sixty and over: Elders and philanthropic investments. https://
benefactorgroup.com/sixty-and-over-elders-and-philanthropic-investments/;
Soergel, A. (2019, November 18). California, Texas caregivers offer billions in
free care. *US News & World Report.* https://www.usnews.com/news/best-states/
articles/2019-11-18/family-caregivers-in-us-provide-470-billion-of-unpaid-care.

33. Robinson, J. D., & Skill, T. (2009). The invisible generation: Portrayals of the
elderly on prime-time television. *Communication Reports, 8,* 111 – 119. https://doi.
org/10.1080/08934219509367617; Zebrowitz, L. A., & Montepare, J. M. (2000).
"Too young, too old": Stigmatizing adolescents and elders. In T. F. Heatherton,
R. E. Kleck, M. R. Hebl, & J. G. Hull (Eds.), *The social psychology of stigma* (pp.
334 – 373). New York: Guilford Press.

34. Follows, S. (2015, September 7). How old are Hollywood screenwriters? Stephen
Follows Film Data and Education. https://stephenfollows.com/how-old-are-
hollywood-screenwriters/.

35. Geena Davis Institute on Gender in Media. (2018). The reel truth: Women aren't
seen or heard. https://seejane.org/research-informs-em powers/data/.

36. Smith, S., Pieper, K., & Chouiti, M. (2018). Still rare, still ridiculed: Portrayals of
senior characters on screen: Popular films from 2015 and 2016. USC Annenberg
School for Communication and Journalism. http://assets.uscannenberg.org/docs/
still-rare-still-ridiculed.pdf.

37. Sperling, N. (2020, September 8). Academy explains diversity rules for best picture
Oscar. *The New York Times.* https://www.nytimes.com/2020/09/08/movies/oscars-
diversity-rules-best-picture.html?.

38. Ibid.

39. 한 번은 연기로, 한 번은 여성의 출연율을 높이기 위해 투쟁한 공로로 수상했다.

40. Geena Davis Institute on Gender in Media. (2018). The reel truth: Women aren't
seen or heard. https://seejane.org/research-informs-em powers/data/.

41. Newsdesk. Geena Davis disheartened by Hollywood attitudes to age and gender.
(2020, August 11). *Film News.* https://www.film-news.co.uk/news/UK/78030/
Geena-Davis-disheartened-by-Hollywood-attitudes-to-age-and-gender.

42. Smith, N. (2020, October 30). Geena Davis reacts to the "dismal" findings of her
center's study on ageism in Hollywood: "It's a shame." *People.* https://people.com/
movies/geena-davis-reacts-to-the-dismal-findings-of-her-centers-study-on-ageism-
in-hollywood/.

43. Donlon, M., & Levy, B. R. (2005). Re-vision of older television characters:

Stereotype-awareness intervention. *Journal of Social Issues, 61*, 307 - 319.

44. Gerbner, G., Gross, L., Signorielli, N., & Morgan, M. (1980). Aging with television: Images in television drama and conceptions of social reality. *Journal of Communication, 30*, 37 - 47; Harwood, J., & Anderson, K. (2002). The presence and portrayal of social groups on prime-time television. *Communication Reports, 15*, 81 - 97.

45. Safronova, V., Nikas, J., & Osipova, N. (2017, September 5). What it's truly like to be a fashion model. *The New York Times*. https://www.nytimes.com/2017/09/05/fashion/models-racism-sexual-harassment-body-issues-new-york-fashion-week.html.

46. *The New York Times* video accompanying article, Safronova, V., Nikas, J., Osipova, N. (2017, September 5). What it's truly like to be a fashion model. *The New York Times*. https://www.nytimes.com/2017/09/05/fashion/models-racism-sexual-harassment-body-issues-new-york-fash ion-week.html.

47. Gillin, J. (2017, October 4). The more outrageous, the better: How clickbait ads make money for fake news sites. PolitiFact. https://www.politifact.com/article/2017/oct/04/more-outrageous-better-how-clickbait-ads-make-mone/.

48. Zulli, D. (2018). Capitalizing on the look: Insights into the glance, attention economy, and Instagram. *Critical Studies in Media Communication, 35*, 137 - 150.

49. Levy, B. R., Chung, P. H., Bedford, T., & Navrazhina, K. (2014). Facebook as a site for negative age stereotypes. *Gerontologist, 54*, 172 - 176.

50. Facebook Community Standards. Objectionable content: Hate speech. Retrieved March 14, 2021, from https://www.facebook.com/commu nitystandards/.

51. Jimenez-Sotomayor, M. R., Gomez-Moreno, C., & Soto-Perez-de-Celis, E. (2020). Coronavirus, ageism, and Twitter: An evaluation of tweets about older adults and COVID-19. *Journal of the American Geriatrics Society, 68*, 1661 - 1665.

52. Oscar, N., Fox, P. A., Croucher, R., Wernick, R., Keune, J., & Hooker, K. (2017). Machine learning, sentiment analysis, and tweets: An examination of Alzheimer's disease stigma on Twitter. *The Journals of Gerontology, Series B: Psychological Sciences and Social Sciences, 72*, 742 - 751.

53. Gabbatt, A. (2019, March 28). Facebook charged with housing discrimination in targeted ads. *The Guardian*. https://www.theguardian.com/technology/2019/mar/28/facebook-ads-housing-discrimination-charges-us-government-hud.

54. The Associated Press (2020, July 1). Lawsuit accuses property managers of ageist ads. Finance & Commerce. https://finance-commerce.com/2020/07/lawsuit-accuses-property-managers-of-ageist-ads/.

55. Terrell, K. (2019, March 20). Facebook reaches settlement in age discrimination lawsuits. AARP. https://www.aarp.org/work/working-at-50-plus/info-2019/facebook-settles-discrimination-lawsuits.html; Kofman, A., & Tobin, A. (2019, December 13). Facebook ads can still discriminate against women and older workers, despite a civil rights settlement. ProPublica. https://www.propublica.org/article/facebook-ads-can-still-discriminate-against-women-and-older-workers-despite-a-civil-rights-settlement.

56. Pelisson, A., & Hartmans, A. (2017, September 11). The average age of employees at all the top tech companies, in one chart. Insider. https:// www.businessinsider.com/median-tech-employee-age-chart-2017-8.

57. Freedman, M., & Stamp, T. (2018, June 6). The US isn't just getting older. It's getting more segregated by age. Harvard Business Review. https://hbr.org/2018/06/the-u-s-isnt-just-getting-older-its-getting-more-segregated-by-age.

58. Ruggles, S., & Brower, S. (2003). The measurement of family and household composition in the United States, 1850–1999. Population and Development Review, 29, 73–101.

59. Winkler, R. (2013). Segregated by age: Are we becoming more divided? Population Research and Policy Review, 32, 717–727.

60. Intergenerational Foundation. (2016). "Generations apart? The growth of age segregation in England and Wales." https://www.if.org.uk/research-posts/generations-apart-the-growth-of-age-segregation-in-england-and-wales/.

61. Hagestad, G. O., & Uhlenberg, P. (2005). The social separation of old and young: A root of ageism. Journal of Social Issues, 61, 343–360.

62. Kelley, O. (2020, October 8). This man was fired due to ageism and being "too American." Ladders. https://www.theladders.com/career-advice/this-man-was-fired-due-to-ageism-and-being-too-american.

63. Gosselin, P. (2018, December 28). If you're over 50, chances are the decision to leave a job won't be yours. ProPublica. https://www.propublica.org/article/older-workers-united-states-pushed-out-of-work-forced-retirement.

64. FitzPatrick, C. S. (2014). Fact sheet: Age discrimination. AARP Office of Policy Integration. https://www.aarp.org/ppi/info-2015/age-discrim ination.html.

65. Gosselin, P. (2017). Supreme Court won't take up R. J. Reynolds age discrimination case. ProPublica. https://www.propublica.org/article/supreme-court-rj-reynolds-age-discrimination-case.

66. Halbach, J. H., & Haverstock, P. M. (2009). Supreme Court sets higher burden

for plaintiffs in age discrimination claims. Larkin Hoffman. https://www.larkinhoffman.com/media/supreme-court-sets-higher-bur den-for-plaintiffs-in-age-discrimination-claims.

67. Age Smart Employer: Columbia Aging Center. (2021, May 24). The advantages of older workers. https://www.publichealth.columbia.edu/research/age-smart-employer/advantages-older-workers; Raymo, J. M., Warren, J. R., Sweeney, M. M., Hauser, R. M., & Ho, J. H. (2010). Later-life employment preferences and outcomes: The role of mid-life work experiences. *Research on Aging, 32*, 419–466.

68. Rosen, W. (2017, May 16). How the first broad-spectrum antibiotic emerged from Missouri dirt. *Popular Science.* https://www.popsci.com/how-first-broad-spectrum-antibiotic-emerged-from-dirt/.

69. Butler, R. N. (2008). *The longevity revolution: The benefits and challenges of living a long life.* New York: PublicAffairs.

70. Chang, E., Kannoth, S., Levy, S., Wang, S., Lee, J. E., & Levy, B. R. (2020). Global reach of ageism on older persons' health: A systematic review. *PLOS ONE, 15*, e0220857. https://doi.org/10.1371/journal.pone.0220857.

71. Loch, C., Sting, F., Bauer, N., & Mauermann, H. (2010). The globe: How BMW is defusing the demographic time bomb. *Harvard Business Review.* https://hbr.org/2010/03/the-globe-how-bmw-is-defusing-the-demographic-time-bomb.

72. Conley, C. (2018). *Wisdom at work: The making of a modern elder.* New York: Currency, p. 117.

73. Levy, B. R. (2009). Stereotype embodiment: A psychosocial approach to aging. *Current Directions in Psychological Science, 18*, 332–336; Estes, C. L., & Binney, E. A. (1989). The biomedicalization of aging—dangers and dilemmas. *The Gerontologist, 29*, 587–596.

74. Estes, C., Harrington, C., & Pellow, D. (2001). The medical-industrial complex and the aging enterprise. In C. L. Estes, *Social policy & aging: A critical perspective* (pp. 165–186). Thousand Oaks, CA: Sage.

75. Makris, U. E., Higashi, R. T., Marks, E. G., Fraenkel, L., Sale, J. E., Gill, T. M., & Reid, M. C. (2015). Ageism, negative attitudes, and competing co-morbidities—why older adults may not seek care for restricting back pain: A qualitative study. *BMC Geriatrics, 15*, 39.

76. Ibid.

77. Aronson, L. (2019). *Elderhood: Redefining aging, transforming medicine, reimagining life.* New York: Bloomsbury.

78. Centers for Disease Control and Prevention. (2020, May). HIV Surveillance Report, 2018 (Updated). http://www.cdc.gov/hiv/library/reports/hiv-surveillance. html.

79. Butler, R. (1989). Dispelling ageism: The cross-cutting intervention. *The Annals of the American Academy of Political and Social Science, 503*, 138 – 147.

80. Meiboom, A. A., de Vries, H., Hertogh, C. M., & Scheele, F. (2015). Why medical students do not choose a career in geriatrics: A systematic review. *BMC Medical Education, 15*, 101.

81. Remmes, K., & Levy, B. R. (2005). Medical school training and ageism. In E. B. Palmore, L. Branch, & D. Harris (Eds.), *Encyclopedia of ageism*. Philadelphia: Routledge.

82. Cayton, H. (2006). The alienating language of health care. *Journal of the Royal Society of Medicine, 99*, 484.

83. Achenbaum, A. W. (2013). *Robert Butler, MD: Visionary of healthy aging*. New York: Columbia University Press, p. 84.

84. Hudson, J., Waters, T., Holmes, M., Agris, S., Seymour, D., Thomas, L., & Oliver, E. J. (2019). Using virtual experiences of older age: Exploring pedagogical and psychological experiences of students. *VRAR, 18*, 61 – 72.

85. 부정적인 연령 인식을 높일 위험을 감수하지 않고 공감을 유도하는 방법도 있다. 이를테면 한 연구에서는 참가자들에게 노인의 관점에서 에세이를 쓰는 과제를 주어 부정적인 연령 고정관념을 줄였다. Galinsky, A. D., & Moskowitz, G. B. (2000). Perspective-taking: Decreasing stereotype expression, stereotype accessibility, and in-group favoritism. *Journal of Personality and Social Psychology, 78*, 708 – 724.

86. Meiboom, A. A., de Vries, H., Hertogh, C. M., & Scheele, F. (2015). Why medical students do not choose a career in geriatrics: A systematic review. *BMC Medical Education, 15*, 101.

87. Siu, A., & Beck, J. C. (1990). Physician satisfaction with career choices in geriatrics. *The Gerontologist, 30*, 529 – 534.

88. Wyman, M. F., Shiovitz-Ezra, S., & Bengel, J. (2018). Ageism in the health care system: Providers, patients, and systems. In L. Ayalon & C. Tesch- Römer (Eds.), *Contemporary perspectives on ageism* (pp. 193 – 212). New York: Springer.

89. Chang, E., Kannoth, S., Levy, S., Wang, S., Lee, J. E., & Levy, B. R. (2020). Global reach of ageism on older persons' health: A systematic review. *PLOS ONE, 15*(1): e0220857. https://doi.org/10.1371/journal.pone.0220857.

90. 이 방법에는 질병에 소요되는 통상 비용을 넘어서는, 연령차별(나이 차별과 부정

주

적인 연령 인식을 모두 포함)로 인한 초과 비용을 밝히는 것도 포함된다. Levy, B. R., Slade, M., Chang, E. S., Kannoth, S., & Wang, S. H. (2020). Ageism amplifies cost and prevalence of health conditions. *The Gerontologist, 60*, 174 – 181.

91. Ibid.

92. Kim, D. D., & Basu, A. (2016). Estimating the medical care costs of obesity in the United States: Systematic review, meta-analysis, and empirical analysis. *Value in Health, 19*, 602 – 613; Tsai, A. G., Williamson, D. F., & Glick, H. A. (2011). Direct medical cost of overweight and obesity in the USA: A quantitative systematic review. *Obesity Reviews, 12*, 50 – 61.

93. Cedars-Sinai. (2021, January 18). LeVar Burton Hosts Cedars-Sinai Celebration of Martin Luther King Jr. https://www.cedars-sinai.org/newsroom/levar-burton-hosts-cedars-sinai-celebration-of-martin-luther-king-jr/.

94. Epel, E. S., Crosswell, A. D., Mayer, S. E., Prather, A. A., Slavich, G. M., Puterman, E., & Mendes, W. B. (2018). More than a feeling: A unified view of stress measurement for population science. *Frontiers in Neuroen- docrinology, 49*, 146 – 169; McEwen, B. S. (2013). The brain on stress: Toward an integrative approach to brain, body, and behavior. *Perspectives on Psychological Science, 8*, 673 – 675.

95. Butler, R. N. (2008). *The longevity revolution: The benefits and challenges of living a long life.* New York: PublicAffairs; Butler, R. N. (1975). *Why survive? Being old in America.* New York: Harper & Row.

96. Bekiempis, V. (2021, February 20). "Alarming surge" in anti-Asian violence across US terrifies community members. *The Guardian.* https:// www.theguardian.com/us-news/2021/feb/20/anti-asian-violence-us-bigotry.

97. Kim, J., & McCullough, R. (2019). When it comes to aging, intersectionality matters. Caring Across Generations. https://caringacross.org/when-it-comes-to-aging-intersectionality-matters/; Creamer, J. (2020, September 15). Census data shows inequalities persist despite decline in poverty for all major race and Hispanic origin groups. *Lake County News.* https://www.lakeconews.com/news/66713-census-data-shows-inequalities-persist-despite-decline-in-poverty-for-all-major-race-and-his panic-origin-groups.

98. Kaelber, L. A. (2012). The invisible elder: The plight of the elder Native American. *Marquette Elder's Advisor, 3*, 46 – 57; Ellis, R. (2021, February 5). COVID deadlier for Native Americans than other groups. WebMD. https://www.webmd.com/lung/news/20210204/covid-deadlier-for-native-americans-than-other-groups.

9장

1. Marottoli, R. A., & Coughlin, J. F. (2011). Walking the tightrope: Developing a systems approach to balance safety and mobility for an aging society. *Journal of Aging & Social Policy, 23*, 372–383; Tortorello, M. (2017, June 1). How seniors are driving safer, driving longer. *Consumer Reports.* https://www.consumerreports.org/elderly-driving/how-seniors-are-driving-safer-driving-longer/; Leefeldt, E. & Danise, A. (2021, March 16). Senior drivers are safer than previously thought. *Forbes.* https://www.forbes.com/advisor/car-insurance/seniors-driving-safer/; American Occupational Therapy Association. Myths and realities about older drivers. https://www.aota.org/Practice/Productive-Aging/Driving/Clients/Concern/Myths.aspx.

2. Williams, K., Kemper, S., & Hummert, M. L. (2005). Enhancing communication with older adults: Overcoming elderspeak. *Journal of Psychosocial Nursing and Mental Health Services, 43*, 12–16.

3. Corwin, A. I. (2018). Overcoming elderspeak: A qualitative study of three alternatives. *The Gerontologist, 58*, 724–729.

4. Levy, B. R., Pilver, C., Chung, P. H., & Slade, M. D. (2014). Subliminal strengthening: Improving older individuals' physical function over time with an implicit-age-stereotype intervention. *Psychological Science, 25*, 2127–2135.

5. Ferro, S. (2018, April 18). The "Scully effect" is real: Female *X-Files* fans more likely to go into STEM. Mental Floss. https://www.mentalfloss.com/article/540530/scully-effect-female-x-files-viewers-stem-careers.

6. Levy, B. R., Pilver, C., Chung, P. H., & Slade, M. D. (2014). Subliminal strengthening: Improving older individuals' physical function over time with an implicit-age-stereotype intervention. *Psychological Science, 25*, 2127–2135.

7. Langer, E. J. (2009). *Counter clockwise: Mindful health and the power of possibility.* New York: Ballantine Books.

8. Dasgupta, N., & Greenwald, A. G. (2001). On the malleability of automatic attitudes: Combating automatic prejudice with images of admired and disliked individuals. *Journal of Personality and Social Psychology, 81*, 800–814.

9. Fung, H. H., Li, T., Zhang, X., Sit, I. M. I., Cheng, S., & Isaacowitz, D. M. (2015). Positive portrayals of old age do not always have positive consequences. *The Journals of Gerontology, Series B: Psychological Sciences and Social Sciences, 70*, 913–924.

10. Lowsky, D. J., Olshansky, S. J., Bhattacharya, J., & Goldman, D. P. (2014).

Heterogeneity in healthy aging. *The Journals of Gerontology, Series A: Biological Sciences and Medical Sciences, 69*, 640 – 649.

11. Applewhite, A. (2016). *This chair rocks: A manifesto against ageism.* Networked Books.

12. Plaut, V. C., Thomas, K. M., Hurd, K., & Romano, C. A. (2018). Do color blindness and multiculturalism remedy or foster discrimination and racism? *Current Directions in Psychological Science, 27*, 200 – 206.

13. Krajeski, J. (2008, September 19). This is water. *The New Yorker.* https:// www. newyorker.com/books/page-turner/this-is-water.

14. Zwirky, A. (2017, June 14). There's a name for that: The Baader-Meinhof phenomenon: When a thing you just found out about suddenly seems to crop up everywhere. *Pacific Standard.* https://psmag.com/social-justice/theres-a-name-for-that-the-baader-meinhof-phenomenon-59670.

15. Burnes, D., Sheppard, C., Henderson, C. R., Wassel, M., Cope, R., Barber, C., & Pillemer, K. (2019). Interventions to reduce ageism against older adults: A systematic review and meta-analysis. *American Journal of Public Health, 109*, e1 – e9. https://doi.org/10.2105/ajph.2019.305123.

16. Ross, L. (1977). The intuitive psychologist and his shortcomings: Distortions in the attribution process. In L. Berkowitz (Ed.), *Advances in experimental social psychology* (pp. 173 – 220). New York: Academic Press.

17. Skurnik, I., Yoon, C., Park, D. C., & Schwarz, N. (2005). How warnings about false claims become recommendations. *Journal of Consumer Research, 31*, 713 – 724; Tucker, J., Klein, D., & Elliott, M. (2004). Social control of health behaviors: A comparison of young, middle-aged, and older adults. *The Journals of Gerontology, Series B: Psychological Sciences and Social Sciences, 59*, 147 – 150; Cotter, K. A. (2012). Health-related social control over physical activity: Interactions with age and sex. *Journal of Aging Research.* https://doi.org/10.1155/2012/321098.

18. National Academies of Sciences, Engineering, and Medicine. (2019). *Integrating social care into the delivery of health care: Moving upstream to improve the nation's health.* Washington, DC: The National Academies Press. https://doi. org/10.17226/25467.

19. Levy, B. R., Chung, P. H., Slade, M. D., Van Ness, P. H., & Pietrzak, R. H. (2019). Active coping shields against negative aging self- stereotypes contributing to psychiatric conditions. *Social Science and Medicine, 228*, 25 – 29.

20. Ashton, A. (2021, February 22). Anonymous asked: What are your thoughts on

the phrase "for the young at heart"? *Yo, is this ageist?* https://yoisthisageist.com/post/643858583006707712/what-are-your-thoughts-on-the-phrase-for-the.

21. *Vogue*. (2019, May 3). Madonna on motherhood and fighting ageism: "I'm being punished for turning 60." https://www.vogue.co.uk/article/madonna-on-ageing-and-motherhood.

22. De Souza, A. (2015, September 23). Ageism exists in Hollywood, says Robert De Niro. *The Straits Times*. https://www.straitstimes.com/lifestyle/entertainment/ageism-exists-in-hollywood-says-robert-de-niro-72.

23. Hsu, T. (2019, September 23). Older people are ignored and distorted in ageist marketing, report finds. *The New York Times*. https://www.nytimes.com/2019/09/23/business/ageism-advertising-aarp.html.

24. Dan, A. (2016, September 13). Is ageism the ugliest "ism" on Madison Ave? *Forbes*. https://www.forbes.com/sites/avidan/2016/09/13/is-ageism-the-ugliest-ism-on-madison-avenue/?sh=695108ae557c.

25. Ad Council. (2015, March 3). Love has no labels. Diversity and Inclusion. [Video]. https://www.youtube.com/watch?v=PnDgZuGIhHs.

10장

1. Dychtwald, K . (2012, May 31). Remembering Maggie Kuhn: Gray Panthers founder on the 5 myths of aging. *HuffPost*. http://www.huffing tonpost.com/ken-dychtwald/the-myths-of-aging_b_1556481.html.

2. Douglas, S. (2020, September 8). The forgotten history of the radical "elders of the tribe." *The New York Times*. https://www.nytimes.com/2020/09/08/opinion/sunday/gray-panthers-maggie-kuhn.html.

3. Fokart, B. (1995, April 23). Maggie Kuhn, 89: Iconoclastic founder of Gray Panthers. *Los Angeles Times*. https://www.latimes.com/archives/la-xpm-1995-04-23-mn-58042-story.html; La Jeunesse, M. (2019, August 2). Who was Maggie Kuhn, co-founder of the elder activist group the Gray Panthers? *Teen Vogue*. https://www.teenvogue.com/story/who-was-maggie-kuhn-co-founder-elder-activist-group-gray-panthers.

4. La Jeunesse, M. (2019, August 2). Who was Maggie Kuhn, co-founder of the elder activist group the Gray Panthers? *Teen Vogue*. https://www.teenvogue.com/story/who-was-maggie-kuhn-co-founder-elder-activist-group-gray-panthers.

5. Butler, R. N. (1975). *Why survive? Being old in America*. New York: Harper & Row, p. 341.

6. Mapes, J. (2019, January 10). Senator Ron Wyden, who started career as senior advocate, is now 65. *The Oregonian*. https://www.oregonlive.com/mapes/2014/05/sen_ron_wyden_who_started_care_1.html.

7. Pew Research Center. (2019, May 14). Attitudes on same-sex marriage. https://www.pewforum.org/fact-sheet/changing-attitudes-on-gay-marriage/; McCarthy, J. (2019). U.S. support for gay marriage stable, at 63%. Gallup. https://news.gallup.com/poll/257705/support-gay-marriage-stable.aspx.

8. Morris, A. D. (1984). *The origins of the civil rights movement: Black communities organizing for change*. New York: Free Press; Levy, B. R. (2017). Age-stereotype paradox: A need and opportunity for social change. *The Gerontologist, 57*, 118 – 126.

9. McAdam, D. (1982). *Political process and the development of the Black insurgency, 1930–1970*. Chicago: The University of Chicago Press.

10. Morris, A. D. (1984). *The origins of the civil rights movement: Black communities organizing for change*. New York: Free Press.

11. Levy, B. R. (2017). Age-stereotype paradox: Opportunity for social change. *Gerontologist, 57*, 118 – 126.

12. Theatre of the Oppressed NYC. (2018, April 24). April 12 Recap: The Runaround. https://www.tonyc.nyc/therunaroundrecap.

13. Comedy Central. (2015, April 22). *Inside Amy Schumer*. Last F**kable Day. [Video]. YouTube. https://www.youtube.com/watch?v=XPpsI8mWKmg.

14. Bunis, D. (2018, April 30). The immense power of the older voter. AARP. https://www.aarp.org/politics-society/government-elections/info-2018/power-role-older-voters.html.

15. Thompson, L. E., Barnett, J. R., & Pearce, J. R. (2009). Scared straight? Fear-appeal anti-smoking campaigns, risk, self-efficacy and addiction. *Health, Risk & Society, 11*, 181 – 196; van Reek, J., & Adriaanse, H. (1986). Anti-smoking information and changes of smoking behaviour in the Netherlands, UK, USA, Canada and Australia. In D. S. Leathar, G. B. Hastings, K. O'Reilly, & J. K. Davies (Eds.), *Health education and the media II* (pp. 45 – 50). Oxford: Pergamon.

16. Best, W. (2018, December 17). Gray is the new black: Baby boomers still outspend millennials. Visa. https://usa.visa.com/partner-with-us/visa-consulting-analytics/baby-boomers-still-outspend-millennials.html.

17. International Longevity Centre-UK. (2019, December 5). "Neglected": Opportunities of ageing could add 2% to UK GDP. Global Coalition on Aging.

https://globalcoalitiononaging.com/2019/12/05/neglected-oppor tunities-of-ageing-could-add-2-to-uk-gdp/.

18. Robinson, T., Callister, M., Magoffin, D., & Moore, J. (2007). The portrayal of older characters in Disney animated films. *Journal of Aging Studies, 21,* 203 – 213; Kessler, E., Rakoczy, K., & Staudinger, U. M. (2004). The portrayal of older people in prime time television series: The match with gerontological evidence. *Ageing and Society, 24,* 531 – 552.

19. Levy, B. R., Chung, P. H., Bedford, T., & Navrazhina, K. (2014). Facebook as a site for negative age stereotypes. *Gerontologist, 54,* 172 – 176.

20. Haasch, P. (2020, September 16). All the celebrities protesting Facebook and Instagram by pausing social posts on Stop Hate for Profit Day. *Insider.* https://www.insider.com/celebrities-kim-kardashian-stop-hate-for-profit-instagram-facebook-boycott-protest-2020; Stop Hate for Profit. https://www.stophateforprofit.org; Frenkel, S. (2020, October 20). Facebook bans content about Holocaust denial from its site. *The New York Times.* https://www.nytimes.com/2020/10/12/technology/facebook-bans-holocaust-denial-content.html.

21. Levy, B. R., Slade, M., Chang, E. S., Kannoth, S., & Wang, S. H. (2020). Ageism amplifies cost and prevalence of health conditions. *The Gerontologist, 60,* 174 – 181.

22. Li, Z., & Dalaker, J. (2021, April 14). Poverty among the population aged 65 and older. Congressional Research Service. https://fas.org/sgp/crs/misc/R45791.pdf.

23. Charlton, J. I. (2000). *Nothing about us without us: Disability oppression and empowerment.* Berkeley: University of California Press.

24. Calvario, L. (2019, April 18). Reese Witherspoon proudly embraces her fine lines and gray hair. *ET.* https://www.etonline.com/reese-witherspoon-proudly-embraces-her-fine-lines-and-gray-hair-123665.

25. Names and details have been changed to protect Wrinkle Salon participants' privacy.

26. Kendi, I. X. (2019). *How to be an antiracist.* New York: One World, pp. 113 – 114.

27. Now This. (2019, May 29). At 67 years old, JoAni Johnson is the new face of Rihanna's FENTY fashion line. https://nowthisnews.com/videos/her/joani-johnson-is-the-new-face-of-rihannas-fenty-fashion-line; Hicklin, A. (2019, September 15). JoAni Johnson: The sexagenarian model defying convention. *The Guardian.* https://www.theguardian.com/fashion/2019/sep/15/joani-johnson-model-fenty-career-began-at-65-ageing-interview; Foussianes, C. (2019, May 28). Rihanna casts JoAni Johnson, a stunning 68-year-old model, in her Fenty

주

campaign. *Town & Country*. https://www.townandcountrymag.com/style/fashion-trends/a27610015/rihanna-joani-johnson-fenty-older-model/; Coley, P. (2020, January 12). JoAni Johnson: 67-year-old model personally picked by Rihanna for Fenty. *Spectacular Magazine*. https://spectacularmag.com/2020/01/12/joani-johnson-67-year-old-model-personally-picked-by-rihanna-for-fenty/.

28. Lewis, D. C., Desiree, K., & Seponski, D. M. (2011). Awakening to the desires of older women: Deconstructing ageism within fashion magazines. *Journal of Aging Studies, 25*, 101–109.

29. Ewing, A. S. (2019, May 27). Senior slay: JoAni Johnson, 68, proves ageless beauty, grace, and power. The Root. https://theglowup.theroot.com/senior-slay-joani-johnson-68-proves-ageless-beauty-1835048108.

30. World Health Organization. (2021). Combatting ageism. https://www.who.int/teams/social-determinants-of-health/demographic-change-and-healthy-ageing/combatting-ageism.

31. Centola, D., Becker, J., Brackbill, D., & Baronchelli, A. (2018). Experimental evidence for tipping points in social convention. *Science, 360*, 1116–1119.

32. Szmigiera, M. (2021, March 30). Distribution of the global population in 2020, by age group and world region. Statista. https://www.statista.com/statistics/875605/percentage-share-of-world-population-by-age-and-by-world-region/.

나가며

1. Tsugane, S. (2020). Why has Japan become the world's most long-lived country: Insights from a food and nutrition perspective. *European Journal of Clinical Nutrition, 75*, 921–928. https://doi.org/10.1038/s41430-020-0677-5.

2. Lock, M. (1995). *Encounters with aging: Mythologies of menopause in Japan and North America*. Berkeley: University of California Press.

3. Bribiescas, R. G. (2016). *How men age: What evolution reveals about male health and mortality*. Princeton, NJ: Princeton University Press; Bribiescas, R. G. (2019). Aging men. Morse College Fellows Presentation. Yale University.

4. Levy, B. (1996). Improving memory in old age through implicit self-stereotyping. *Journal of Personality and Social Psychology, 71*, 1092–1107; Levy, B. R., Pilver, C., Chung, P. H., & Slade, M. D. (2014). Subliminal strengthening: Improving older individuals' physical function over time with an implicit-age-stereotype intervention. *Psychological Science, 25*, 2127–2135; Levy, B. R., Slade, M. D., Kunkel, S. R., & Kasl, S. V. (2002). Longevity increased by positive self-perceptions

of aging. *Journal of Personality and Social Psychology, 83*, 261‒270; Levy, B. R., Slade, M. D., Murphy, T. E., & Gill, T. M. (2012). Association between positive age stereotypes and recovery from disability in older persons. *JAMA, 308*, 1972‒1973; Levy, B. R. (2009). Stereotype embodiment: A psychosocial approach to aging. *Current Directions in Psychological Science, 18*, 332‒336.

5. Ritchie, H. (2019, May 23). The world population is changing: For the first time there are more people over 64 than children younger than 5. Our World in Data. https://ourworldindata.org/population-aged-65-outnumber-children.

6. Levy, B. R., Slade, M. D., Kunkel, S. R., & Kasl, S. V. (2002). Longevity increased by positive self-perceptions of aging. *Journal of Personality and Social Psychology, 83*, 261‒270.

후기

1. 그린즈버러에 대한 설명은 내가 주민들과 개별적으로 면담한 내용에 근거를 둔다. 이 도시에서 두드러지는 훌륭한 특성인 상호연결성의 느낌을 전달하기 위해 여러 건의 면담을 그린즈버러의 실제 분위기에 맞게 재구성했다.

2. Beach, B., & Bamford, S. M. (2014). *Isolation: The emerging crisis for older men. A report exploring experiences of social isolation and loneliness among older men in England.* London: International Longevity Center-UK.

3. Greensboro Historical Society. (1990). *The history of Greensboro: The first two hundred years.* Greensboro, VT: Greensboro Historical Society.

부록 1

1. For example, see Levy, B. R., Pilver, C., Chung, P. H., & Slade, M. D. (2014). Subliminal strengthening: Improving older individuals' physical function over time with an implicit-age-stereotype intervention. *Psychological Science, 25*, 2127‒2135.

2. Donlon, M., & Levy, B. R. (2005). Re-vision of older television characters: Stereotype-awareness intervention. *Journal of Social Issues, 61*, 307‒319.

3. Simons, D. J., Boot, W. R., Charness, N., Gathercole, S. E., Chabris, C. F., Hambrick, D. Z., Elizabeth, A. L., & Stine-Morrow, E. A. (2016). Do "brain training" programs work? *Psychological Science in Public Interest, 17*, 103‒186; Federal Trade Commission(2016, January 5). Lumosity to pay $2 million to settle FTC deceptive advertising charges for its "brain training" program (2016, January 5). https://www.ftc.gov/news-events/press-releases/2016/01/lumosity-pay-2-million-settle-ftc-deceptive-advertising-charges.

주

4. Leblanc, R. (2019, March 12). Recycling beliefs vary between generations. The Balance Small Business. https://www.thebalancesmb.com/who-recycles-more-young-or-old-2877918.

5. Hall, D. (2018, February 4). Anatomy of a Super Bowl ad: Behind the scenes with E-Trade's ode to retirement. *AdAge*. https://adage.com/article/special-report-super-bowl/anatomy-a-super-bowl-ad-scenes-e-trade/312230.

6. Thomas, P. (2019). E-Trade profits jump, new users added. *The Wall Street Journal*. https://www.wsj.com/articles/e-trade-profit-jumps-new-users-added-11555536789.

부록 2

1. Gutchess, A. (2014). Plasticity of the aging brain: New directions in cognitive neuroscience. *Science, 346*, 579 – 582.

2. Roring, R. W., & Charness, N. (2007). A multilevel model analysis of expertise in chess across the life span. *Psychology and Aging, 22*, 291 – 299.

3. Mireles, D. E., & Charness, N. (2002). Computational explorations of the influence of structured knowledge on age-related cognitive decline. *Psychology and Aging, 17*, 245 – 259.

4. Park, D. C., Lodi-Smith, J., Drew, L., Haber, S., Hebrank, A., Bischof, G. N., & Aamodt, W. (2014). The impact of sustained engagement on cognitive function in older adults: The Synapse Project. *Psychological Science, 25*, 103 – 112.

5. Langa, K. M., Larson, E. B., Crimmins, E. M., Faul, J. D., Levine, D. A., Kabeto, M. U., & Weir, D. R. (2017). A comparison of the prevalence of dementia in the United States in 2000 and 2012. *JAMA Internal Medicine, 177*, 51 – 58.

6. 2021 Alzheimer's disease facts and figures. (2021). *Alzheimer's & Dementia, 17*, 391 – 460.

7. Wolters, F. J., Chibnik, L. B., Waziry, R., Anderson, R., Berr, C., Beiser, A., ... & Hofman, A. (2020). Twenty-seven-year time trends in dementia incidence in Europe and the United States. *The Alzheimer Cohorts Consortium, 95*, e519 – e531.

8. Levy, B. R., Hausdorff, J. M., Hencke, R., & Wei, J. Y. (2000). Reducing cardiovascular stress with positive self-stereotypes of aging. *The Journals of Gerontology, Series B: Psychological Sciences and Social Sciences, 55*, 205 – 213.

9. Levy, B. R., Slade, M. D., Kunkel, S. R., & Kasl, S. V. (2002). Longevity increased by positive self-perceptions of aging. *Journal of Personality and Social Psychology, 83*, 261 – 270.

10. Levy, B. R., & Myers, L. M. (2004). Preventive health behaviors influenced by self-

perceptions of aging. *Preventive Medicine, 39*, 625 – 629.

11. Levy, B. R., Zonderman, A. B., Slade, M. D., & Ferrucci, L. (2012). Memory shaped by age stereotypes over time. *The Journals of Gerontology, Series B: Psychological Sciences and Social Sciences, 67*, 432 – 436.

12. Levy, B. R., Slade, M. D., Pietrzak, R. H., & Ferrucci, L. (2020). When culture influences genes: Positive age beliefs amplify the cognitive-aging benefit of *APOE* ε2. *The Journals of Gerontology, Series B: Psychological Sciences and Social Sciences, 75*, e198 – e203.

13. Levy, B. R., Slade, M. D., Murphy, T. E., & Gill, T. M. (2012). Association between positive age stereotypes and recovery from disability in older persons. *JAMA, 308*, 1972 – 1973; World Health Organization. (2020). WHO guidelines on physical activity and sedentary behavior. Retrieved July 13, 2021, from https://www.who.int/publications/i/item/9789240015128.

14. Thomas, M. L., Kaufmann, C. N., Palmer, B. W., Depp, C. A., Martin, A. S., Glorioso, D. K., Thompson, W. K., & Jeste, D. V. (2016). Paradoxical trend for improvement in mental health with aging: A community-based study of 1,546 adults aged 21 – 100 years. *The Journal of Clinical Psychiatry, 77*, e1019 – e1025. https://doi.org/10.4088/JCP.16m10671; Fiske, A., Wetherell, J. L., & Gatz, M. (2009). Depression in older adults. *Annual Review of Clinical Psychology, 5*, 363 – 389; Villarroel, M. A., & Terlizzi, E. P. (2020). *Symptoms of depression among adults: United States, 2019*. National Center for Health Statistics Data Brief. https://www.cdc.gov/nchs/data/databriefs/db379-H.pdf.

15. Segal, D. L., Qualls, S. H., & Smyer, M. A. (2018). *Aging and mental health*. Hoboken, NJ: Wiley Blackwell.

16. Cuijpers, P., Karyotaki, E., Eckshtain, D., Ng, M. Y., Corteselli, K. A., Noma, H., Quero, S., & Weisz, J. R. (2020). Psychotherapy for depression across different age groups: A systematic review and meta-analysis. *JAMA Psychiatry, 77*, 694 – 702.

17. Age Smart Employer: Columbia Aging Center. (2021, May 24). The advantages of older workers. https://www.publichealth.columbia.edu/research/age-smart-employer/advantages-older-workers.

18. Börsch-Supan, A. (2013). Myths, scientific evidence and economic policy in an aging world. *The Journal of the Economics of Ageing, 1* – 2, 3 – 15.

19. Conley, C. (2018). *Wisdom at work: The making of a modern elder*. New York: Currency.

20. Ibid. Loch, C., Sting, F., Bauer, N., & Mauermann, H. (2010). The globe: How

BMW is defusing the demographic time bomb. *Harvard Business Review*. https://
hbr.org/2010/03/the-globe-how-bmw-is-defusing-the-demographic-time-bomb;
Conley, C. (2018). *Wisdom at work: The making of a modern elder*. New York:
Currency.

21. Frumkin, H., Fried, L., & Moody, R. (2012). Aging, climate change, and legacy
thinking. *American Journal of Public Health, 102*, 1434 - 1438.

22. Konrath, S., Fuhrel-Forbis, A., Lou, A., & Brown, S. (2012) Motives for
volunteering are associated with mortality risk in older adults. *Healthy Psychology,
31*, 87 - 96.

23. Benefactor. Sixty and over: Elders and philanthropic investments. https://
benefactorgroup.com/sixty-and-over-elders-and-philanthropic-investments/.

24. Marketing to seniors and boomers: Ten things you need to know. Coming of Age.
https://www.comingofage.com/marketing-to-seniors-and-boomers/.

25. LeBlanc, R. (2019, March 12). Recycling beliefs vary between generations. The
Balance Small Business. https://www.thebalancesmb.com/who-recycles-more-
young-or-old-2877918.

26. Mayr, U., & Freund, A. M. (2020). Do we become more prosocial as we age, and
if so, why? *Current Directions in Psychological Science, 29*, 248 - 254; Lockwood, P.
L., Abdurahman, A., Gabay, A. S., Drew, D., Tamm, M., Husain, M., & Apps, M. A.
J. (2021). Aging increases prosocial motivation for effort. *Psychological Science, 32*,
668 - 681.

27. Betts, L. R., Taylor, C. P., Sekuler, A. B., & Bennett, P. J. (2005). Aging reduces
center-surround antagonism in visual motion processing. *Neuron, 45*, 361 - 366.

28. Grossmann, I., Na, J., Varnum, M. E., Park, D. C., Kitayama, S., & Nisbett, R. E.
(2010). Reasoning about social conflicts improves into old age. *Proceedings of the
National Academy of Sciences, 107*, 7246 - 7250.

29. Pennebaker, J. W., & Stone, L. D. (2003). Words of wisdom: Language use over
the life span. *Journal of Personality and Social Psychology, 85*, 291 - 301.

30. American Psychological Association. (2021). Memory and aging. https://www.
apa.org/pi/aging/memory-and-aging.pdf; Nyberg, L., Maitland, S. B., Rönnlund,
M., Bäckman, L., Dixon, R. A., Wahlin, Å., & Nilsson, L.-G. (2003). Selective
adult age differences in an age-invariant multifactor model of declarative memory.
Psychology and Aging, 18, 149 - 160.

31. Arkowitz, H., & Lilienfeld, S. O. (2012, November 1). Memory in old age can be
bolstered. *Scientific American*. https://www.scientificameri can.com/article/memory-

나이가 든다는 착각

in-old-age-can-be-bolstered/.

32. Belleville, S., Gilbert, B., Fontaine, F., Gagnon, L., Ménard, É., & Gauthier, S. (2006). Improvement of episodic memory in persons with mild cognitive impairment and healthy older adults: Evidence from a cognitive intervention program. *Dementia and Geriatric Cognitive Disorders, 22*, 486 – 499.

33. Zimmermann, N., Netto, T. M., Amodeo, M. T., Ska, B., & Fonseca, R. P. (2014). Working memory training and poetry-based stimulation programs: Are there differences in cognitive outcome in healthy older adults? *NeuroRehabilitation, 35*, 159 – 170.

34. Levy, B. R., Zonderman, A. B., Slade, M. D., & Ferrucci, L. (2012). Memory shaped by age stereotypes over time. *The Journals of Gerontology, Series B: Psychological Sciences and Social Sciences, 67*, 432 – 436.

35. Levy, B. R., & Leifheit-Limson, E. (2009). The stereotype-matching effect: Greater influence on functioning when age stereotypes correspond to outcomes. *Psychology and Aging, 24*, 230 – 233.

36. Marottoli, R. A., & Coughlin, J. F. (2011). Walking the tightrope: Developing a systems approach to balance safety and mobility for an aging society. *Journal of Aging & Social Policy, 23*, 372 – 383; Leefeldt, E., & Danise, A. (2021, March 16). Senior drivers are safer than previously thought. *Forbes.* https://med.fsu.edu/sites/default/files/news-publications/print/Senior%20Drivers%20Are%20Safer%20Than%20 Previously%20Thought%20-%20Forbes%20Advisor.pdf; American Occupational Therapy Association. Myths and realities about older drivers. https://www.aota.org/Practice/Productive-Aging/Driving/Clients/Concern/Myths.aspx.

37. Bergal, J. (2016, December 15). Should older drivers face special restrictions? Pew Charitable Trusts. https://www.pewtrusts.org/en/research-and-analysis/blogs/stateline/2016/12/15/should-older-drivers-face-special-restrictions.

38. Tortorello, M. (2017, June 1). How seniors are driving safer, driving longer. *Consumer Reports.* https://www.consumerreports.org/elderly-driving/how-seniors-are-driving-safer-driving-longer/.

39. Bunis, D. (2018, May 3). Two-thirds of older adults are interested in sex, poll says. AARP. https://www.aarp.org/health/healthy-living/info-2018/older-sex-sexual-health-survey.html.

40. Kalra, G., Subramanyam, A., & Pinto, C. (2011). Sexuality: Desire, activity and intimacy in the elderly. *Indian Journal of Psychiatry, 53*, 300 – 306.

41. Azoulay, P., Jones, B. F., Kim, J. D., & Miranda, J. (2018, April). Age and high-

growth entrepreneurship. National Bureau of Economic Research Working Paper No. w24489. Available at SSRN: https://ssrn.com/abstract=3158929.

42. Rietzschel, E. F., Zacher, H., & Stroebe, W. (2016). A lifespan perspective on creativity and innovation at work. *Work, Aging and Retirement, 2*, 105 – 129.

43. American Psychological Association Office on Aging. (2017). Older adults' health and age-related changes: Reality versus myth. https://www.apa.org/pi/aging/resources/guides/myth-reality.pdf.

44. Swayne, M. (2019). Consider older adults as "leaders in innovation." Futurity. https://www.futurity.org/leaders-in-innovation-aging-older-adults-2094222-2/.

45. AARP. (2019, December). 2020 Tech and the 50+ survey. https:// www.aarp.org/content/dam/aarp/research/surveys_statistics/tech nology/2019/2020-tech-trends-survey.doi.10.26419-2Fres.00329.001.pdf.

46. Czaja, S. J., Boot, W. R., Charness, N., & Rogers, W. A. (2019). *Designing for older adults: Principles and creative human factors approaches.* Boca Raton, FL: CRC Press.

47. Pontin, J. (2013, August 13). Seven over seventy. *MIT Technology Review.* https:// www.technologyreview.com/2013/08/21/176715/seven-over-70-4/.

48. National Institute on Aging. (2019, January 17). Quit smoking for older adults. https://www.nia.nih.gov/health/quitting-smoking-older-adults; Yassine, H. N., Marchetti, C. M., Krishnan, R. K., Vrobel, T. R., Gonzalez, F., & Kirwan, J. P. (2009). Effects of exercise and caloric restriction on insulin resistance and cardiometabolic risk factors in older obese adults—a randomized clinical trial. *The Journals of Gerontology, Series A: Biomedical Sciences and Medical Sciences, 64*, 90 – 95.

49. Ibid.

50. Hardy, S. E., & Gill, T. M. (2004). Recovery from disability among community-dwelling older persons. *JAMA, 291*, 1596 – 1602; Levy, B. R., Slade, M. D., Murphy, T. E., & Gill, T. M. (2012). Association between positive age stereotypes and recovery from disability in older persons. *JAMA, 308*, 1972 – 1973.

부록 3

1. Irving, P. (2014). *The upside of aging: How long life is changing the world of health, work, innovation, policy, and purpose.* Hoboken, NJ: Wiley, p. xxi.

2. Chang, E., Kannoth, K., Levy, S., Wang, S., Lee, J. E., & Levy, B. R. (2020). Global reach of ageism on older persons' health: A systematic review. *PLOS ONE.* https://doi.org/10.1371/journal.pone.0220857.

3. Young, P. L., & Olsen, L. (2010). *The healthcare imperative: Lowering costs and improving outcomes*. National Academy of Sciences. https://www.ncbi.nlm.nih.gov/books/NBK53906/.

4. Tinetti, M. E., Costello, D. M., Naik, A. D., Davenport, C., Hernandez- Bigos, K., ... Dindo, L. (2021). Outcome goals and health care preferences of older adults with multiple chronic conditions. *JAMA Network Open, 4*(3), e211271. https://doi.org/10.1001/jamanetwork open.2021.1271; Tinetti, M. E., Naik, A., & Dindo, L. (2018). *Conversation guide and manual for identifying patients' health priorities*. Patient Priorities Care. https://patientprioritiescare.org/wp-content/uploads/2018/11/Conversation-Guide-and-Manual-for-Identifying-Patients27-Health-Priorities.pdf.

5. Southerland, L. T., Lo, A. X., Biese, K., Arendts, G., Banerjee, J., Hwang, U., ... & Carpenter, C. R. (2020). Concepts in practice: Geriatric emergency departments. *Annals of Emergency Medicine, 75*, 162–170; Hwang, U., Dresden, S. M., Vargas-Torres, C., Kang, R., Garrido, M. M., Loo, G., ... & Structural Enhancement Investigators. (2021). Association of a Geriatric Emergency Department Innovation Program with cost outcomes among Medicare beneficiaries. *JAMA Network Open, 4*, e2037334–e2037334.

6. Salary.com에 따르면 노인의학 전문의의 연봉 중앙값은 18만 9,879달러다. 이는 정형외과 전문의나 심장 전문의의 절반에도 미치지 못하는 액수다. 노인의학 전문의의 수입이 적은 이유는 우선 지불자인 메디케어가 상환하는 비용이 과거부터 영리보험에 비해 적었기 때문이다. Hafner, K. (2016, January 25). As population ages, where are the geriatricians? *The New York Times*. https://www.nytimes.com/2016/01/26/health/where-are-the-geriatricians.html; Castellucci, M. (2018, February 27). Geriatrics still failing to attract new doctors. *Modern Healthcare*. https://www.modernhealthcare.com/article/20180227/NEWS/180229926/geriatrics-still-failing-to-attract-new-doctors.

7. Massachusetts Care Planning Council. (2013). About geriatric health care. https://www.caremassachusetts.org/services_members/09_about_geriatric_medical_care.htm; Hafner, K. (2016, January 25). As population ages, where are the geriatricians? *The New York Times*. https://www.nytimes.com/2016/01/26/health/where-are-the-geriatricians.html.

8. McGinnis, S. L., & Moore, J. (2006, April–June). The impact of the aging population on the health workforce in the United States—summary of key findings. *Cahiers de Sociologie et de Démographie Médicales, 46*, 193–220; Bardach, S.

H., & Rowles, G. D. (2012). Geriatric education in the health professions: Are we making progress? *The Gerontologist, 52*, 607 - 618.

9. Fulmer, T., Reuben, D. B., Auerbach, J., Fick, D., Galambos, C., & Johnson, K. S. (2021). Actualizing better health and health care for older adults. *Health Affairs, 40*, 219 - 225; Institute of Medicine, Committee on the Future Health Care Workforce for Older Americans (2008). *Retooling for an aging America: Building the health care workforce.* Washington, DC: National Academies Press.

10. Seegert, L. (2019, June 26). Doctors are ageist—and it's harming older patients. NBC News. https://www.nbcnews.com/think/opinion/doctors-are-ageist-it-s-harming-older-patients-ncna1022286. Makris, U. E., Higashi, R. T., Marks, E. G., Fraenkel, L., Sale, J. E., Gill, T. M., & Reid, M. C. (2015). Ageism, negative attitudes, and competing co-morbidities—why older adults may not seek care for restricting back pain: A qualitative study. *BMC Geriatrics, 15*, 39. https://doi.org/10.1186/s12877-015-0042-z.

11. Bodner, E., Palgi, Y., & Wyman, M. (2018). Ageism in mental health assessment and treatment of older adults. In L. Ayalon & C. Tesch-Römer (Eds.), *Contemporary perspectives on ageism.* New York: Springer; Bouman, W. P., & Arcelus, J. (2001). Are psychiatrists guilty of "ageism" when it comes to taking a sexual history? *International Journal of Geriatric Psychiatry, 16*, 27 - 31; Lileston, R. (2017, September 28). STD rates keep rising for older adults. AARP. https://www.aarp.org/health/conditions-treatments/info-2017/std-exposure-rises-older-adults-fd.html.

12. Johnson, S. R. (2016, October 8). Payment headaches hinder progress on mental health access. *Modern Healthcare.* https://www.modernhealthcare.com/article/20161008/MAGAZINE/310089981/payment-head aches-hinder-progress-on-mental-health-access.

13. Chibanda, D., Weiss, H. A., Verhey, R., Simms, V., Munjoma, R., Rusakaniko, S., ⋯⋯ & Araya, R. (2016). Effect of a primary care-based psychological intervention on symptoms of common mental disorders in Zimbabwe: A randomized clinical trial. *JAMA, 316*, 2618 - 2626.

14. Aging in place. (2021, June). The facts behind senior hunger. https://aginginplace.org/the-facts-behind-senior-hunger/; America's Health Ratings. (2021). Poverty 65+. https://www.americashealthrankings.org/explore/senior/measure/poverty_sr/state/ALL; Nagourney, A. (2016, May 31). Old and on the street: The graying of America's homeless. *The New York Times.* https://www.nytimes.com/2016/05/31/

us/americas-ag ing-homeless-old-and-on-the-street.html.

15. U.S. Department of Labor. Legal highlight: The Civil Rights Act of 1964. https:// www.dol.gov/agencies/oasam/civil-rights-center/statutes/civil-rights-act-of-1964.

16. Brown, B. (2018, April 24). Bethany Brown discusses human rights violations in US nursing homes. Yale Law School. https://law.yale.edu/yls-today/news/bethany-brown-discusses-human-rights-violations-us-nursing-homes; Human Rights Watch. (2018). "They want docile": How nursing homes in the United States overmedicate people with dementia. https://www.hrw.org/report/2018/02/05/they-want-docile/ how-nursing-homes-united-states-overmedicate-people-dementia#_ftn64); Ray, W. A., Federspiel, C. F., & Schaffner, W. (1980). A study of antipsychotic drug use in nursing homes: Epidemiologic evidence suggesting misuse. *American Journal of Public Health, 70*, 485–491; Thomas, K., Gebeloff, R., & Silver-Greenberg, J. (2021, September 11). Phony diagnoses hide high rates of drugging at nursing homes. *The New York Times*. https://www.nytimes.com/2021/09/11/health/ nursing-homes-schizophrenia-antipsychotics.html

17. Yon, Y., Mikton, C. R., Gassoumis, Z. D., & Wilber, K. H. (2017). Elder abuse prevalence in community settings: A systematic review and meta- analysis. *Lancet Global Health, 5*(2), e147–e156. https://doi.org/10.1016/s2214-109x(17)30006-2; World Health Organization. (2021, June 15). Elder abuse. https://www.who.int/news-room/fact-sheets/detail/elder-abuse.

18. Chang, E. S., Monin, J. K., Zelterman, D., & Levy, B. R. (2021). Impact of structural ageism on greater violence against older persons: A cross- national study of 56 countries. *BMJ Open, 11*(5), e042580. https://doi.org/10.1136/ bmjopen-2020-042580.

19. Organization of American States Department of International Law. (2015, June 15). Inter-American Convention on Protecting the Human Rights of Older Persons. http://www.oas.org/en/sla/dil/inter_american_treaties_A-70_human_ rights_older_persons_signatories.asp.

20. National Center for State Courts. (2020, September 30). Mandatory judicial retirement. https://www.ncsc.org/information-and-resources/trending-topics/ trending-topics-landing-pg/mandatory-judicial-retirement; ElderLawAnswers. (2019, March 12). Called for jury duty? You may be exempt based on your age. https://www.elderlawan swers.com/called-for-jury-duty-you-may-be-excused-based-on-your-age-15650.

21. McGuire, S. (2020). Growing up and growing older: Books for young readers.

Lincoln Memorial University. https://library.lmunet.edu/book list.

22. AARP Foundation. (2021). Experience Corps: Research studies. https://www.aarp. org/experience-corps/our-impact/experience-corps-research-studies/.

23. The Gerontological Society of America. Age-Friendly University (AFU) global network. https://www.geron.org/programs-services/education-center/age-friendly-university-afu-global-network.

24. Lieberman, A. (2018, February 27). UN increases retirement ages for staffers to 65 years. Devex. https://www.devex.com/news/un-increases-retirement-ages-for-staffers-to-65-years-92194.

25. Kita, J. (2019, December 30). Workplace age discrimination still flourishes in America. AARP. https://www.aarp.org/work/working-at-50-plus/info-2019/age-discrimination-in-america.html.

26. PayChex. (2016). Potential benefits of multigenerational workforce. https:// humanresources.report/Resources/Whitepapers/c79541ca-d201-4cd1-a334-50642d8e2de2_whitepaper-potential-benefits-of-a-multigenerational-workforce.pdf.

27. Centre for Ageing Better. (2021, January 7). Age-positive image library launched to tackle negative stereotypes of later life. https://www.ageing-better.org.uk/news/age-positive-image-library-launched,

28. Dan, A. (2016, September 13). Is ageism the ugliest "ism" on Madison Ave? *Forbes*. https://www.forbes.com/sites/avidan/2016/09/13/is-ageism-the-ugliest-ism-on-madison-avenue/?sh=695108ae557c.

29. Sperling, N. (2020, September 8). Academy explains diversity rules for best picture Oscar. *The New York Times*. https://www.nytimes.com/2020/09/08/movies/oscars-diversity-rules-best-picture.html?.

30. Donlon, M., & Levy, B. R. (2005). Re-vision of older television characters: Stereotype-awareness intervention. *Journal of Social Issues, 61*, 307–319; Robinson, T., Callister, M., Magoffin, D., & Moore, J. (2007). The portrayal of older characters in Disney animated films. *Journal of Aging Studies, 21*, 203–213; Kessler, E., Rakoczy, K., & Staudinger, U. M. (2004). The portrayal of older people in prime time television series: The match with gerontological evidence. *Ageing and Society, 24*, 531–552.

31. Handy, B. (2016, May 3). Inside Amy Schumer: An oral history of Amy Schumer's "Last Fuckable Day" sketch. *Vanity Fair*. https://www.vanityfair.com/hollywood/2016/05/amy-schumer-last-fuckable-day; Comedy Central. (2015, April 22). *Inside Amy Schumer*—Last F**kable Day. [Video]. YouTube. https://

www.youtube.com/watch?v=XPpsI8m WKmg; *Vogue.* (2019, May 3). Madonna on motherhood and fighting ageism: "I'm being punished for turning 60." https://www.vogue.co.uk/article/madonna-on-ageing-and-motherhood; de Souza, A. (2015, September 23). Ageism exists in Hollywood, says Robert De Niro. *The Straits Times.* https://www.straitstimes.com/lifestyle/entertainment/ageism-exists-in-hollywood-says-robert-de-niro-72.

32. Peterson, S. (2018, April 4). Ageism: The issue never gets old. Gamein dustry.biz. https://www.gamesindustry.biz/articles/2018-04-04-ageism-in-games-the-issue-never-gets-old; Dunn, P. (2021, April 22). "Just Die Already" to launch on all platforms next month. GBATEMP. https:// gbatemp.net/threads/just-die-already-to-launch-on-all-platforms-next-month.587365/.

33. Changing the Narrative. (2021, February 8). Changing the Narrative's age-positive birthday card campaign includes artist from Aurora. Your Hub. https://yourhub.denverpost.com/blog/2021/02/changing-the-narratives-age-positive-birthday-card-campaign-includes-artist-fro m-aurora/273871/; Changing the Narrative. (2020, October 1). Antiageist birthday cards across cultures. https://changingthenarrativeco.org/2020/10/01/anti-ageist-birthday-cards-uk/.

34. Gabbatt, A. (2019, March 28). Facebook charged with housing discrimination in targeted ads. *The Guardian.* https://www.theguardian.com/technology/2019/mar/28/facebook-ads-housing-discrimination-charges-us-government-hud; The Associated Press. (2020, July 2). Lawsuit accuses property managers of ageist ads. Finance & Commerce. https://finance-commerce.com/2020/07/lawsuit-accuses-property-managers-of-ageist-ads/; Kofman, A., & Tobin, A. (2019, December 13). Facebook ads can still discriminate against women and older workers, despite a civil rights settlement. ProPublica. https://www.pro publica.org/article/facebook-ads-can-still-discriminate-against-women-and-older-workers-despite-a-civil-rights-settlement.

35. Jimenez-Sotomayor, M. R., Gomez-Moreno, C., & Soto-Perez-de-Celis, E. (2020). Coronavirus, ageism, and Twitter: An evaluation of tweets about older adults and COVID-19. *Journal of the American Geriatrics Society, 68,* 1661–1665.

36. Facebook Community Standards. Objectionable content: Hate speech. Retrieved March 14, 2021, from https://www.facebook.com/commu nitystandards/.

37. Sipocz, D., Freeman, J. D., & Elton, J. (2021). "A toxic trend?": Generational conflict and connectivity in Twitter discourse under the #BoomerRemover hashtag. *Gerontologist, 61,* 166–175.

38. Levy, B. R., Chang, E.-S., Lowe, S., Provolo, N., & Slade, M. D. (2021). Impact of media-based negative and positive age stereotypes on older individuals' mental health during the COVID-19 pandemic. *The Journals of Gerontology, Series B: Psychological Sciences and Social Sciences*. https:// doi.org/10.1093/geronb/gbab085.

39. Leardi, J. (2015, June 10). Turning the tide on the "silver tsunami." Changing Aging with Dr. Bill Thomas. https://changingaging.org/blog/turning-the-tide-on-the-silver-tsunami/.

40. Older Adults Technology Services. (2021). Aging connected: Exposing the hidden connectivity crisis for older adults. https://oats.org/wp-content/uploads/2021/01/Aging-Connected-Exposing-the-Hidden-Connectivity-Crisis-for-Older-Adults.pdf.

41. National Aging and Disability Transportation Center. (2021). Older adults and transportation. https://www.nadtc.org/about/transportation-aging-disability/unique-issues-related-to-older-adults-and-transportation/.

42. The Anti-Ageism Taskforce at the International Longevity Center. (2006). *Ageism in America*. New York: International Longevity Center- USA, p. 41.

43. Nanna, M. G., Chen, S. T., Nelson, A. J., Navar, A. M., & Peterson, E. D. (2020). Representation of older adults in cardiovascular disease trials since the inclusion across the lifespan policy. *JAMA Internal Medicine, 180*, 1531 –1533; Gopalakrishna, P. (2020, September 30). New research shows older adults are still often excluded from clinical trials. STAT. https://www.statnews.com/2020/09/30/age-disparities-clinical-trials-covid19/.

44. Albone, R., Beales, S., & Mihnovits, A. (2014, January). Older people count: Making data fit for purpose. Global AgeWatch. https://www.helpage.org/silo/files/older-people-count-making-data-fit-for-purpose.pdf.

45. Center on Budget and Policy Priorities. (2020, April 9). Policy basics: Where do our federal tax dollars go? https://www.cbpp.org/research/federal-budget/where-do-our-federal-tax-dollars-go.